圖片說明：

封面所使用的照片與以下之圖02、圖08、圖09、圖11、圖16、圖33等，由蓋帝影像所授權。其餘圖片來源與相關資訊，皆為維根斯坦檔案館（Wittgenstein Archive）收藏，由館長麥可．內多（Michael Nedo）所提供。

維根斯坦檔案館之圖片皆翻拍自原物件，部分可能帶有破損、刮痕、髒汙等，乃原物件所有，並非印刷問題，特此註明。

衛城出版編輯部

圖01　赫曼與芬尼的十一個子女（即路德維希・維根斯坦的父輩）。左起第二位男性為卡爾（路德維希・維根斯坦的父親），在他右側的是米莉（路德維希・維根斯坦的姑姑，其孫女布莉吉特・茨威奧爾曾經就赫曼血統向納粹提出申訴。見本書第十九章）。圖中最右側為保羅（路德維希・維根斯坦的叔叔）。

圖02　卡爾・維根斯坦與莉歐波汀・卡姆斯。即路德維希・維根斯坦的父母。

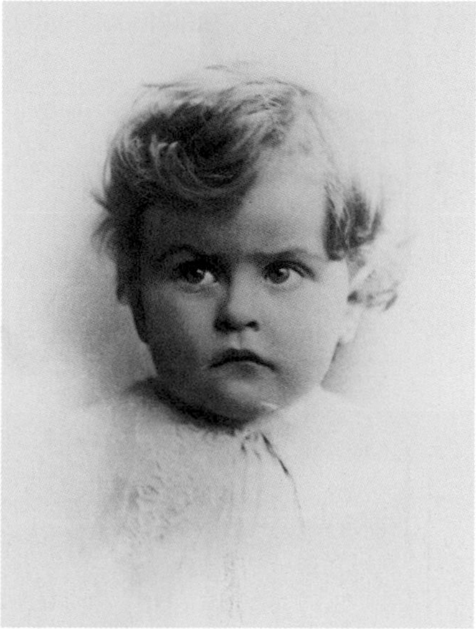

圖03　嬰兒路德維希・維根斯坦。大約一歲時。

圖04　騎著兒童木馬的路德維希・維根斯坦。大約一歲時。

圖05　位於林蔭街的維根斯坦宮大樓梯。

圖06　一八九九年五月二十三日，卡爾與莉歐波汀結婚二十五週年的家族大合照，於維也納新瓦德格街的房子。最前排左方數來第二位、穿水手服之男孩，即為路德維希．維根斯坦。在他右方的是姐姐赫爾敏。

圖07　九歲的路德維希．維根斯坦。

圖08　維根斯坦的哥哥保羅。獨臂鋼琴家。

圖09　一九〇五年，維根斯坦的姐姐瑪格莉特（小名葛蕾塔）結婚時，畫家克林姆替她畫的婚禮肖像。

圖 10　家族於霍赫海特莊園的晚餐。左起依序為管家、姐姐赫爾敏、維根斯坦的外婆、哥哥保羅、姐姐葛蕾塔，以及路德維希・維根斯坦。

圖 11　維根斯坦就讀於林茲的實科中學時之合照。由上數來第二行、右起第三位即是維根斯坦。最上方最右側者則是希特勒。

圖 12　維根斯坦於柏林夏洛騰堡的工業高等學校（現為柏林工業大學）。

圖 13　十八歲左右的維根斯坦。

圖 14　埃克萊斯（左）與維根斯坦（右）在格洛索普的風箏飛行高空站。

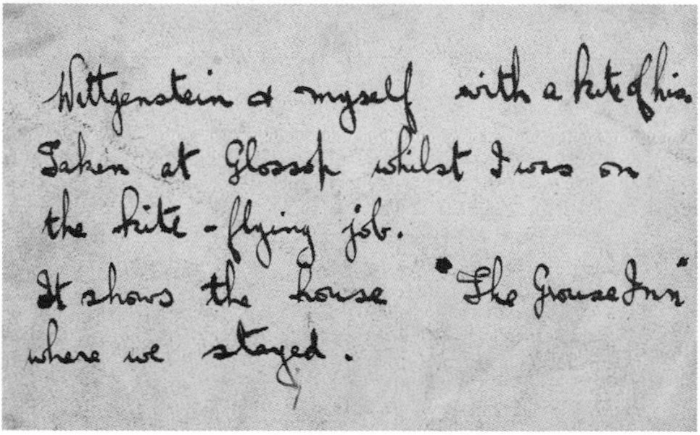

Wittgenstein & myself with a kite of his
Taken at Glossop whilst I was on
the kite-flying job.
It shows the house "The Grouse Inn"
where we stayed.

圖 15　埃克萊斯的手寫記錄。「維根斯坦和我拿著他的風箏在格洛索普施放，那時我的工作也是在放風箏。後方是我們住過的松雞旅店。」

圖16　哲學家羅素。維根斯坦在劍橋求學時的老師。

圖 17　一九一一年的劍橋河上。照片中的大船上左側，戴著草帽、將手放在欄杆上休息的是凱因斯，在他左側是他的母親。而照片右側，站著撐陽傘且戴著花帽、圍著長圍巾的是維吉尼亞・吳爾芙，在她左側的則是魯珀特・布魯克。

圖 18　劍橋道德科學社的成員們。一九一三年。第一排左起第三位是詹姆斯・沃德。左五是羅素，在他右側是詹森。第二排右起第三位是摩爾，左起第四位是約翰・寇恩福德。

圖19　大衛・品生特。維根斯坦的摯友。

圖20　一九一三年秋，維根斯坦與品生特的挪威之旅所寄出的明信片一。

圖21　一九一三年秋，維根斯坦與品生特的挪威之旅所寄出的明信片二。

圖22　一九一三年秋，維根斯坦與品生特的挪威之旅所寄出的明信片三。

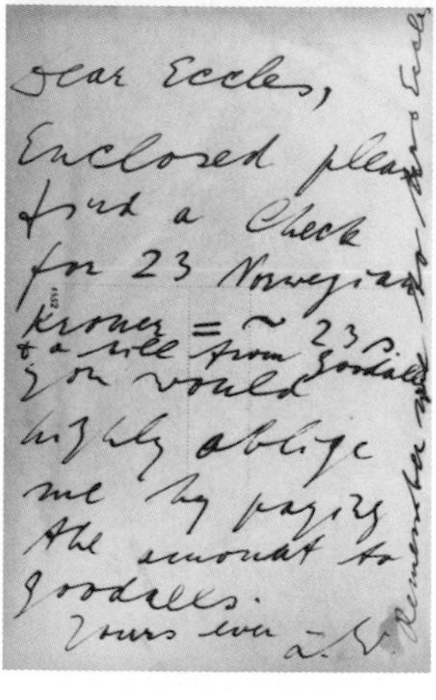

Dear Eccles,
Enclosed please find a Check for 23 Norwegian Kroner = ~ 23s. & a bill from Goodalls. You would highly oblige me by paying the amount to Goodalls.
Yours ever L.W.
Remember me to Mrs Eccles

圖23　一九一三年秋，維根斯坦與品生特的挪威之旅所寄出的明信片四。寫給埃克萊斯。

圖24　維根斯坦在挪威的小屋遠景。

圖25　維根斯坦在挪威的小屋。

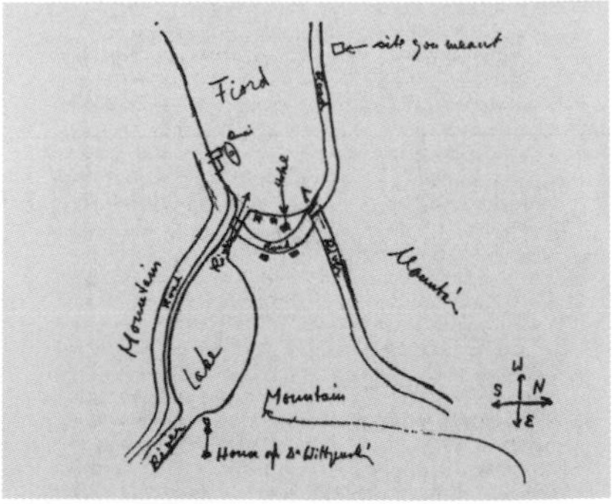

圖26　維根斯坦手繪挪威小屋地圖給摩爾。繪於一九三六年十月。見第十八章。

圖 27　一九一四年，家族聚餐於霍赫海特的大木屋露台。

圖 28　一九一四年家族聚餐，左起依序為路德維希・維根斯坦、海倫娜與保羅。

圖29　維根斯坦在第一次世界大戰期間的陸軍身份證明文件。

圖 30　維根斯坦在特拉騰巴赫的居所，棕鹿旅社的一間小客房。見第九章。

圖 31　維根斯坦和他的小學學生。在施內山區的普希貝格鎮。一九二三年。

圖 32　法蘭克・拉姆齊。

圖33　凱因斯與他的太太莉蒂亞。

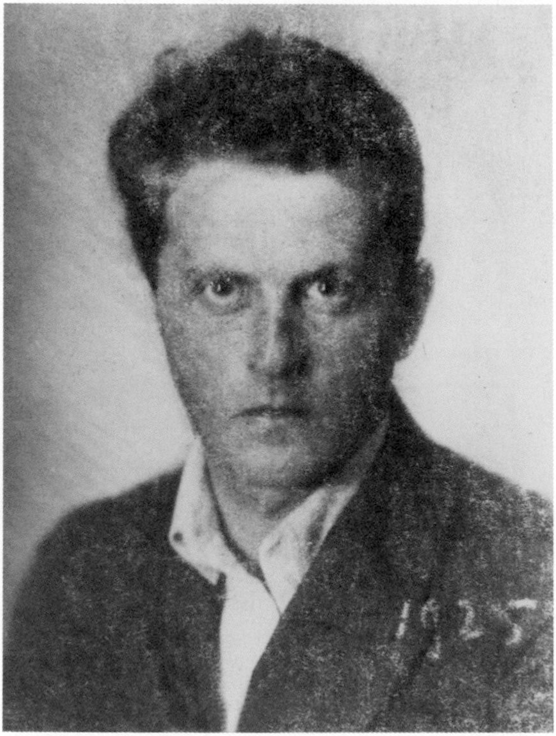

圖34　一九二五年的維根斯坦。

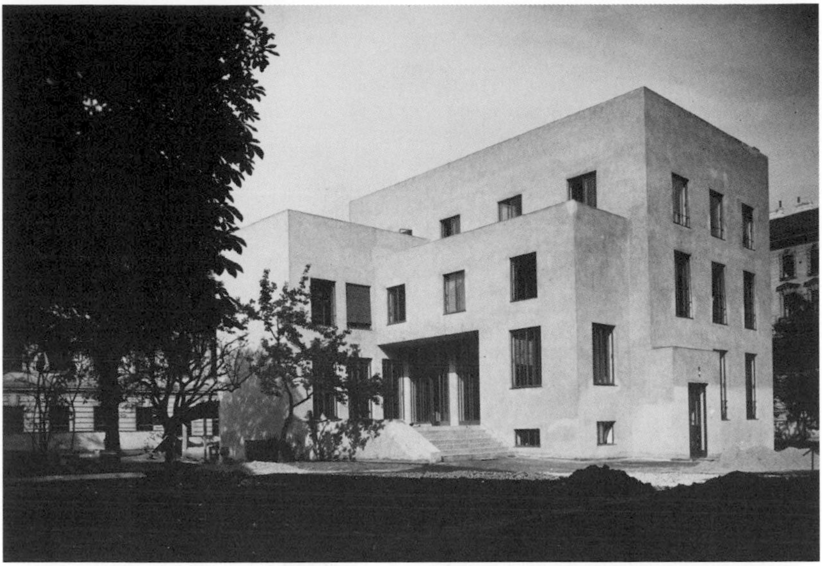

圖35　維根斯坦與恩格曼所設計房子，位於庫德曼街。

圖36　庫德曼街房子的門把。由維根斯坦所負責的房屋細節部分。

圖37　庫德曼街房子的窗拴。圖為一九七六、七七年翻新後所攝。

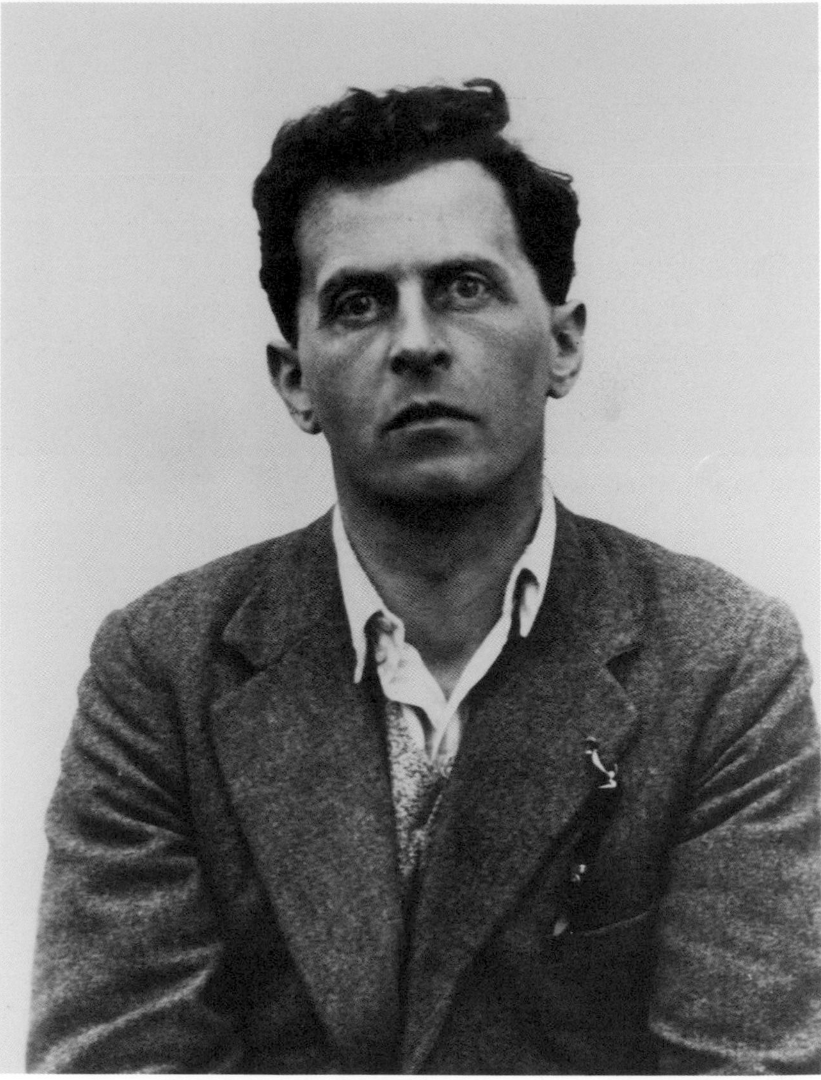

圖38　一九二九年的維根斯坦。獲得學位後。

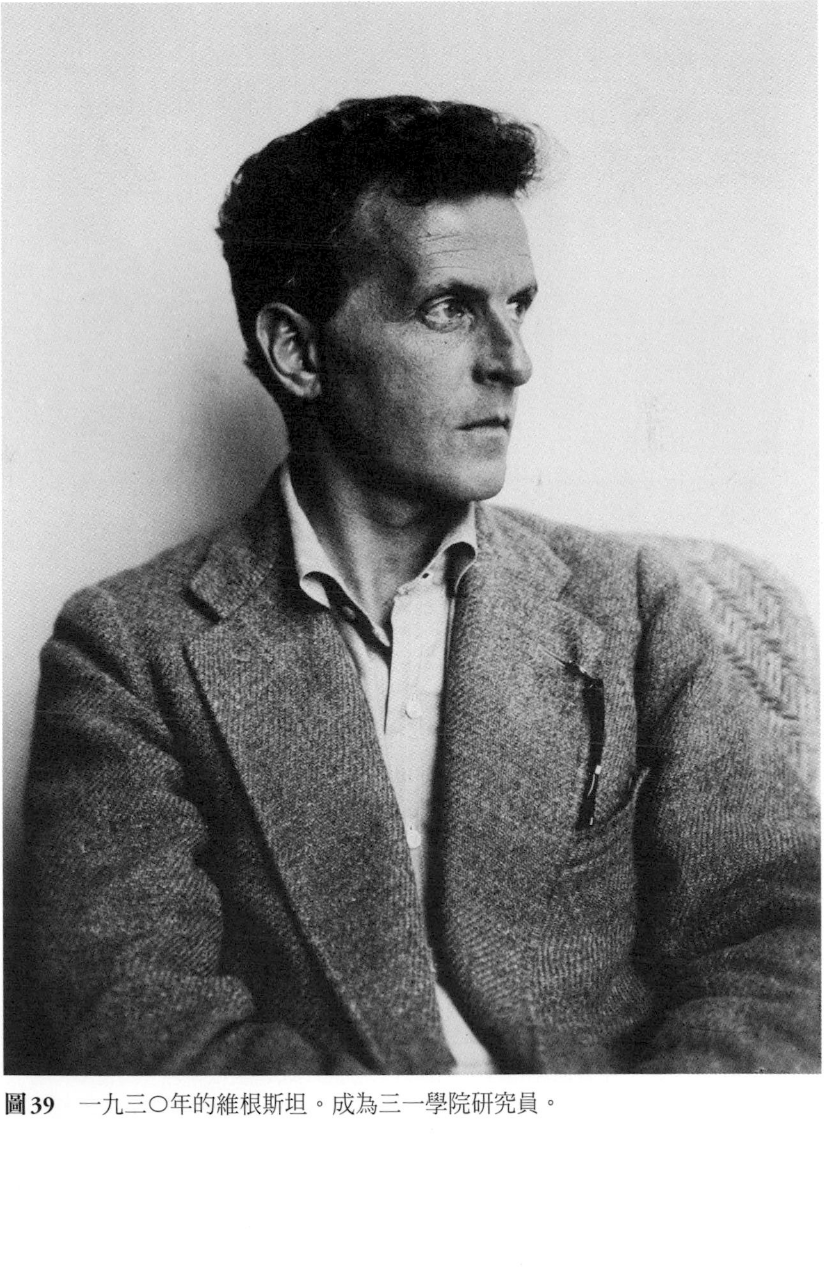
圖39　一九三〇年的維根斯坦。成為三一學院研究員。

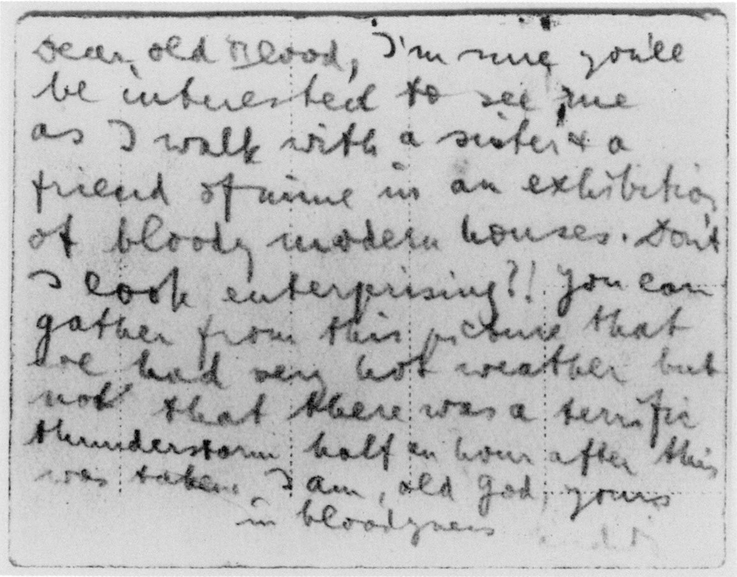

Dear old Blood, I'm sure you'll
be interested to see me
as I walk with a sister & a
friend of mine in an exhibition
of bloody modern houses. Don't
I look enterprising?! You can
gather from this picture that
we had very hot weather but
not that there was a terrific
thunderstorm half an hour after this
was taken. I am, old God, yours
in bloodyness

圖40　一九三二年寄給帕特森的明信片。上圖左起為維根斯坦、葛蕾塔、艾爾維・索格倫。「親愛的死傢伙：我和我姐姐以及朋友在逛該死的現代建築展覽，你看到我們的樣子肯定會覺得很有趣。不覺得我很進取嗎?!你可以從這張照片推測出天氣非常熱，但拍完這張照片就下了一場半個鐘頭的超大雷雨。老天爺，我是你該死的路德維希。」

圖 41　維根斯坦寄給帕特森的明信片。左下角缺失。

圖 42　維根斯坦寄給帕特森的典型瞎扯：「這是我最新的相片。上一張只表達了慈祥的父愛，這一張凸顯了勝利感。」詳見十一章。

圖43　一九三八年慕尼黑會議後，英國首相張伯倫自慕尼黑返國，維根斯坦便寄此明信片給帕特森，相片底下的圖說為：「和平之旅。偉哉！張伯倫先生！」而背後維根斯坦則寫道：「你要催吐劑是吧？這就是了。」見第十九章。

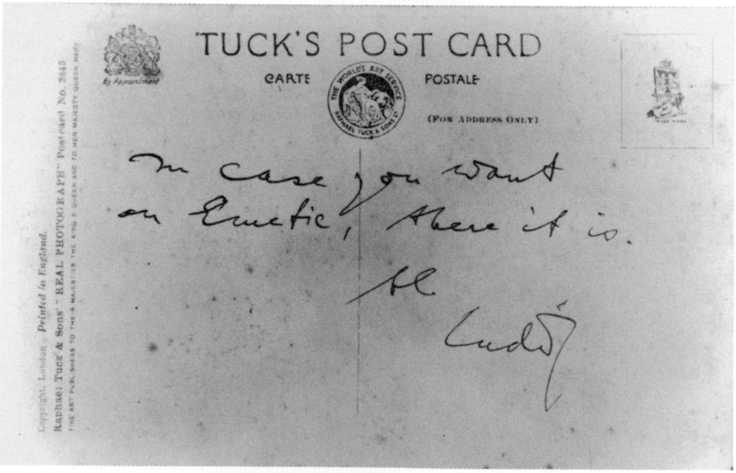

圖44　維根斯坦與法蘭西斯・史金納。於劍橋。

圖45　一九三六年七月，維根斯坦與帕特森一同到法國度假時所攝。

圖46　維根斯坦與姪女瑪麗·斯托克特（Marie Stockert。海倫娜的女兒。）一九三八年。

圖 47　一九三九年的維根斯坦。諾曼・馬爾康姆攝影，於劍橋三一學院研究員花園。

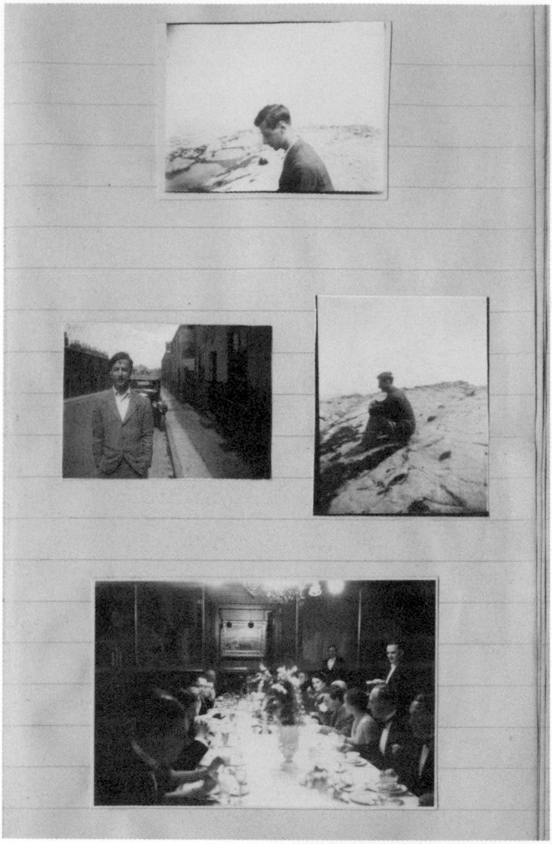

圖48　維根斯坦相簿的一頁，相片黏貼於筆記本上，左頁為空白。照片分別是史金納，以及家人朋友於聖誕節共聚於維也納。

圖49　一九四七年的維根斯坦，於斯旺西。班恩．理查茲攝影。

圖50　愛爾蘭威克洛郡的農舍，金斯頓夫婦所有。維根斯坦一九四八年暫居於此。見第二十五章。

圖51　愛爾蘭羅斯洛的農舍，德魯利家所有。在暫居威克洛農舍之後，維根斯坦換住於此。見第二十五章。

圖52　維根斯坦與班恩，於倫敦。

圖53 一九五〇年四月，維根斯坦（左）生前最後一次拍照，地點在馮．賴特劍橋的家中。維根斯坦特地取來床單掛在後方。見第二十六章。

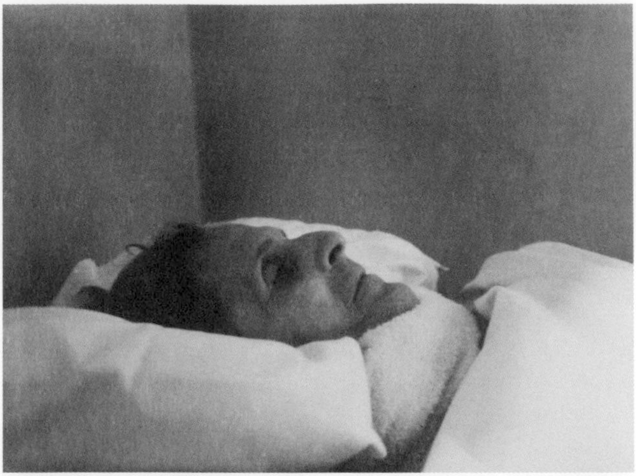

圖 54　維根斯坦遺容。一九五一年。

圖 55　維根斯坦之墓，於劍橋。

天才的責任〔上〕

The Duty of Genius

維根斯坦傳

LUDWIG WITTGENSTEIN

雷伊・孟克
Ray Monk
著

賴盈滿
譯

各界推薦

「維根斯坦的哲學思想豐富、多樣，又與眾不同，這本傳記讓讀者們得以窺見其源頭。」

——國立中正大學哲學系系主任　王一奇

「翻譯這本《維根斯坦》的大傳，顯示了台灣翻譯書的水平與遠見。它最大的特色，是把維氏的私人歷史與他的哲學思想史二者緊密結合，而通常維氏的傳記在二者中只能得其一。故此精彩大傳也有著『哲學知識的社會學』的味道。我的新書《STS的緣起與多重建構》，就多處引用了它，說明維氏的哲學知識社會學與STS『科學知識的社會學』二者，可以互相發明。」

——國立陽明大學社會與科技研究所榮譽教授　傅大為

「孟克這部傳記充滿智慧，一般讀者讀來也是精彩豐富……美妙的文字描繪出一個美妙的生命。在通過那些苛刻、嚴格與道德折磨之後，維根斯坦那句著名的遺言裡充滿了全然的美與解放——『告訴他們我過了極好的一生。』」

——《衛報》（The Guardian）

「孟克將維根斯坦一生的哲學與感性揉合為一，筆下充滿活力，令人印象深刻。」

——《週日泰晤士報》（The Sunday Times）

「孟克將維根斯坦的哲學和人生重新連在一起，出色實踐了維根斯坦提出的『面相轉變』，讓我們對哲人的作品有了新的認識。」

——《週日電訊報》（The Sunday Telegraph）

「這部傳記將維根斯坦變成了有血有肉的人。書中呈現了他所擁有的愛的能力，破除了不容褻瀆的崇拜，並刺穿了那層扳起臉孔的粗糙表象。傳記將他的哲學與生命緊緊聯繫在一起，並清晰地檢視了這位謙遜、輝煌、動人卻又經常令人難以忍受的天才。……作者孟克具備深入淺出的天賦，並且也懂得如何去面對廣大的非哲學受眾。」

——《週日獨立報》（The Independent on Sunday）

「非常推薦。」

——《觀察家報》（The Observer）

獻給珍妮。

邏輯和道德基本上並無二致，無非是人對自己的責任。

——奧圖・魏寧格，《性與性格》

目次

上冊

第一部　一八八九—一九一九

下冊

導讀

維根斯坦的邏輯、手術刀，以及上帝的調色盤

◎葉浩（國立政治大學政治學系副教授）

我的命題是以這樣的方式來釐清事情：理解我的人最後會當那些命題不具意義，那也是他們從中爬出來然後再往上爬的時候。（這麼說好了，他們爬上去之後必須把梯子丟掉！）

——維根斯坦，《哲學邏輯論》，6.54

智慧是灰色的，但生活在另一方面則和宗教一樣，充滿了色彩。

——維根斯坦，《文化與價值》

一、天才作為一種道德義務

天才為何成群地來？這是個頗令思想史家著迷的問題，但對劍橋大學來說似乎理所當然，單單其

中的「三一學院」（Trinity College）不僅出產過培根、牛頓以及三十四位的諾貝爾獎得主，其天才數目恐怕多到他們無暇來對此深思玩味。然而，本書主角維根斯坦（Ludwig Wittgenstein, 1889-1951）卻在此被公認為他們當中的天才，不但讓風頭正健的三一學院人羅素（Bertrand Russell, 1872-1970）視為夢寐以求的理想學生，收了他當入室弟子並預期他將掀起下一波哲學革命，甚至介紹他進入門檻極高的「劍橋使徒」（Cambridge Apostles）——這創立於一八二〇年的秘密社團，自始致力於追求真理，此時主要使徒包括經濟學家凱因斯（John Maynnard Keynes, 1883-1946），以及其高度推崇、人稱「柏拉圖再世」並與羅素共同奠定「英美分析哲學」的喬治・摩爾（G. E. Moore, 1873-1958）。

隨後，維根斯坦果真掀起了英語世界的哲學革命，而且是兩次。第一次判了哲學死刑，第二次則救活它，但兩次都辜負了羅素的期待！

出身貴族的羅素，祖父曾是大英帝國全盛時期的首相，雖然在劍橋攻讀的是數學與哲學，但也熱衷政治改革，一如他出生受洗時的指定教父，也就是以政治哲學、經濟學、邏輯學著稱的公共知識份子兼社會改革家約翰・彌爾（John Stuart Mill, 1806-1873）。因此，羅素在畢業後不但甚早即致力於推動漸進社會主義與社會福利的費邊社（Fabian Society），也為該社創辦倫敦政經學院（LSE）而奔走募款，並於學校成立的隔年，亦即一八九六年，開始了自己的教學生涯，講授「德國社會民主」。事實上，這課名就是他學術處女作的書名。

不過，羅素更大的學術野心是和摯友摩爾共同替哲學尋找絕對穩固的根基，且兩者分工，各自在數學與倫理學上努力。他們都厭惡德國唯心論（idealism）哲學，特別是康德（Kant）與黑格爾（Hegel），也都相信世上存在著一種比日常生活所能經驗的物質世界更高的真實，亦即概念（concept）與命題

（proposition），一如柏拉圖所謂的「理型」（ideas）。這種獨特的「實在論」（realism）讓他們兩人在一九○三年取得了重大成果。摩爾出版了曠世之作《倫理學原理》（Principia Ethica）時，羅素也出版了《數學的原則》（Principles of Mathematics），正式發表他的「邏輯主義」（logicism）立場，主張：數學即邏輯，兩者本為一物。

聲名大噪之後，羅素也開始與他的學院導師懷德海（Alfred North Whitehead, 1861-1947）合作，企圖進一步證明所有的數學可從幾個「邏輯公理」（logical axiom）推論而來。一九○九年年底，一份厚達四千五百頁的手稿送到了劍橋大學出版社，其成書《數學原理》（Principia Mathematica）最後分成三卷在一九一○、一九一二、一九一三年陸續問世，是哲學史上的劃時代鉅著。

羅素曾在自傳說，他的人生受到三種激情的支配：愛情的渴望，對知識的追求，以及對人類苦難的憐憫之心。此言不假。因此他在撰寫《數學原理》期間，不但曾參選國會議員，倡議約翰・彌爾曾在英國國會提出過的女性投票權主張，也試圖結束一段令他痛苦的（但之後仍有不少段的）婚姻。終於，在遇見維根斯坦的一九一一那年，他開始高調地和社交名媛莫瑞爾夫人（Lady Ottoline Morrell）有了外遇，並常分享他對維根斯坦的看法。而根據書信記載，羅素認為當時想讀哲學的都是喜歡「概括性論斷」（generalization）的人，但哲學的未來在於精確思想、在於真正具有科學視野的人身上，而他的夢想就是創建一個如數學家那般邏輯嚴謹的哲學學派。與維根斯坦的相遇，讓他以為夢想即將實現。

那年十月十八日，維根斯坦沒預約就闖入羅素的研究室。來自維也納富商家庭的他，俊秀、優雅且穿著時尚，舉手投足散發出貴族式的教養與藝術氣息。當時他二十二歲，是曼徹斯特大學（University of Manchester）的航空工程研究生，據說也是在歐洲同年紀最有錢的人；他認真讀過的哲學書籍，只有叔本華（Schopenhauer）加上羅素和推薦他來劍橋的德國數學家弗雷格（Gottlob Frege, 1848-1925）之著作。半年後，羅素不僅視他為自己思想的繼承者，甚至期待他在哲學領域上超越自己。

當中的故事相當精彩，且絕對能滿足所有人對天才的想像。關於天才，約翰・彌爾想必是一種典型：他三歲學希臘文，八歲以前即熟悉包括柏拉圖《對話錄》在內的古希臘文史哲作品，同時閱讀英國史並學習天文學和物理學，之後開始學習拉丁文、代數、幾何，十二歲起則認真研究亞里斯多德、中世紀邏輯以及亞當斯密（Adam Smith）和李嘉圖（David Richardo）的政治經濟學，二十歲時陷入嚴重憂鬱差一點崩潰，最後靠詩詞作品以及愛上有夫之婦才徹底走出精神危機。

事實上，從未進入大學就讀的彌爾本人是最早受邀加入「劍橋使徒」的外人，與剛從愛丁堡大學醫學院畢業過來劍橋改念神學、準備當牧師的達爾文（Charles Darwin）同期。從許多方面來看，羅素本人可謂符合彌爾那種典型，在學術上既有開創但也算是集大成者，而且本身有願意效仿的典範。

但，維根斯坦不是。他本人十分熟悉童年即大放異彩的天才。他大哥三歲能彈鋼琴、拉小提琴，四歲就開始作曲，就是一位天才，至於其他幾位哥哥與姊姊也不遑多讓。而幼時大哥和三哥相繼自殺（日後還有二哥）或許也讓他提早意識到比憂鬱更強烈的厭世。除了才華洋溢、內在衝突、遺世獨立等典型的特徵之外，維根斯坦多了一點：相信天才是「最高的道德，因此也是每個人的責任！」

二、介於邏輯與罪之間的是神聖領域

維根斯坦本人對天才的理解並視其為人之所以為人的義務，是本書作者雷伊・孟克的敘事主軸，也因此《天才的責任：維根斯坦傳》（Ludwig Wittgenstein: The Duty of Genius）有了醒目的書名。孟克曾於牛津大學研究維根斯坦的數學哲學，因為有感於太多人誤解他的思想而放棄博士論文，轉向傳記寫作，不僅對「哲人傳記」作為一種文類有獨到見解，也致力於實踐其「傳記哲學」。

孟克於一九九一年出版本書之後，隨即在英國南安普敦大學（University of Southampton）取得教職任教至今，專長是數學哲學、分析哲學以及歐陸哲學，更於一九九七年「後分析哲學中心」（Centre for Post-Analytic Philosophy）成立後長期擔任主任。當年的開幕演講，邀請了許多人視為當代最傑出哲學家的伯納．威廉斯（Bernard Williams, 1929-2003），題目是「哲學可能會變成怎樣？」（What Might Philosophy Become?）。其內容圍繞在人們應當如何理解、繼受維根斯坦的思想遺產之上，以及如何走出龐大文獻所堆積起來的巨塔，方能讓哲學回應當前更迫切的人類處境。

之所以有這樣的主題，一來是因為維根斯坦百年來佔據了英美分析哲學的核心位置，其思想不僅形塑了二十世紀邏輯、知識論、語言哲學、心靈哲學、社會科學哲學乃至倫理學與政治哲學的發展，也啟發了神學、人類學、文學理論、文化研究等學門的研究，近來的影響力更深入了心理學、認知科學以及人工智慧等領域。二來是這現象在某程度上是後人使用、挪用與誤用他兩本著作中的概念與洞見所致：《邏輯哲學論》（Tractatus Logico-Philosophicus）和《哲學研究》（Philosophical Investigations），分別於一九二一年和一九五三年出版。

雖然兩書問世之初普遍被視為天書，卻也足以吸引大批讀者按自己的理解來辯護或批評。支持前者的，往往將維根斯坦與摩爾、羅素並列為分析哲學家奠基人；青睞後者的，則傾向奉他為後分析哲學的宗師，甚至認為他是那長期涇渭分明的分析哲學與歐陸哲學——尤其是德國的海德格（Martin

Heidegger, 1889-1976）或法國的德希達（Jacques Derrida, 1930-2004）——兩大傳統之橋接點。及至今日，不僅關於書中特定段落細節該如何「詮釋」（interpret）其文本意思與意義，亦或「解釋」（explain）其書寫動機與想法來源（解釋與詮釋的差異對維根斯坦本人至關重要，本文後有說明），學界仍眾說紛紜，對於兩書的整體目的，說法也莫衷一是。

尤有甚者，兩書差異也開啟了「是否存在兩個維根斯坦」的爭議。相較於多數人各自擇取其前期或後期著作來闡釋或延伸，亦有學者試圖讓人理解維根斯坦終究只有一位，並相信存有一個貫穿前後兩期的核心關懷。

孟克是採取後一種的代表人物，而「天才的責任／天才之為義務」正是讓他掌握維根斯坦前後期連貫性的主要線索；這是本傳記的敘事切入點，也是理解作者貢獻的關鍵。進一步解釋，根據孟克的查證，維根斯坦關於天才的理解其實來自他高中時閱讀魏寧格（Otto Weininger, 1880-1903）的《性與性格》（Sex and Character）。這位形塑了他早期思想最重要的奧地利作家既反猶且厭女，出版該書後不久便選擇在貝多芬去世的房間內舉槍自盡，得年二十三。

魏寧格主張：純粹男人與純粹女人只存在於柏拉圖的理型世界，人世間的男女其實每一個都是雌雄同體，一方面具有純然受制於性慾的女性特質，一方面則備有追求其他價值理想的男性特質，故活著就是一場內在的兩性較量，當內在男性面勝出時，人才能有靈魂和自由意志。換言之，靈魂是一種高尚的成就。女人和猶太人註定沒有，唯有男人才能進入此一境界。珍愛自己的男性潛力並成就靈魂，於是乃所有男人的道德責任。而其能企及的最高境界，就是成為一個思想清晰、辨別是非，且不受性慾羈絆、不受塵世玷污的人——亦即真正的天才。

據說，維根斯坦剛去劍橋時，常在半夜去敲羅素的門，進去之後卻總是來回踱步，一語不發，若開口則說他離開之後會自殺，因此怎麼也不能請他出門。有一天，羅素忍不住問他：你是在想邏輯的事，還是自己的罪？維根斯坦答說：兩者都有。然後一切再回歸死寂。

這個羅素在茶餘飯後喜歡講的故事，置於上述的脈絡當中，突顯出了幾件事以及本書的重要性。首先，維根斯坦去劍橋追隨羅素或許不純粹為了研究邏輯，而是想盡一個男人的道德責任。更重要的是，他並不認為哲學有多偉大，對羅素所設想的數學哲學學派既不感興趣，也不認為科學才是人類未來的希望所在。因此，維根斯坦注定不會走上羅素幫他鋪好的康莊大道。

事實上，相較於成為另一個羅素，本書告訴讀者維根斯坦應是以貝多芬作為榜樣的。他的學生也是他後來的心理醫生德魯利（Maurice Drury, 1907-1976）之回憶，似乎亦印證此事。據他說，有回維根斯坦見到他時相當懊惱，一問才知道他剛路過一間書店，看到了櫥窗上掛著羅素、佛洛伊德和愛因斯坦的肖像，後來在唱片行則看到了貝多芬、舒伯特和蕭邦，想起了人類的精神文明竟然在一百年之間墮落得如此厲害。想必維根斯坦不願讓自己更墮落下去。

再者，維根斯坦的回答是認真的，但羅素以為是玩笑。或許這埋下了兩人遲早分道揚鑣的伏筆。不過，原因並不單純是幽默與陰鬱兩種個性的不合，而是背後關於更嚴肅的人生意義的問題。本書一再提及維根斯坦對道德的看重，而道德對他來說乃「源自對於人生意義、絕對的善以及絕對價值」的渴求，且科學在這方面滿足不了我們。更重要的是，他說：「凡是善的，就是神聖的。雖然聽來古怪，但這話總結了我的倫理學。」這正是貫穿本傳記的主要線索。

三、「W↓W2」命題中的「↓」，或說宗教覺醒

不意外，初識維根斯坦的羅素並不知情，因此只當前者是一位高智商、低情商的天之驕子，正如他也不曉得此前維根斯坦其實也找過同樣堅持觀念實在論的弗雷格。亟欲想確定自己能否研究哲學的維根斯坦，焦急的不是多數年輕人的擇業問題，而是出自於存在焦慮，此時唯有透過一位他真正看得起、信得過的專家來判斷，才能解決問題。換言之，維根斯坦真正面對的是一個深具倫理意涵的神聖命題。同時也被面試的羅素並沒有看出來，更別說其他成千上萬的研究者。

事實上，維根斯坦在劍橋待了兩年，就不顧羅素的反對去了挪威，獨居在一間峽灣邊的小木屋苦思邏輯問題並天天做筆記。隔年夏天回奧地利時他碰上了祖國對塞爾維亞宣戰，一來因為無法離境，二來他想從事不同於抽象思考的工作，他便先是當志願軍，之後如願上了前線，但在一九一八年奧、匈聯軍潰敗之際，卻被義軍闖入了戰俘營。《邏輯哲學論》完稿於被俘之前，而根據本書的描述，維根斯坦似乎在前線時與上帝的關係最近，被俘將近一年之間不僅想過出家當神父，也樂於陪孩子讀《聖經》，但最後決定接受師培，去當小學教師。

離開戰俘營之後，他毅然決然放棄了所有的財產，接著長達六年的時間，他輾轉於維也納郊區的學校，因故辭職後從事過園藝工作，最後才如願以償成了一位合格建築師。維也納市中心有一間極簡風的「維根斯坦屋」（Haus Wittgenstein），就是他與合夥人恩格曼（Paul Engelmann, 1891-1965）共同設計的；其目前的承租方是保加利亞駐維也納大使館的文化部。

尤須注意的是，維根斯坦認真想當建築師並不單因為身上同時流著藝術家與工程師的血，而是他

認為《邏輯哲學論》已經解決了所有的哲學問題。沒錯，是「所有」而不只是他個人在意的邏輯問題。由於哲學問題全都源自人們對內建於語言的邏輯之誤解，所以當這邏輯被釐清之後，過去的種種哲學問題也將跟著隨風而去。

然而，關於這一本書的誤解卻隨之而來。先是沒有出版社願意出版，最後能問世，全是因為羅素幫忙寫了一篇導讀。但維根斯坦感激之餘，卻認為他根本沒弄懂內容。而出版後，誤解則更多。及至這本傳記出版之前，多數人仍然將它讀成一本「邏輯實證主義」(logical positivism)著作。這種主義主張，唯有在經驗能被檢證的假設才有意義，關於上帝或任何類似的形上學命題因此沒有意義，同理，關於道德的命題也一樣，最多不過是一種情緒的表達。

根據孟克，恩格曼是為了破除這種誤解，才將他和維根斯坦兩人的密切往來與對話公諸於世。雖然當時保留了維根斯坦對他的柏拉圖式愛情告白（以及真正想出家的理由），但內容足以讓人確認他不但主動聊信仰、與上帝的關係以及自己的屬靈掙扎，更重要的是該書其實源自一種道德動機，亦即想藉由嚴格劃分出能說與不能說的領域，來保留那一個只能體驗但不能言說的神聖空間。因此，維根斯坦才會在《邏輯哲學論》前言說出：「能說的就能清楚說出，不能說的就必須保持沉默。」這書本身就是關乎能說的事物，而他也盡力去說清楚了，其他不能說的，人若硬要去說，則是逾越了邏輯畫出來的界限，等同在道德上犯了罪，且是一種褻瀆！

恩格曼與維根斯坦的書信集並未改變學界將維根斯坦思想分成前、後兩期，然後擇取其一來研究的慣例；企圖從《邏輯哲學論》或《哲學研究》文本當中提煉出一個柏拉圖理型般的純粹版維根斯坦，也大有人在。相較於前者常被置於邏輯實證主義脈絡來解讀，後者則被不少人理解為通往「行為主義」

（behaviourism）之路。行為主義認為人類行為必須從外在觀察，並找出其決定行為的因果關係法則才能理解，基本上是一種實證主義科學觀。前文提過的德魯利，對此理解提出了強烈的反駁。身為維根斯坦弟子的他，強調前者真正在意的是倫理、宗教以及文化，但研究者卻總把他誤解成一位科學崇拜者。是故，他出版了一本詳實記載兩人長達二十年的對話和筆談，《文字的危險》（The Danger of Words, 1973），反駁那些硬將維根斯坦塞入他所強烈反對的科學陣營當中的「立意良善評論者」。

孟克這本傳記的寫作在相當大程度上受益於恩格曼與德魯利，且基本上可說為了反駁那些將維根斯坦當成雙重人格病患的詮釋而振筆疾書。若以符號W來代表維根斯坦，W1和W2分指前後期，那麼，孟克雖承認「W1≠W2」，但不認同存在絕對的「W1 vs. W2」，並且把焦點放在「W1↓W2」的「↓」之上。於是，本書一方面從多方呈現這箭頭的內涵，一方面則致力於讓讀者理解推動其往前的力量是道德感，而所謂的道德，則是關乎絕對性的神聖價值之追求。

不過，那股力量卻於一戰期間趨向更濃烈的「宗教覺醒」，恩格曼提供了不少的佐證。但，真正讓孟克得以能把故事講完整的，是維根斯坦高徒安斯康姆（Elizabeth Anscombe, 1919-2001）的回憶。她是復興了「德性倫理學」（virtue ethics），使其能在今日與康德倫理學和效益主義（utilitarianism）並立的傑出哲學家，既是維根斯坦著作的主要譯者和重要詮釋者，也是他晚景淒涼時身邊能見到的親近朋友。透過她，我們得知，維根斯坦不僅曾在一篇未出版的前言中直說，他的書寫是為了「榮耀上帝」（to the glory of God），更在臨終前囑咐她去找一位牧師來聊上帝，不討論神學，就聊他以前一直排斥的那個上帝！

四、遺世獨立的《邏輯哲學論》

短短八十頁的《邏輯哲學論》，呈現方式類似今日製作PPT時的文字輸入，一句話底下可加上補充來解釋或呈現要點。只不過，不同於藉字體大小來區別主句與輔句，維根斯坦採取數字來標示，例如1, 1.1, 1.11, 1.12等標號，以此類推；而全書僅有底下七個主句，或說「命題」（proposition）：

1. 世界是所有發生的事物。（The world is everything that is the case.）
2. 發生的事物是原子性事態的存在。（What is the case – a fact – is the existence of states of affairs.）
3. 事實的邏輯圖像是思想。（A logical picture of facts is a thought.）
4. 思想是具有意義的命題。（A thought is a proposition with a sense.）
5. 命題是基本命題的真值函數。（A proposition is a truth-function of elementary propositions.）
6. 命題的一般形式是真值函數的一般形式，它是：$[\bar{p}, \bar{\xi}, N(\bar{\xi})]$。這也是一般命題的形式。（The general form of truth-function is $[\bar{p}, \bar{\xi}, N(\bar{\xi})]$. This is the general form of proposition.）
7. 對於不可說的東西我們必須保持沉默。（Whereof one cannot speak, thereof one must be silent.）

命題（7）在前言出現過，且是唯一沒有補充的命題。這裡的英文部份取自孟克所使用的英文譯本，中譯來自中文維基百科的「《邏輯哲學論》」條目。該書原以德文書寫，學界通用的英文譯本有兩個，且隨研究發展而每隔幾年會修訂版。不意外，每個版本也反映了當時譯者或修訂者的詮釋，中譯版也是。

本傳記對《邏輯哲學論》的著墨，主要在於呈現維根斯坦的書寫背景、意圖，以及出版前後的命運多舛。對孟克來說，人們採取什麼樣的角度或立場來進入該書的文本，才是關鍵。也因此他在二〇〇五年出版過一本《如何閱讀維根斯坦》（How to Read Wittgenstein）來指出，關於文本枝微末節的理解其實無助於爭議的停歇。

其實，這本傳記提供了特定細節的重要資訊，有助於讀者對維根斯坦的整體理解。進一步解釋，維根斯坦於《邏輯哲學論》前言開宗明義地說：這書替人類的思想劃出一條界線，二分能思考的範圍以及思想所不能表達的領域。實際的方法當然僅能透過限制前者來空出後者，畢竟人們終究得仰賴語言來思考，才能完成這一件事，因此邏輯上根本不能走出那範圍之外來進行，而是必須站在那範圍之內，指著那不可說的外面讓其他人看到。維根斯坦的意思似乎是，使用語言才能思考的我們，猶如下象棋時的局中人，不能像側邊的觀棋者總能看到棋盤中間那一條楚河漢界。

與此同時，維根斯坦也明確表示《邏輯哲學論》的「價值」（value）不僅止於寫出來的思想部分，那沒寫出來的才更加重要。這句話蘊涵兩個至關重要的意涵。第一，倘若為真，那麼鑑於他也說整本書的「意義」（meaning）可總結為上述命題（7），則前言加上內文所有透過文字方式來表述的全部想法，嚴格來說是那命題中僅有的那一句話之補充；一如懷德海曾說：整部西方哲學史不過是一連串對柏拉圖的註腳，《邏輯哲學論》裡之前的所有命題及其補充，根本是命題（7）的註腳。第二，置於此一脈絡當中，沒寫即是保持沈默，而保持沈默不僅因為那領域據其理解本來就不能藉語言以命題方式來表述，更重要的是，這沈默本身具有意義，也就是對這關乎上帝、生命意義、美學以及倫理學等傳統上被視為價值哲學的整個領域具有意義。

鑑於維根斯坦也在此區分「說」(to say)與「顯」(to show)的差異，甚至說「能被顯示的就不能用說的」(What can be shown cannot be said. —4.1212)，且這「說／顯」二分的重要性，對孟克來說並不下於「能說」與「不能說」之別，於是當維根斯坦斷定《邏輯哲學論》最終所傳遞給讀者的訊息，是顛撲不破且不可動搖的「真理」(truth)，則這似乎也包括了他透過以沈默的方式來「彰顯」對於那不該說事物的珍視、包括了一種尊重乃至敬畏的態度。

然而，倘若我們跳開這前言直奔本文，從命題(1)開始讀起，並把命題(7)當作前面所有命題一步步邏輯推論出來的結論，所以無需再做解釋，那麼理解出來的，可能差異甚鉅。首先，前六個命題的似乎共同指向：命題是能被檢證真假的關於特定事態之描述；唯有關於實際存在事物的描述才是命題，才具有真值函數，或說才具有意義。

當然，此處的「意義」(sense)指的是「能指涉特定的事態」，也就是具體存在世上的事物。一個關於特定事物的描述(命題)如果符合事實，也就是世上果真存在如同那描述的事物(事態)，則是為「真」，反之則為「假」。如此一來，「truth」必須是一種「符合事實的陳述」，且唯有具體存在於世界的事物才能被如此檢測、才能構成一個命題的內涵。這是所謂的「真理符應論」(correspondence theory of truth)；反之，指涉不具體存在事物(例如上帝、美或生命意義)的描述則「不具意義」(senseless)，關於這些「不該說」事物的命題於是成了「廢話」(nonsense)。或許也因為維根斯坦使用「廢話」一詞來指涉此類常見於傳統哲學句子，所以，邏輯上這似乎意味著他認為關於上帝與道德的陳述，都是沒有「意義」(因為指涉不到存在的實體)的廢話。

這不就是邏輯實證論的主張？若想避免講廢話，我們只好對於神聖領域或關乎人生意義的道德領域保持沈默，專心致力於檢證那些可被檢證的陳述（真正的命題），那無疑就只剩下自然科學研究。如此理解的話，維根斯坦所說的一切似乎是在替邏輯實證主義背書。

等等，歷史先後順序得先確認。孟克描繪了維也納大學的科學哲學家石里克（Moritz Schlick, 1882-1936）在創立邏輯實證主義之前如何推崇《邏輯哲學論》，以及他一九二六年首次前往會晤作者維根斯坦時的心情，甚至被妻子笑說根本就像是去朝聖。隔年，維根斯坦應邀參加了石里克為首的讀書會，並開始重新思考了該書令他不滿意之處。但維根斯坦終究無法接受實證主義，最後決定回劍橋重拾哲學研究。

哲學家傳記的貢獻至此無須再多說。不過，即使不慮及維根斯道德感強烈的書寫動機，相信眼尖的讀者也能看出，邏輯實證論者的解讀不僅有違前言的精神，對當中幾個關鍵字的理解甚至與作者說的相去甚遠。僅以「truth」為例，既然一個命題的內容（不管是名詞、屬性或關係）必須指涉實際存在物才具有「意思」（sense），那維根斯坦所說整本書想傳達的「truth」（以及整本書的「meaning」）到底對應了世上的什麼東西？沒有對應物，就不具意思。採取符應式真理觀的人似乎沒辦法把維根斯坦的話當真。

如果改採真理一貫論（coherence theory of truth），那麼書中命題的出現順序不僅必須是一種嚴謹的邏輯關係，作為命題（7）的結論，也就是那真理。但這樣的真理似乎不能替關於現實世界的既有知識增添什麼資訊，就像大家熟知的「凡人皆會死，蘇格拉底是人，所以蘇格拉底會死」三段式論證那樣，是一種前提本身蘊含了結論的「套套邏輯」（tautology）。然而舉凡能自圓其說的宗教信仰皆能如此，難不成維根斯坦當邏輯本身是一種信仰？

或許，充滿神秘色彩的維根斯坦，作品也注定成謎，且近年來有一個所謂的「新維根斯坦」（New Wittgenstein）學派乾脆以此為預設來重新詮釋。他們主張：既然沒有對應物的命題沒有意義，那就不可能傳達真理，甚至既不能說也不能顯；《邏輯哲學論》當中的命題正是如此，但整體來看的話仍然可以傳達一個「關於哲學」的真理，那就是——所有哲學命題都沒意義，故任何哲學思考到最後都是廢話連篇。再一次，維根斯坦若非想處死哲學，就是想一次殺光所有哲學問題。而「真理」就是別再搞哲學了！

對此，孟克在《如何閱讀維根斯坦》援引了本傳記的內容來強調，維根斯坦在撰寫《邏輯哲學論》當時，真的相信命題具有意義，正如命題（3）所宣稱。這想法來自他在一戰期間從雜誌上閱讀的一則報導。事關一起車禍，報導詳細描述了某巴黎法院的攻防當中，當事人將事情的發生以模型來清楚地展演了事件相關的各種事物，包括人、車子、房子等等。維根斯坦相信命題能以圖像來表示。當一切符合事實的時候就是一幅「邏輯圖像」。邏輯指的是事物之間的實際關聯。當然，它本身不像冰箱內的蘋果那樣存在世上，卻能指涉真實世界的一部分——就像「0」這數字，因不能指涉具體事物所以「senseless」，但絕非「nonsense」。

對維根斯坦來說，邏輯不是羅素或石里克口中的「公理」或推論法則，而是一種理解具體世界不可或缺的「超越性」（transcendental）存在。能如此釐清邏輯與世界兩者關係的心智活動，是為「哲學」。

五、一場劍橋人玩的哲學遊戲

根據這本傳記，維根斯坦回劍橋後，找的不是正在倫敦忙著參與費邊社政治改革運動、創辦實驗小學以及第二段婚姻生活的羅素，而是另一位曠世天才，小維根斯坦十四歲的拉姆齊（Frank Ramsey, 1903-30）。拉姆齊剛入學不久就開始幫忙奧格登（C. K. Ogden, 1889-1957）翻譯《邏輯哲學論》，不僅因為在隔年開學前，他曾遠赴維也納找作者逐句討論了兩個星期，更因為他提出的問題切中要害，讓維根斯坦深覺他或許將是世上唯一的知音。

進一步解釋，邏輯實證主義最為人詬病之處，就是缺乏一個具說服力的論述來區隔自己與其他強調科學實證的理論，例如深植於英國哲學傳統的經驗主義或法國十九世紀的實證主義，畢竟科學研究本來就不反對運用邏輯與數學來進行經驗假設的檢測。多了「邏輯」一詞作為門派稱號來行走江湖，若不提出一個事實與邏輯之必然關係的理論，終將難以服眾。

事實上，拉姆齊也早看穿了這一點，並據此對維根斯坦和邏輯實證論相通之處提出了尖銳的質疑，同時也指出了羅素在導讀中的誤解。

拉姆齊的初試啼聲，就在最頂尖的哲學期刊《心靈》（Mind）上發表了一篇《邏輯哲學論》的書評，劍指維根斯坦相信可表述世界中一切事實可轉化為邏輯命題的理由，例如「現在若非有下雨，就是沒有在下雨」。對維根斯坦來說，這句式本身不能告訴我們到底現在有沒有在下雨，但卻提供了世界當中像「下雨」這種小到不可能再切割的事實，亦即上述命題（2）所說的「原子事態」一個不能自相矛盾的「邏輯形式」（logical form）。

拉姆齊將焦點放在維根斯坦的另一個例子：關於眼睛所見任一小點的顏色，也同樣不能違背「顏色的邏輯結構」，不可能同時是紅色和藍色。他指出這種事不能被化約為邏輯命題，因為某物的顏色不但取決於人類的視覺結構，也受外在物理條件的影響。所以，連「這是紅色」都稱不上是原子事態（而是關於很多包括光、粒子行進速度、物質特性乃至空間存在方式），更何況像「這既是紅色也是藍色」這看似矛盾的句子。一言以蔽之，邏輯分析與物理分析兩者之間的關係，本身猶待釐清。

當年，拉姆齊才二十歲。正是這問題讓維根斯坦陷入長考，最後甚至回到劍橋跟隨他讀博士。如果說，維根斯坦是史上最缺正式哲學訓練、橫空出世的哲學天才，那拉姆齊也不遑多讓。相較於維根斯坦生前只出版過一本書，一篇書評，加上一篇會議論文（那是英國哲學界最重要的年會，他交了稿但開會時突然改談另一個主題），正式擔任他指導教授的拉姆齊在二十六歲之前已出版過六本艱深的學術著作，學界至今尚未將其思想完全消化。只是天妒英才，未滿二十七歲他就與世長辭。

不過，這兩位天才至少曾經並存且惺惺相惜。擔任博導半年的拉姆齊決定讓維根斯坦以《邏輯哲學論》代替論文提出博士論文口試，並敦請了摩爾當校內口委，流落在外的羅素則剛好擔任校外口委。

能翻閱至此的讀者，想必多數已察覺到維根斯坦替人類思想劃界的企圖，頗有康德在《純粹理性批判》一書當中以切割「物自身」與「現象界」兩域方式，來界定人類知識所能企及的極限與屬性之宏旨。這也是多數人所理解《邏輯哲學論》能成為經典的原因。兩位哲學家的主要差別在於，康德聚焦於人類知識本身的先決條件，包括因、果、單一性、多數性、偶然性、必然性等十二個根本概念或「範疇」（category），缺之將不可能以人類的方式認識世界，但藉此才能建立的認知體系也等同於受限；而維根斯坦卻把焦點轉向語言和思想之間的關係，想從釐清內建於語言（於是也等同思想）結構當中的邏輯，來區別「可以表述」和「無法表達」兩個領域之別。

然而，拉姆齊似乎從維根斯坦著作當中意識到了一個更古老的柏拉圖理型論問題。如果說世界上存在的事物，例如桌子、椅子或人手繪出的三角形，都有一個相應的「理型」存在於一個不受時空影響的更真實世界，且現象世界的事物相較於理型世界的相應物，都既不完美也會腐化。那，具體的桌子和桌子的理型兩者之間究竟是什麼關係？理型如何讓物質成為它的山寨版？如何得以進入時間與空間當中？柏拉圖並未處理此類因果關係。但，認定邏輯與數學概念為真實存在者（包括羅素在內），似乎不能避開此一問題。否則那不過是一種信仰。

無論如何，拉姆齊既不認為堅持觀念實在論的羅素確切理解了維根斯坦，也不認為後者意圖另外打造一個「邏輯上完美的語言」（logically perfect language）。雖然拉姆齊不認為維根斯坦解決了問題，但終究能看出後者的天份與處理問題的重要性，畢竟，整個當代哲學乃至未來基礎科學的理論，似乎懸乎於此。羅素雖然大喊荒謬至極，但也同意和摩爾共同擔任口委，並同意讓維根斯坦取得了博士學位。行禮如儀的口試結束之際，維根斯坦拍拍他們兩位的肩膀說：「沒關係，我知道你們永遠不會懂的。」隔年，維根斯坦正式在劍橋哲學系講課。

千萬別問為何一年可拿博士或論文上有沒有教授簽名這種事，那也許只能證明了我們和劍橋天才的差別。更重要的是，每個團體都有一套令其運作的遊戲規則，成員不僅熟悉其「規則」並且知道怎麼「玩」才對，而只知規則而不會玩的人其實稱不上真正的「懂」（understand）。這些正是後期維根斯坦的「語言遊戲」（language game）概念所欲處理的問題。

六、語言遊戲作為一種以圖攻圖策略

維根斯坦回歸劍橋時備受矚目，開始講課後關於他的哲學轉向以及即將提出一套新哲學的消息，也不脛而走。不過，他從未再寫出一本他認為滿意、可以出版的專書，倒是留下了為數不少的筆記和手稿。所謂的「後期維根斯坦」，指的是從這些遺稿當中編輯而成的著作。完成度最高的是《哲學研究》，維根斯坦過世後兩年出版，前半處理語言哲學，後半則是心靈哲學。

孟克多次提到，前後兩期雖然差異甚鉅，但對語言的關注是共通處。在致力於釐清內建於思想之語言邏輯的前期，仍認定邏輯命題只有一種形式，但後期則不僅否定自然語言當中只有（或該有，如同羅素所理解）一種語言邏輯，並強烈反對這種那種追求「一體適用之通說」（general theory）的哲學研究，包括羅素以及自己過去的那種邏輯理論。

另一方面，本書也讓我們看到，即使天才如維根斯坦也不曾輕忽師生同儕的質疑，並為之搜索枯腸，甚至也同樣看重非哲學領域學者的提問。最經典的例子或許是經濟學家斯拉法（Piero Sraffa, 1898-1983）。這位留學倫敦政經學院而認識凱因斯、後才來到劍橋開創了新李嘉圖學派（Neo-Ricardianism）的義大利人，聽完維根斯坦對於「邏輯形式」的解釋後，摸摸下巴煞有其事地問：「那你這個（唯有邏輯形式才對）的邏輯形式是什麼？」換言之，當我們高呼命題必須符應世上存在事物才具真值時，那到底什麼事情保證了這一件事本身為真？

無論如何，一翻開《哲學研究》內文即可看到的就是處理圖示表達的第一節，深究一下應當是掌握維根斯坦前後期差異的捷徑。第一段取自奧古斯丁（Augustine）《懺悔錄》（Confessions）的一段話，講述作者自己總是從長輩在說出某字並走向某物當中，確定特定的字與物之對應關係，來學會使用語言。下一段則討論了這種「字—物」互相對應的想像，並指出這是一幅關於人類語言之本質的根本圖式，讓人把字詞的意思想成了特定的物體，把「意義」（meaning）等同了「指涉之物」。第三段接著指出奧古斯丁在此並未區分語詞的類別，而是僅以一種名詞（包括「桌子」、「椅子」、「麵包」以及人名）為例，來建構一幅關於語言功能的想像：語言的根本功能是「命名」（naming）。

礙於篇幅，本文不能窮究這三段話的豐富意涵，能講的只是維根斯坦意在說明一個根植哲學家心中的錯誤觀念，包括羅素和以前的自己。其錯誤在於把「符應」視為文字的唯一意義所在，語言的功能，以及哲學命題的基本屬性。因此，即使他本人和羅素過去意識到了文字本身有不同種類，可指涉物件、屬性、關係，並藉此否定了古典邏輯理論，但終究未意識到如此思考命題本身也犯了錯誤的類似「命題—事態」想像，猶如命題是某一組事物的名字。

值得一提的是，孟克於本書精準指出維根斯坦本人明白奧古斯丁話並非意在「理論化」（theorize）人類語言，而是用來描繪語言學習過程的一幅「圖像」。但既然因為這是一幅衍生了各種哲學理論的圖像，且根植人心，反駁的方式似乎唯有採取另一幅圖像才能行。於是有了底下這一段話：

> 我們來設想如下這種使用語言的情況：我讓某人去買東西。我給他一張紙條，上面寫著「五個紅蘋果」。他拿著這張紙條找到店員，店員拉開一個標著「蘋果」的抽屜；他又在一張表格是查到「紅的」這個詞並找到與之相對的顏色樣本；然後他按基數序列——我假定他記得這些數——一直數到五，每數一個數，他就從抽屜裡拿出一個與樣本同顏色的蘋果。

如此歷歷在目的超現實情節，可謂是一種「以圖攻圖」策略的示範，且蘊含了一個新的哲學方法。進一步解釋，首先，這是維根斯坦本人親自示範的一個「語言遊戲」。現實上根本不會出現這樣的情節，所以是一種遊戲，且相當嚴肅，因為每個步驟一方面突顯了我們如何認識並使用不同種類的字詞，一方面則指出了不同字詞使用時的心智運作過程。「蘋果」一詞的使用符合最原始的「字－物」模式，但「五」已涉及了對數字序列的想像力，且這想像力還源自記憶力，而「紅色」則更涉及了視覺作為一種人類的感官能力與認知結構，故嚴格說並非一種（不涉及人類主觀認知的）客觀事態。

再者，當我們閱讀這一段話的時候，其實也在使用想像力，以多幅圖像依時序排列的方式構成一則短片。而這意味著：（一）沒有具體事物的存在仍然可以有圖示理解，亦或命題，畢竟那曾經對維根斯坦來說指涉一種「連串事物」（articulate），（二）即使指涉不存在事物的命題其實也有意義，以及（三）人們可以藉由文字來提供彼此能分享的圖像思考，因此內在想像不但具有「公共性」，人們也不像那些「行為主義者」所說，必須靠「外在行為」觀察才能理解另一個人在想什麼。

第三，如果我們承認藉此表達出來的圖像遠比抽象文字所構成的理論來得有力量，且解釋力更高，那麼，譬喻、類比、象徵性表述乃至真實的圖案、影像或能達至類似功能的文學與藝術，不僅在傳達訊息上更加有力，也唯有如此才能獲得的訊息，能讓人「懂」（understand）倫理與藝術等對人生真正重要的事物。事實上，上面的語言遊戲之所以超現實，乃因人們日常生活不會這樣來買蘋果，然而之所以不用如此，更是因為人總能看穿另一個人的心思、意念、動機、情緒，甚至靈魂，尤其是身邊親近的人。那是一種憑經驗累積加上直覺，加上某程度人類共通性為基礎，才能獲得的一種「懂」，無論再如何精確的因果關係模型或科學定律，也取代不了這一種理解。

至此，讀者當可猜想《哲學研究》將如何展開，許多對人文與社會學科產生重要影響的概念，都來自接下來的內文。孟克告訴我們，此時期的維根斯坦受到了文豪歌德（Johann Wolfgang Goethe）的影響，意識到語言是一種具有生命的活物，既是理性思考不可或缺的工具，更是想像力的發揮本身和媒介，讓人藉以表達各種情感、想法與「世界觀」——亦即從特定角度來觀看世界的方式，且看到的只是世界整體的某個面向，從不可能是全部。

據此，當一群人共享某個內建了特定「面向觀看」（Aspect seeing）的語言時，等同共享一個「生活方式」（form of life），而一個生活方式本身當然也內建了一套（遊戲）規則（例如那一場神秘的口試），外人若想理解，必須仰賴維根斯坦所謂的「不可量化的證據」（imponderable evidence），而非原有的認知或科學化的量化指標。

這似乎也指出一條走出（哲學）同溫層的路。維根斯坦研究者文區（Peter Winch）曾說：「認真研究另一個生活方式，無非是想讓我們從原先的擴展出去，而不是將它納入自己的現有領域之內。」或許這也是維根斯坦為何會說，理解他的人在爬上樓梯之後，必須把梯子也丟掉！

七、結語：上帝讓哲學家洞悉人們眼前的一切

如此一來，維根斯坦從邏輯和語言哲學逐步走向了心理學乃至認知科學，想必讀者亦可從中指認其思想對自己領域或深或淺的影響。然而孟克最想讓我們理解的似乎是，想從「語言遊戲」概念建構一個關於語言本質的理論，其實離維根斯坦很遠，而那些想從他後期著作中提煉出一套命題系統的哲學學者，離得最遠！

這跟作者為何選擇以「哲學傳記」為職志的理由有關。本書就是他展現自己對維根斯坦哲學之理解

並具體實踐的唯一方式。

除了歌德之外，孟克也告訴我們後期的維根斯坦受到心理分析學之父佛洛伊德（Sigmund Freud）的啟發，特別展現於《夢的解析》（The Interpretation of Dreams）當中的方法。維根斯坦清楚佛洛伊德本身並未在此提出一個符合嚴謹自然科學的「因果解釋」（causal explanation）理論，也沒辦法在夢與意義之上建立一個如同「字—物」般的「因—果」對應關係。但其所謂的「意義」，卻是真正能讓患者接受並因應日常生活的一種解釋，或更嚴格地說是「詮釋」（interpretation）。

相較於意圖將夢化約為特定律則性關係的解釋，這種詮釋的進行方式致力於讓當事人能看見自己生活故事當中未曾理解的不同細節之關聯性。一如拉姆齊看出了他著作當中最細微之處，後期維根斯坦也聚焦於日常生活當中那些「毫不起眼的細節」（triviality）。五個紅蘋果的語言遊戲就是為了讓人看出日常語言中被人忽略但卻隱藏巨大哲學意涵的細節。讓人「看見事物的關聯」（seeing connections）且是以當事人也能理解的方式來懂，才是哲學的真正目的。

哲學不是教條，也不是一套命題系統，但仍然是一種活動，其目的在於「治療」那些肇因語言習慣和屬性的各種思想錯誤，特別是那些千百年來困擾哲學家的命題。相較於前期致力於單一語言邏輯的確立，並藉此切割那可說與不可說、能想與不能想的範圍，哲學活動在後期維根斯坦當中，一方面繼續消極地掃除錯誤的哲學思考方式，不讓關於倫理、美學、宗教等重要價值被排除或壓縮在抽象的命題之內，一方面則更加積極地擁抱這些日常生活當中真正重要的事物和體驗。

換言之，日常語言不再是人類認知與世界真相的有色眼鏡，或甚至是哈哈鏡，而是上帝的調色盤，一如本文開端另一句引言所說——其實生活和宗教一樣，充滿了色彩。治療過後的哲學家，當能以另一種方式來觀看世界，甚至再次享受攤在人們眼前上帝創造的一切萬物。

是故，讀者應當不會意外他在剛剛的讚嘆過後，接著說：「上帝讓哲學家洞悉攤在人們眼前的一切！」[1] 令人玩味的是，維根斯坦在《邏輯哲學論》最後一句話之前也說，懂他的人最後能「超越（書中的）所有命題，然後正確地看待世界」。前後期哲學似乎都是為了讓人重新看待世界。前期的他手持一把大刀來切割兩個世界，後期則是拿手術刀來切割因為語病而產生的思想毒瘤。

這無疑成了孟克所奉行的「傳記哲學」。對他來說，太多的學者意圖將維根斯坦化約為前期、後期或其他的各種系統性命題。然而本傳記卻意圖透過呈現他不同時期、不同概念、不同哲學觀乃哲學與生命之間的各種細節，讓讀者看見當中的各種連結，他遵循的是後期維根斯坦所倡議的「描繪」（description），而非因果解釋。當然，這不代表如此的描繪不能解決或消除一些之前的誤解或命題，畢竟，一如前述的語言遊戲，以及其他蘊含於斷簡殘篇當中的洞見。

當然，這些洞見容或不同的詮釋可能。牛津哲人肯尼（Anthony Kenny, 1931-）亦曾指出這種態度根本把自然語言當成一種「原罪」（original sin）（Anthony Kenny, 1982），換言之，唯有重整語言才能將人類從巴別塔困境當中解救出來。肯尼的學生同時也是以研究維根斯坦著稱，甚至將其思想應用於電影批評的牛津才子馬爾霍爾（Stephen Mulhall, 1962-）更進而指出，後期維根斯坦的思想其實也應當讀成一種關於人類如何在伊甸園當中墮落的另一種「哲學神話」（philosophical myth）（Stephen Mulhall, 2005）。孟克本人或許不會完全認同，畢竟，他相當小心地區分作為一種制度性社會活動的宗教與「宗教性」（religiosity）的差異，且強調直至晚年，維根斯坦依然抗拒前者。但他肯定能接受維根斯坦的洞見具有高度的啟發性，讓人看見世界的多彩。

或許，我們也應該對孟克放棄博士論文轉向哲學傳記不感意外。這一本傳記提供人們對於維根斯坦的理解，遠大過於其他許多學術著作。除了本書之外，他也著有兩大冊羅素傳以及一本關於「原子彈之父」歐本海默（J. Robert Oppenheimer, 1904-67）的傳記，都是上乘之作。當然，正如生命不該被化約為哲學命題，一本傳記同樣也不能被一篇導讀所取代。這篇導讀不過是為了讓讀者能準備好進入維根斯坦的生命世界，從細節中體會其豐富蘊意，然後讚嘆。

1 Ludwig Wittgenstein(edited by G. H. von Wright; translated by Peter Winch), *Culture and Value*, (Chicago: University of Chicago Press, 1980), p.63.

致謝

我首先定要感謝Monica Furlong，沒有她的支持，這本書不可能動筆。是她說服了時任海涅曼出版社主編的David Godwin考慮資助這一項寫作計畫。我同樣要大力感謝David Godwin本人，感謝他常保熱情，給予我親切的鼓勵。我還要感謝我的美國出版商，任職自由出版社的Erwin Glikes，謝謝他慷慨支持。

起初我很擔心維根斯坦的遺稿繼承人萬一婉拒合作，這本傳記會胎死腹中。不過我要說情況正好相反。維根斯坦遺稿的三位保管人——馮．賴特教授（Georg Henrik von Wright）、安斯康姆教授（G. E. M. Anscombe）和已故的里斯教授（Rush Rhees）——都非常親切，不僅樂於合作，更多方協助，除了允許我引用維根斯坦未出版的手稿，還不辭辛勞回答了我許多問題，慷慨提供我本來無從知曉的訊息。

我要特別感謝馮．賴特教授，感謝他仔細回覆了我對於《哲學研究》撰述過程的推斷。儘管我一開始的想法並不成熟，他依然耐心回覆，而他探討維根斯坦兩大著作來由的文章，以及一絲不苟編纂的維根斯坦作品細目，更是我在寫作時不可或缺的輔助。安斯康姆教授多次同意跟我會面，暢談她對維根斯坦的回憶，並且回答我的問題。我要特別感謝她慨然應允我調閱法蘭西斯・史金納（Francis Skinner）寫給維根斯坦的信件。

里斯教授待我之親切，遠遠超出了責任所需。儘管他年事已高，身體孱弱，依然花了許多時間和我討論，不僅展現了他對維根斯坦著作的無比博學，對維根斯坦的人格與哲學也有許多洞見。他還給我看了許多我原本無從知曉的資料。他非常希望將自己所知傾囊相授，有一回甚至為我付了斯旺西的旅館錢，好讓我們倆的討論不因我必須返回倫敦而中斷。他去世的消息傳來時，我剛寫完這本書，我會永遠深深懷念他。

撰寫本書期間，還有幾位維根斯坦的友人也去世了，令人無限唏噓。羅伊・弗拉克（Roy Fouracre）久病在床，但他夫人依然親切接待我，並給了我維根斯坦寫給她丈夫的信件副本。凱瑟琳・湯姆森女士（Katherine Thomson）也是如此。她丈夫喬治・湯姆森教授（George Thomson）辭世前不久曾經表示願意與我晤面，討論維根斯坦的蘇聯之行。愛德華・貝文醫師（Edward Bevan）於過世前一年左右和我見了面，他和貝文夫人的回憶構成了本書第二十七章的骨幹。維根斯坦在愛爾蘭西岸停留時，曾得到湯米・穆克林斯（Tommy Mulkerrins）的大力幫助。一九八六年春天，我到農舍造訪湯米。年過八旬的他體弱多病，卻依然思緒敏捷，本書第二十五章有許多他的回憶，可惜他也已經離開了我們。

不過，維根斯坦的另一些朋友還健在，實在可喜可賀。吉爾伯特・帕特森先生（Gilbert Pattisson）是維根斯坦的好友，兩人於一九二九至四〇年相交甚篤。他和我見了幾次面，本書第十一章引用的信件就是由他提供的。羅蘭德・赫特先生（Rowland Hutt）是維根斯坦和法蘭西斯・史金納的朋友，對我的研究很感興趣，也很幫忙，提供了第二十三章引用的信件。我還要感謝威廉・巴靈頓・平克先生（William

Barrington Pink）、戴斯蒙・李爵士（Sir Desmond Lee）、貝索・里夫教授（Basil Reeve）、班恩・理查茲醫師（Ben Richards）、喀什米・路易博士（Casimir Lewy）、凱斯・柯爾克先生（Keith Kirk）、克雷門特夫人（A. Clement）、波莉・史邁瑟斯夫人（Polly Smythies）、沃夫・梅斯教授（Wolfe Mays）、法蘭西絲・派特里齊夫人（Frances Partridge）和瑪格麗特・德尚布里耶夫人（Marguerite de Chambrier），感謝他們撥冗分享關於維根斯坦的回憶，有些還見了我幾次。感謝格奧爾格・克萊塞爾教授（Georg Kreisel）、海耶克教授（F. A. von Hayek）、約翰・金恩先生（John King）、瓦西夫・希賈布教授（Wasif A. Hijab）、約翰・威斯頓教授（John Wisdom）、已故的埃弗瑞德・艾耶爾教授（Alfred Ayer）和康拉德・佩普勒神父（Conrad Pepler），謝謝他們回函答覆了我的詢問。

多虧維根斯坦下列同事的協助，我才能寫出他在蓋斯醫院（Guy's Hospital）和紐卡斯爾皇家診所（Royal Infirmary at Newcastle）的工作情況：路易士先生（T. Lewis）、亨佛瑞・奧斯蒙醫師（Humphrey Osmond）、葛蘭特醫師（R. T. Grant）、海倫・安德魯斯小姐（Helen Andrews）、提爾曼醫師（W. Tillman）、娜歐米・威金森小姐（Naomi Wilkinson）、沃特菲德醫師（R. L. Waterfeld）、伊拉茲穆斯・巴洛醫師（Erasmus Barlow）和貝索・里夫教授。我要感謝John Henderson醫師替我聯絡了這些同事中的許多人，感謝Anthony Ryle醫師慷慨出示父親的信件，讓我在第二十一章引用，並允許我摘錄他兒時的日記。他和里夫教授還讀了該章初稿並提出意見，對此我也深懷感謝。

本書第二十四章提到的喬伊特學會（Jowett Society）聚會，是維根斯坦在牛津大學參與過的唯一一次哲學座談。感謝奧斯卡・伍德先生（Oscar Wood）、以撒・柏林爵士（Sir Isaiah Berlin）和瑪莉・沃諾克女爵士（Dame Mary Warnock）提供該次聚會的回憶。

許多未曾見過維根斯坦的人也提供了寶貴的協助，在此謹向以下諸位致謝：巴特利三世教授（W. W. Bartley III）、昆丁・貝爾教授（Quentin Bell）、瑪格莉特・史隆夫人（Margaret Sloan）、麥可・史崔特先生（Michael Straight）、柯林・威爾森先生（Colin Wilson）和康拉德・溫許教授（Konrad Wünsche），感謝他們回函協助。感謝Anne Keynes夫人、Andrew Hodgesr教授和George Steiner教授撥冗與我會面，討論我蒐集和研究資料時遇到的問題。Keynes夫人還好心提供了她叔叔大衛・品生特（David Pinsent）寫的一篇哲學論文，在此特表謝意。

為了取材，我跑遍了世界各地，但有兩趟旅程必須一提，分別是愛爾蘭和奧地利之行。我的愛爾蘭朋友Jonathan Culley開車載我往來都柏林、威克洛郡（County Wicklow）和高威郡（County Galway）之間，發揮了無比的耐心，並且很懂得趕時間和守時（但在別的事情上就沒那麼俐落了。）在都柏林，Paul Drury對我幫忙甚多，在威克洛是Kingston一家，在康尼馬拉（Connemara）是湯米・穆克林斯，其間還得到Hugh Price夫婦、R. Willoughby夫人、J. Mahon和Sean Kent的協助，讓我衷心感謝。好友Wolfgang Grüber的親切加上他弟弟Heimo的好客，讓我奧地利之行愉快舒適。我在維也納有幸見到了海倫娜・維根斯坦（Helene Wittgenstein）的孫女卡特琳娜・艾森伯格夫人（Katrina Eisenburger），還有另一名家族成員伊莉莎白・維澤醫師（Elizabeth Wieser）。赫爾曼・亨澤爾教授（Hermannn Hänsel）也好心提供了不少協助。造訪維克瑟山區（Wechsel mountains）維根斯坦曾經執教過的學校時，Adolf Hübner醫師給了我莫大的協助，不僅帶我去了特拉騰巴赫（Trattenbach）和奧特塔（Otterthal），將自己為奇爾希貝格檔案中心（Documentation Centre in Kirchberg）蒐集的出色資料影印給我，還非常好心，在我發現造訪期間拍的相片毀損之後特意回到當地，替我重新拍照。

感謝以下諸位的親切與協助，對我幫忙甚多：劍橋三一學院倫恩圖書館（Wren Library）的T. Hobbs博士、蓋斯醫院威爾斯圖書館（Wills Library）的A. Baster醫師、英國醫療研究學會檔案室（Medical Research Council Archives）的M. Nicholson小姐，以及大英圖書館、牛津大學博德連圖書館和劍橋大學圖書館的全體職員。同樣感謝我的好友Wolf Salinger特地前往柏林工業大學（當時仍是工業高等學校〔Technische Hochschule〕），替我找出維根斯坦就讀工程科時留下的紀錄，以及柏林工業大學圖書館給予我好友的協助。

本書引用的主要信件，部份收藏於因斯布魯克大學的布倫納檔案館（Brenner Archive at the University of Innsbruck）。該館收藏了數百封寫給維根斯坦的信件，包括本書第六至九章用到的羅素和弗雷格的書信，最近才開放借閱。感謝牛津大學聖約翰學院的P. M. S. Hacker博士告訴我有這些書信，以及布倫納檔案館的Walter Methlagl博士和Allan Janik教授好心允許我調閱，並且撥冗與我討論書信的內容。同樣感謝加拿大安大略省漢密爾頓市麥克梅斯特大學（McMaster University）羅素檔案館的Kenneth Blackwell，允許我引用該館和布倫納檔案館收藏的羅素信件。

我要特別感謝劍橋三一學院的Michael Nedo博士，沒有人比他更熟悉對維根斯坦的手稿，而他多年來蒐集了許許多多關於維根斯坦的相片、資料和資料副本，更是極有用處的寶藏。他不僅允許我隨意取用這些資料，還花了許多時間跟我在諸多方面討論我的取材與研究。他仔細謄錄了維根斯坦手稿裡的加密註解，我也非常感謝他提供副本給我。

Paul Wijdeveld博士同樣在許多方面給了我莫大的協助。他為了寫書，鉅細靡遺研究了維根斯坦設計的房子和相關資料，讓我受惠良多。不僅如此，他還分享了不少我原本無從知曉的已出版資料、他本人著作的初稿副本，以及他發現的關於維根斯坦和保羅・恩格曼（Paul Engelmann）兩人關係的資料。

感謝牛津大學聖約翰學院的 G. P. Baker 博士和麥格達倫學院的 Peter Strawson 教授閱讀了本書部份初稿，並提供意見。Baker 博士和他同事 P. M. S. Hacker 博士還好心分享了自己正在撰寫的著作內容。Stephen Toulmin 好心詳閱了本書的全部手稿，並提出了不少有益的建議與批評。我的編輯 David Godwin 和 Erwin Glikes 閱讀了諸多版本的初稿，同樣提出了有用的建議。本書編排出版期間，Alison Mansbridge 指出了許多我自己沒有發現的錯誤，我很感謝她面對這份苦差事時的熱情與一絲不苟。David McLintock 博士好心檢查了我對弗雷格書信和維根斯坦日記的翻譯，除了提出許多重要的修正，還指出不少我遺漏了的有趣細節和影射。當然，譯文如有疏漏蓋由本人負責。

感謝我的經紀人 Gill Coleridge 夫人，若非她協助，我不可能熬過這四年。最後我要獻上最衷心的感謝給珍妮，感謝她陪我經受了這段時光。

雷伊・孟克

一九八九年十二月於倫敦

序

路德維希・維根斯坦其人散發著極為特出的魅力，遠超過他對二十世紀哲學發展的無比影響所能解釋，就連不大關心分析哲學的人也深受其吸引。有人為他寫詩，受他啟發而作畫，將他的作品譜成音樂，甚至將他寫進小說裡。布魯斯・達菲的《我所見的世界》（*The World as I Found It*, by Bruce Duffy）便以維根斯坦為書中主要角色（而非只是將他的生平文學化）而大獲成功。此外，電視台至少推出過五部關於他的影片，為文追憶他的人更是不計其數，即使他們跟他只有點頭之交也不例外。（例如，里維斯〔F. R. Leavis〕可能只見過維根斯坦四五次，就寫了一篇十六頁文章〈回憶維根斯坦〉〔Memories of Wittgenstein〕。）其他撰文追憶他的還包括教他俄語的女士、停留愛爾蘭期間替他送炭到小屋來的人，以及跟他不熟卻碰巧成為留下他最後身影的攝影師。

關於維根斯坦的回憶源源不絕，評論他哲學的文章更是持續量產，而且產速同樣驚人。最近一份文獻列出了研究維根斯坦哲學的二手資料，討論他著作的論文和書籍超過了五千八百六十八種。其中能讓學術圈外人感興趣的很少，正如同關心維根斯坦生平和個性的學者一樣鳳毛麟角，而上一段提到的許多作品全都圍繞在這方面。

因此，世人對維根斯坦雖然深感興趣，卻不幸偏向了兩個極端，一邊只研究他的作品，不在乎他的生平，另一邊著迷於他的經歷，卻讀不懂他的著作。我想不少讀過諾曼・馬爾康姆《回憶維根斯坦》（Norman Malcolm's *Memoir*）的人都有這樣的經驗，因為書中主角太過迷人，於是找了維根斯坦的著作來讀，卻發現一個字也讀不懂。的確，坊間不乏介紹維根斯坦哲學的出色作品，深入淺出解釋了他關切的主要問題和處理之道。但這些作品卻沒有解釋他的哲學著作和他有什麼關係，他生活中念茲在茲的性靈與道德課題跟他著作中反覆探索的冷僻哲學問題有什麼聯繫。

本書就是要為這兩端架起橋樑，藉由同時闡述維根斯坦的生平與著作，清楚闡釋為何這樣一個人會寫出這樣的作品，並且闡明許多人在閱讀維根斯坦著作時共同感受到的一點：他的哲學思考從來不離生命中的情感與靈性。

第一部

一八八九—一九一九

一、自我毀滅的試驗場[1]

「如果撒謊對自己有利，為什麼要說實話？」

這是路德維希．維根斯坦最早留有紀錄的哲學思索。八、九歲某一天，他站在門口思考這個問題，始終想不出答案，於是下了結論：這種時候說謊不能算錯。他後來提到這件事時，說那次的經驗「就算沒有左右了我的未來，也充分體現了我當時的本性」。

那次的經驗其實體現了他的一生。他和羅素[2]不同；羅素之所以轉向哲學，是希望能在先前那些令他感到懷疑之處找到確定性，而維根斯坦則是因為天生受到前述問題吸引，所以無法自拔地被拉向了哲學。可以說是哲學找上了他，而非他找上了哲學。前述問題帶著兩難，對他有如惱人的侵擾、難解的謎題，強加於他，俘虜了他，唯有找到滿意的解答才能回歸日常。

然而，維根斯坦兒時的回答其實很不維根斯坦。他輕易接受了造假，跟他成年後那受人敬畏、不留情面的誠實判若兩人，恐怕也不見容於他身為哲學家的自覺。他姊姊曾在信裡稱他為大哲學家，維根斯坦回信說道：「稱我為求真之人，我就滿意了。」

這不是想法改了，而是性格的轉變。維根斯坦一生經歷過多次這樣的轉變。當他身陷危機，並且深信問題出在自己身上，他就會追求這樣的轉變。他的一生彷彿就是一場對抗本性的戰爭，所有成就多少都帶著違抗本性的意味。於是，最終的成就便是完全超克自己。當他完成最終的轉變，哲學就不再必要了。

後來，某人在他面前讚揚英國倫理學家喬治・摩爾[3]有著孩子般的純真，維根斯坦卻不以為然。「我不知道這有什麼值得稱讚的，」他說：「除非你也讚賞**小孩**。你說的這種純真不是奮鬥得來的，只是生來還沒受到誘惑而已。」

這段話隱含了某種自況。維根斯坦的性格，他好友和學生記得的那種強勢、毫不妥協與咄咄逼人，**正是**他奮鬥得來的結果。兒時的他討喜而溫馴，喜歡取悅人，樂於服從，而且如前所見，願意犧牲真相。他十八歲之前的人生，歸根結底就是這樣一場奮鬥，就是一段內在和外在力量迫使他性格轉變的故事。

路德維希・約瑟夫・約翰・維根斯坦（Ludwig Josef Johann Wittgenstein）出生於一八八九年四月二十六日，是哈布斯堡時期[4]維也納富豪之家的第八個孩子，也是老么。他的姓氏和家族的財富讓不少

1　譯註：標題原文為 THE LABORATORY FOR SELF-DESTRUCTION，這是借用本章提到的奧地利作家卡爾・克勞斯（Karl Kraus）之語，他曾形容十九世紀末的維也納是「世界毀滅的試驗場」，見後文。雷伊・孟克仿照這個比喻，將之改為「自我毀滅」，意指維根斯坦家族內的許多自殺事件以及魏寧格自殺帶來的影響。

2　譯註：Bertrand Russell，1872-1970。英國哲學家、數學家和邏輯學家，是現代分析哲學的創始人之一，同時亦積極參與社會及政治活動。詳細可參考本書導讀。

3　譯註：G. E. Moore，1873-1958。英國哲學家、倫理學家，與羅素同為現代分析哲學創始人之一。詳細可參考本書導讀。

4　譯註：哈布斯堡王朝（Habsburg）是歐洲歷史上統治地域最廣的封建家族，主要分支在奧地利，其統治時期從一二八二年起，一直到

人以為他是德國貴族家庭賽恩—維根斯坦（Seyn-Wittgenstein）之後，其實不然。他的家人改姓維根斯坦才不過三代，是他曾祖父摩西・邁爾（Moses Maier）改的。摩西原是賽恩—維根斯坦家族的土地經理人，拿破崙一八〇八年頒布飭令，規定猶太人必須有姓氏[5]，於是他便採用了雇主的姓。

維根斯坦家族有一個傳言，說摩西的兒子赫曼・克里斯提安・維根斯坦（Hermann Christian Wittgenstein）是某王子的私生子，但缺乏確鑿的證據（至於王子出身賽恩—維根斯坦、瓦德克〔Waldeck〕或埃斯特黑茲〔Esterházy〕家族，則看傳言版本）。而且傳言出現的時機，正好是家族深怕納粹頒布的紐倫堡法[6]影響，試圖改換出身的時候（本書稍後會提到，且他們成功了）；這讓傳言的真實性顯得更加可疑。

不過，這個故事倒是挺適合赫曼・維根斯坦本人的，因為他替自己取的中名「克里斯提安」，字面意思是基督徒，就是為了切割猶太背景。他徹底斬斷了自己跟原生猶太社群的聯繫，離開出生地克爾巴赫到萊比錫定居，從匈牙利和波蘭買進羊毛賣往英國與荷蘭，成了出色的羊毛商。他選了維也納顯赫猶太家族的女兒芬妮・費格多（Fanny Figdor）為妻，兩人一八三八年成婚，但芬妮在婚前就皈依了新教。

一八五〇年代，赫曼一家搬到維也納時，大概已經不認為自己是猶太人了。赫曼甚至得到了反猶名聲，而且完全禁止子女和猶太人結婚。他兒女眾多，共有八女三男，幾乎都聽從了父親的命令，和維也納的白領新教徒結婚，建立了一個擁有法官、律師、教授和牧師的姻親網絡，可以在他們需要傳統專業服務時提供可靠的協助。赫曼一家同化得太徹底，他女兒甚至問哥哥路易斯，傳言說他們有猶太血統是不是真的。路易斯用法文回答：「很純，米莉。很純。」

赫曼家的情況其實跟維也納其他有名的猶太家族相去不遠。無論再怎麼和當地的中產階級打成一片，甩脫自己的出身，他們還是「徹頭徹尾」的猶太人，連他們自己都莫名其妙。

和佛洛伊德家族不同，赫曼家族從來不屬於猶太社群，但出於某個重要又難以捉摸的標準，他們仍是猶太人。只不過這樣講，全維也納都是猶太人了。赫曼家的教養完全不涉及猶太教，只接受日耳曼文化。芬妮的富商娘家跟奧地利的文化圈往來密切，不僅和詩人法蘭茲・葛里帕策[7]為友，還是當地藝術家眼中極具鑑賞力的狂熱收藏家。知名的小提琴家約瑟夫・姚阿幸[8]是她表弟，而姚阿幸能有後來的發展，芬妮和赫曼功不可沒。他十二歲時被他們收養，隨即送往孟德爾頌[9]門下。作曲家問赫曼該教這孩子什麼，赫曼說：「讓他呼吸你呼吸的空氣就是了！」

由於姚阿幸，赫曼・維根斯坦一家結識了布拉姆斯[10]，視他為最珍貴的朋友，邀他為女兒上鋼琴課，

第一次世界大戰結束。

5 譯註：一八〇四年，拿破崙即位後，曾提出一些措施欲解放長期受到迫害的猶太人。一八〇八年，他頒布三項法令，旨在使法國猶太人的身分正常化，而其中一項法令即是要求猶太人必須使用永久性的姓氏，但不包括其傳統習慣稱自己為某某之子、某某之女，也不包括從聖經、從原生地來取。

6 譯註：紐倫堡法案頒布於一九三五年，是納粹德國的反猶太法律。

7 譯註：Franz Grillparzer，1791-1872。奧地利詩人、劇作家。

8 譯註：Joseph Joachim，1831-1907。匈牙利小提琴家、作曲家。匈牙利名寫法為Joachim József。

9 譯註：Felix Mendelssohn，1809-1847。德國猶太裔作曲家，德國浪漫樂派代表人物之一。

10 譯註：Johannes Brahms，1833-1897。浪漫主義中期德國作曲家。巴哈（Bach）、貝多芬（Beethoven）、布拉姆斯這三位音樂家，曾因其代表性而被稱為古典音樂中的「三B」(另一說為巴哈、貝多芬、白遼士)。

後來更時常請他參加他們在家中舉辦的音樂晚會。布拉姆斯的主要作品至少有一首（《豎笛五重奏》）是在維根斯坦家首演的。

這便是維根斯坦家族呼吸的空氣，充滿了文化造詣與體面自適，只是還帶著一絲反猶太的穢氣。就算聞到一丁點，也足以令他們記起自己的「非亞利安」血統，久久無法忘記。

多年後，維根斯坦在劍橋力勸他學生莫理斯·德魯利（Maurice Drury）離開學校時，對莫理斯說了一句話，和他祖父對孟德爾頌的回話遙相呼應。他對莫理斯說：「劍橋沒有給你呼吸的氧氣。」他認為莫理斯最好找個可以和藍領階級一起生活的工作，比較能呼吸到健康的空氣。至於他自己，還有他為何繼續留在劍橋，維根斯坦仿照原話給了一個妙喻。「我無所謂，」他對莫理斯說：「我能自己製造氧氣。」

維根斯坦的父親卡爾（Karl Wittgenstein）似乎也有相同的本事，能夠甩開從小呼吸的空氣，立志創造自己的純氧。在赫曼和芬妮的子女中，卡爾是個異數，是唯一不受父母心願左右而長大的孩子。他從小就很麻煩，不僅反抗父母的規矩與威權教養，也拒絕接受他們為了讓他日後躋身維也納布爾喬亞階級，希望他受的古典教育。

卡爾十一歲就試圖離家，十七歲因為撰文否認靈魂不朽而遭到學校開除。但赫曼並未放棄，請了家教繼續教兒子唸書，盯著他通過考試。但卡爾再次逃家，並且成功了。他在維也納市區躲藏了兩個月後轉往紐約，抵達時身無分文，除了一把小提琴幾乎沒有別的行李，但還是堅持了兩年多，靠當侍者、沙龍樂師、酒保和教師的收入維生。小提琴、喇叭、數學、德文，任何他想得到的都教。這段冒險讓他確定了自己可以當家作主。一八六七年，卡爾回到維也納，家人允許（其實是鼓勵）他發揮自己的實務專長和技術天賦，攻讀工程，而非追隨父親及兄長的腳步，從事資產管理。

卡爾在維也納高等技術學校待了一年，到幾家工程公司實習，接著就從小舅子的兄弟保羅．庫柏威瑟（Paul Kupelwieser）那裡得到一份差事，替波希米亞一座軋鋼廠的興建工程繪製圖表。這是卡爾的天賜良機。他在公司裡竄升速度驚人，短短五年內就接替庫柏威瑟成了總經理，接下來十年更證明自己足稱是奧匈帝國最精明的工業家。公司資產倍增，個人財富更不在話下。十九世紀最後十年，他已經是帝國內首屈一指的富豪，更是鋼鐵業的領頭羊，卻也因此成為反資本主義氾濫者眼中工業家巧取豪奪的代表。他隻手將維根斯坦家族打造成奧地利的豪門世家，和德國的克虜伯家族（the Krupps）、美國的卡內基（the Carnegies）和羅斯柴爾德家族（the Rothschilds）平起平坐。

卡爾積累了大量財富，後代至今依然享用無憂。但在一八九八年，他卻突然退出生意，辭去旗下所有鋼鐵公司的董事會職務，並將投資轉往海外證券，尤以美國為主。日後證明這臨別之舉極具遠見，讓家族財富安然度過了一戰後席捲奧地利的通貨膨脹。退休時的他已經是八個孩子的父親，而且個個天賦異稟。

卡爾．維根斯坦的妻子是莉歐波汀．卡姆斯（Leopoldine Kalmus），兩人於一八七三年成婚，當時卡爾才剛要在庫柏威瑟公司大顯身手。和莉歐波汀結為連理，再次證明他是家族中的異數，因為赫曼所有媳婦和女婿當中，只有莉歐波汀帶有部份猶太血統。不過，莉歐波汀的父親雅可布（Jakob Kalmus）雖然出身猶太望族，卻從小被教成天主教徒，而莉歐波汀的母親瑪莉．史塔爾納（Marie Stallner）更是純種的「亞利安」，出身於信奉天主教的奧地利地主世家。因此，卡爾娶的其實不是猶太女人，而是天主教徒——至少在奧地利施行紐倫堡法之前是如此。這讓維根斯坦家族朝維也納菁英社群又邁近了一步。

卡爾和莉歐波汀的八個孩子都受洗皈依天主教，在父母的教養下成為奧地利布爾喬亞階級的一員，並引以為傲。卡爾甚至曾有機會晉升權貴，在姓氏前加上代表貴族的「馮」（von），但他婉拒了，覺得會被外人當成暴發戶的舉動。

儘管如此，富甲一方還是讓他的家人得以過著貴族般的生活。他們在維也納的家位於林蔭街（Allegasse）（現為阿根廷街〔Argentinergasse〕），外人都稱呼那是維根斯坦宮，也確實如此，因為那是十九世紀初某位伯爵的住處。除此之外，他們在維也納近郊的新瓦德格街（Neuwaldeggergasse）上另有一棟房子，在霍赫海特（Hochreit）鄉間還有一大片莊園，是全家的避暑地。

莉歐波汀（家人都叫她波汀）熱愛音樂，就算依據最嚴苛的標準，她的熱情也是非比尋常。音樂僅次於照料丈夫，是她生活中的第一要事。因她之故，林蔭街的宅邸成了音樂薈萃之處，出席晚會的人不計其數，包括作曲家布拉姆斯、馬勒[11]和指揮家布魯諾．華爾特[12]。華爾特更形容那場合「瀰漫著濃郁的人文氣息」。盲人風琴家兼作曲家約瑟夫．拉博[13]深受維根斯坦家族推崇，而他能在樂壇立足，卡爾一家人的資助功不可沒。維根斯坦後來常說，世界上只有六名作曲家堪稱**偉大**：海頓[14]、莫札特、貝多芬、舒伯特、布拉姆斯，還有拉博。

卡爾退出實業後，還大力資助視覺藝術。他在長女赫爾敏（她本身便是很有天賦的畫家）的協助下，收藏了大批的珍貴繪畫與雕塑，克林姆[15]、莫塞爾[16]、羅丹[17]的作品都包括其中。他資助分離派展覽館[18]（克林姆、席勒[19]和科克西卡[20]的作品都曾在該館展出），而克林姆的壁畫《哲學》遭到維也納大學拒絕，也得到卡爾資助。克林姆感激之餘，稱呼卡爾是他的「藝術部長」。維根斯坦的姊姊瑪格莉特一九〇五年結婚時，克林姆還為她畫了婚禮肖像。

那時期的維也納文化圈即使不是最輝煌的年代，也是最活躍的階段，而維根斯坦家族便是核心人物。近年來，終於有不少人開始關注十九世紀末到一戰爆發前的維也納文化史。有學者稱之為「神經兮兮」(nervous splendor）的年代，而這個詞用來描述卡爾和波汀為孩子們打造的教養環境，或許也很貼切。在維根斯坦家中就如同維也納，「濃郁的人文氣息」之下其實含藏著衝突、猜疑與緊張。

現代人著迷於「世紀末維也納」[21]，乃是由於撼動二十世紀歐洲的種種緊張全都源自當時的暗潮洶

---

11 譯註：Gustav Mahler，1860-1911。奧地利作曲家、指揮家。

12 譯註：Bruno Walter，1876-1962。美國籍德國猶太裔鋼琴家、作曲家、指揮家，亦被視為二〇世紀最偉大的指揮家之一。

13 譯註：Josef Labor，1842-1924。奧地利浪漫主義晚期的風琴家、作曲家。

14 譯註：Franz Joseph Haydn，1732-1809。奧地利作曲家、古典主義音樂的代表，被譽為「交響樂之父」。

15 譯註：Gustav Klimt，1862-1918。奧地利象徵主義畫家，創立維也納分離派。

16 譯註：Koloman Moser，1868-1918。奧地利藝術家，維也納分離派重要人物之一。

17 譯註：Auguste Rodi，1840-1917。法國雕塑家。

18 譯註：Secession building，德語為Wiener Secessionsgebäude。維也納分離派（Vienna Secession），又稱新藝術派，是十九世紀末、二十世紀初新藝術運動在奧地利的支流，其反對相對保守的維也納學院派。而分離派展覽館位於奧地利，是維也納分離派的建築宣言與作品展覽場所。

19 譯註：Egon Schiele，1890-1918。奧地利畫家。

20 譯註：Oskar Kokoschka，1886-1980。奧地利表現主義畫家、詩人兼作家。

21 譯註：fin-de-siècle Vienna，指十九世紀末維也納在文化上的榮景。歷史學家卡爾・修斯克（Carl E. Schorske）曾於一九七九年出版一本同名著作來描寫其內容。

湧。大量知識風潮與文化運動興起，塑造了那個時代。用作家卡爾．克勞斯（Karl Kraus）常被引用的話來說，世紀末維也納是「世界毀滅的試驗場」：猶太復國主義在此誕生，納粹主義也在這裡萌芽；佛洛伊德建立心理分析，克林姆、席勒和科克西卡發起「青春風格」[22]運動，荀白克[23]宣揚無調性音樂，阿道夫．魯斯[24]創立了純功能、無裝飾的建築風格，進而成為現代建築的標誌。當時無論在人類思想或行動的各層面，幾乎都有「新」從「舊」中誕生。二十世紀正從十九世紀脫胎而出。

這股浪潮竟然出於維也納，實在令人訝異，因為立都於此的奧匈帝國在許多方面仍未擺脫十八世紀，年邁的君主更是帝國已經垂垂老矣的象徵。弗朗茲．約瑟夫一八四八年成為奧地利皇帝，一八六七年當上匈牙利國王，雙冕王（*kaiserlich* and *königlich*）一直當到了一九一六年。哈布斯堡帝國繼之而起，但這個由眾多王國和侯國湊合成的政體很快便瓦解了，領土也被奧地利、匈牙利、波蘭、捷克斯洛伐克、南斯拉夫和義大利等民族國家瓜分。十九世紀的民族主義浪潮和民主運動，早就註定了奧匈帝國的敗亡，而帝國最後五十年左右的壽命，就在一波波危機間苟延殘喘，唯有故作蒙昧的人才會相信帝國不死。對於希望帝國存活的人來說，眼前的政治形勢永遠是「急迫，但不嚴重」。

局勢危殆至此，極端的創新卻從中竄起，或許並不矛盾。當舊制明顯崩壞，革新便成為**必須**。對此，作家羅伯特．穆齊爾[25]曾留下一句名言，畢竟帝國**曾是**天才的搖籃，卻也「或許因此埋下了禍根」。組成「青年維也納」[26]的知識份子和之前的文化菁英不同之處，在於他們不僅看出局勢危殆，還拒絕假裝一切仍能照舊。荀白克創造無調性音樂，因為他深信舊的作曲方式已經走到了盡頭。魯斯反對裝飾，因為他看出巴洛克式的建築風格已經成了虛有其表的空殼。佛洛伊德[27]假定無意識力量的存在，因為他發現社會雖有常規和習俗，卻以壓迫與否認某些真實而重要的事物為代價。

維根斯坦家族的世代差異並非大環境失調的完整寫照，而只是局部的反映。卡爾終究不是哈布斯堡舊秩序的代表。他所代表的勢力——形上學的唯物派、政治的自由派、資本主義的侵略派——對奧匈帝國的影響小得出奇。換在英國或德國，他會被視為時代表率，在美國或許更是如此，但在奧地利卻處於主流之外。卡爾退出實業後，曾在維也納《新自由報》（Neue Freie Presse）發表了一系列文章，高讚美國自由企業的價值，但他所宣揚的，在奧地利政治圈中卻只是邊緣的話題。

奧地利缺乏有力的自由主義傳統，使得其政治發展迥異於歐洲各國，長年擺盪於基督教社會黨的天主教傾向及社會民主黨的社會主義傾向之間，左右拉扯，直到希特勒上台為止。中間還穿插了一股小勢力，即喬治・馮・舍內雷爾[28]領導的泛日耳曼運動。該運動同時反對基社黨和社民黨，因為兩黨雖然取道不同，卻都希望維持帝國的超民族性，但舍內雷爾不以為然。他主張反猶太、**民粹式**（Volkisch）的民族主義，後來被希特勒沿用，成了納粹的主張。

維根斯坦家族既非舊秩序的捍衛者，也不是社會主義的旗手，更非泛日耳曼民族主義者，對奧地

22 譯註：Jungendstil，十九世紀末、二十世紀初流行於歐洲德語圈的建築、裝飾、平面藝術風格。
23 譯註：Arnold Schoenberg，1874-1951。奧地利作曲家。
24 譯註：Adolf Loos，1870-1933，奧地利建築師。
25 譯註：Robert Musil，1880-1942。奧地利作家，其未完成的《沒有個性的人》（Der Mann ohne Eigenschaften）常被認為是重要的現代主義小說之一。
26 譯註：Jung Wien，1890至1897年常在維也納咖啡館聚會的作家團體。
27 譯註：Sigmund Freud，1856-1939。精神分析學派創始人。
28 譯註：Georg von Schönerer，1842-1921。奧匈帝國政治家。

利政局的影響微乎其微。然而，協助卡爾成為成功實業家的價值信念，不僅是家族內世代衝突的焦點，也是大時代暗潮激盪的縮影。卡爾滿足於**網羅**文化，他的兒女（尤其是幾個兒子）則是汲汲於獻身文化。

卡爾的長女赫爾敏（Hermine）和么子路德維希相差十五歲，他的八名兒女可以清楚分成兩個世代：赫爾敏、漢斯（Hans）、庫爾特（Kurt）和魯道夫（Rudolf）是一個世代，瑪格莉特（Margarete）、海倫娜（Helene）、保羅（Paul）和路德維希是另一個世代。保羅和路德維希進入青春期時，卡爾和他第一個世代的兒女爆發了激烈衝突，導致這兩個最小的孩子和他們的兄姊不同，在相當不一樣的教養理念下長大。

卡爾希望子女繼承家業，因此以之為前三個兒子的教養方針。卡爾不送他們上學唸書，免得染上奧地利人的精神劣根性，而是聘請私人家教，全力協助兒子發展理智嚴謹的商業頭腦，接著再將他們送到他實業帝國旗下的某個分支，學習獲致成功必須的技術與商業本事。

他的這套方法只在一名兒子身上勉強管用。庫爾特雖然是家族中公認天賦最低的孩子，卻遂了父親的心願，當上了公司經理。不過，他的自殺和其他兄弟不同，跟父親的高壓教育沒有多大關係。他自殺得很晚，在一戰末期，因為手下的部隊拒絕服從命令，於是便舉槍自盡。

至於漢斯和魯道夫，卡爾的強勢則是災難一場。這兩個孩子沒有一絲管理企業的意願。漢斯若是得到家族的鼓勵與支持，本可成為偉大的作曲家，至少也可成為出色的演奏家。雖然維根斯坦家族多半頗具音樂才能，但漢斯簡直是天賦異稟，比起莫札特不遑多讓，是早熟的音樂天才，幼兒時就精通了小提琴與鋼琴，四歲開始作曲。音樂對他不是興趣，而是令他奮不顧身的熱情，必須是生命的核心，而非邊陲。面對父親執意要他投身商業，漢斯做了他父親當年幹過的事，跑去了美國，希望成為音樂家。沒有人知道他遭遇了什麼。一九〇三年，維根斯坦家族得知漢斯最後出現在切薩皮克灣[29]的一艘船上，從此不見蹤影。最直接的結論就是他自殺了。

漢斯若能自由投身音樂，就會過得幸福快樂嗎？若有上學，就更能適應家族稀薄同溫層之外的世界嗎？顯然沒人知道。但漢斯失蹤的消息讓卡爾大受打擊，決定改變兩個小兒子的教養方式，送保羅和路德維希去上學，並允許他們追求自己的愛好。

對魯道夫來說，這改變來得太遲了。漢斯失蹤時他二十多歲，已經走上一條相似的道路。他也反抗父親的意願，一九〇三年時已經在柏林待了一陣子，希望從事劇場工作。他一九〇四年自殺，一家當地報紙報導了此事。記者指出，五月某天晚上，魯道夫走進柏林一間酒吧點了兩杯酒，獨自坐了一會兒之後，他替鋼琴師點了一杯酒，請對方彈奏他最喜歡的曲子〈我迷失了〉（I am lost）。樂曲聲中，小名魯迪的魯道夫服下氰化物，倒地不起。他在寫給家人的遺書裡說，自殺是因為一名好友過世了，但在另一封遺書裡卻說他「懷疑自己有變態的癖好」。他死前不久曾向推動同性戀解放的「科學人道主義協會」求助，但該會在年鑑裡表示「可惜本會影響有限，終至未能挽救該君自我毀滅的命運」。

兩位兄長自殺時，路德維希身上絲毫看不出瀰漫在他手足間的自殺傾向。他童年大多時候，家人都認為他是這群秀異子女中較為駑鈍的一個。他沒有早發的音樂天賦，也沒有藝術或文學才能，甚至直到四歲才開口說話。他不像家族其他男性那麼叛逆和任性，也沒有如兄長辜負了父親的教養，而是

29 譯註：Chesapeake Bay，美國地名。

小小年紀就投向了實務技術與工程的懷抱。在他現存最早的一批相片裡，其中一張便是少年維根斯坦一臉專注，津津有味似地在自己的車床邊幹活，就算沒有展露特出天份，至少顯現了勤奮與靈巧的雙手，例如他十歲時就用木頭和線材做出了一台可運轉的縫紉機。

十四歲之前的他滿足於身邊天才環繞，而非自己奇才曠世。他日後講過一則童年往事，說他有天半夜三點被琴聲吵醒，下樓看見漢斯正在彈奏自己的曲子，彈得全神貫注，幾近瘋狂，滿頭大汗，完全沉浸在音樂裡，絲毫不曾察覺弟弟在場。對維根斯坦來說，那幅畫面永遠是他心中的天才形象。

如今的人可能很難理解維根斯坦家族對音樂的崇敬程度。現代派當然不是他們的鍾情對象，於是維也納的古典派樂風就成了他們的唯一選擇。就文獻所及，維根斯坦的音樂品味和家人非常一致，對他在劍橋的許多同輩來說守舊得離譜。布拉姆斯之後的音樂，他一概無法忍受，就連布拉姆斯他也曾說那曲子「已經有點機械味了」。真正的「上帝之子」是貝多芬和莫札特。

維根斯坦家族的音樂才能真的高得驚人。維根斯坦最小的哥哥保羅後來成為非常成功和知名的鋼琴演奏家，雖然一戰期間失去了右臂，但憑著超常的決心，竟然學會了只用左手彈奏，並且高明到得以維持演奏生涯於不墜。法國作曲家拉威爾[30]一九三一年的名作《左手鋼琴協奏曲》便是為他而寫。儘管保羅的演奏備受全球推崇，他家人卻不欣賞，認為缺乏品味，動作過於誇張，反而喜歡他姊姊海倫娜典雅細緻的演奏。莉歐波汀對孩子的批評尤其苛刻。葛蕾塔[31]可能是家裡音樂才能最平凡的孩子，有一回鼓起勇氣和母親四手聯彈，沒幾下莉歐波汀就突然停手，破口大罵：「妳根本沒有節奏感！」（Du hast aber keinen Rhythmus!）

家人對二流演奏深惡痛絕，可能嚇壞了神經纖細的維根斯坦，使他遲遲不敢學習樂器，直到三十多歲才因教師培訓之需而學起了單簧管。兒時的他全靠別的事情來贏得其他人的讚美與喜愛，包括無懈可擊的禮貌、長於察言觀色和樂於順從。無論如何，他都確定一件事，只要自己對工程顯得很著迷，就永遠能得到父親的鼓勵與認可。

雖然他日後強調自己童年過得並不快樂，但在家人眼中，他卻是個滿足又開心的孩子。這樣的反差顯然是促成他兒時思考誠實問題的癥結所在。他關心的不誠實不是小騙小謊，例如偷了東西不承認，而是更複雜的那種，例如說某些話是出於他人的期待，而非那是真話。少年維根斯坦願意屈從於這種不誠實，是他和兄弟姊妹的關鍵差異，至少他日後這麼認為。他一直記得哥哥保羅的例子。保羅生病臥床休養，家人問他想下床還是繼續待著，保羅泰然自若說他想再躺躺。「相較之下，」維根斯坦回憶道：「我卻說了假話（說我想下床），因為我怕身邊的人會對我印象不好。」

他記得的另一件事，也跟在意他人的負面看法大有關聯：他和保羅想加入維也納一家體操俱樂部，卻發現必須有「亞利安」血統才能加入。當時許多這類俱樂部都是如此。維根斯坦打算隱瞞他們的猶太出身以便入會，保羅卻無意撒謊。

基本上，問題的關鍵不在是否無論如何都要說真話，而在是否無論如何都要**忠於**自己，不顧壓力堅持真我。對保羅來說，這個問題因為漢斯的死讓父親改變心意而變簡單了。他進了文法學校，從此一輩子都在追求自己心愛的音樂事業。但對維根斯坦來說，問題就複雜了許多，順從他人期望的壓力

30　譯註：Joseph-Maurice Ravel，1875-1937。法國作曲家、鋼琴家。
31　譯註：Gretl，即瑪格莉特。

源自外在和源自內心的比例不分軒輊。面對重重負荷，維根斯坦讓身邊的人以為他天生愛好工程，未來可望從事父親中意的職業，心裡卻覺得自己對工程「既無興趣也無天份」；但他的家人當然認為他兩者皆備。

於是，維根斯坦沒有進維也納的文法學校，而是去了奧地利東北部的林茲（Linz），就讀重技能、輕學術的實科中學（Realschule）。雖然家人確實擔心他通不過文理中學嚴苛的入學考試，但主要理由還是他們覺得技職教育更符合他的興趣。

不過，歷史證明，林茲的實科學校並未成為工程師和實業家的可靠搖籃。若說它還有些名氣，也是因為希特勒在那裡形成了他的**世界觀**（*Weltanschauung*）。他和維根斯坦其實同時間在該校就讀，而且假如《我的奮鬥》內容可信，希特勒正是從該校的歷史老師利奧波德·波奇（Leopold Pötsch）口中第一次聽到哈布斯堡帝國是「墮落的王朝」，而忠於哈布斯堡的全是無望的擁王派，跟（希特勒更心儀的）主張民粹民族主義的泛日耳曼運動不同。希特勒和維根斯坦幾乎同年，卻小他兩屆，兩人只有一九〇四到〇五學年同在該校。後來希特勒因為成績太差被迫退學，沒有證據顯示兩人在校內有任何交集。

一九〇三到〇六年，維根斯坦在林茲待了三個寒暑。他的學業紀錄還在，從成績來看，他整體上是個差勁的學生。若將成績換算成A到E五個等級，維根斯坦只拿過兩次A，而且都是宗教課，其餘多半拿C或D，有幾次英文和自然史進步到B，而有一次化學跌到了E。若要說他的成績有什麼特點，那就是理工科目比人文科目差。

維根斯坦課業欠佳，在學校不開心可能是原因之一。這是他有生以來頭一回離開家族提供的優越環境，而他發現自己很難在多半是工人家庭出身的學生群裡交到朋友。初次見面，他就被他們的粗俗舉止嚇到了。「去屎啦！」（Mist!）是他的第一印象。而對其他學生來說（其中一人後來告訴他姊姊赫爾敏），他就像是另一個世界來的，堅持用比較禮貌的「您」稱呼他們，結果只讓自己更孤單。他們編了一首押韻的小曲嘻弄他，取笑他的悶悶不樂和格格不入：「維根斯坦真悲慘，腳步真蹣跚，維也納，好遠哪，大風吹得回家難。」（Wittgenstein wandelt wehmütig widriger Winde wegen Wienwärts.）他後來說，自己努力結交朋友，下場卻是同學的「出賣與背叛」。

他在林茲結交了一位好友佩皮（Strigl Pepi），是他寄宿的史特利格爾家的孩子。那三年的求學生活，他和佩皮經歷了一段充滿愛與傷害、斷交與和好的典型青春期友誼。

這段友誼和在學校跟同學相處困難，似乎強化了他童年自我反省時好問和多疑的性情。而他在宗教課上表現出色，不僅顯示牧師比老師宅心寬厚，還顯示他愈來愈沉浸於思索根本的問題。這些質疑對他在林茲時的心智助益，遠勝過學校教給他的東西。

當時對他心智影響最大的不是老師，而是小名葛蕾塔的姊姊瑪格莉特。瑪格莉特是家中公認的知識份子，對藝術和科學的近況瞭若指掌，也最樂於擁抱新觀念，挑戰大人們的看法。她很早就支持佛洛伊德，還接受過他的精神分析，後來和他成為莫逆之交，奧地利和納粹德國**合併**（*Anschluss*）後，更幫助他逃離納粹的魔掌。

維根斯坦顯然是由瑪格莉特介紹，才得知了卡爾．克勞斯的作品。克勞斯的諷刺刊物《火炬》（Die Fackel）於一八九九年創刊，立刻在維也納的異議知識份子圈中人獲好評，不僅自認掌握最新政治和文化潮流的人必讀，更對我在先前提到的所有重要人物產生了巨大的影響，從魯斯到科克西卡無一例外。

瑪格莉特從《火炬》一創刊便是死忠讀者，刊裡的一切主張她「幾乎」照單全收（克勞斯的主張天天在變，照單全收實在有難度）。《火炬》問世前，大多數人對克勞斯的印象就是他發行了一本反猶太復國主義的小冊子《錫安的冠冕》（Eine Krone für Zion），除了嘲諷西奧多・赫茨爾[32]論點反動、製造分裂，也主張猶太人唯有徹底同化才能獲得自由。

克勞斯是社會民主黨員，《火炬》創刊頭幾年（至一九〇四年左右）普遍被視為社會主義理念的傳聲筒，克勞斯嘲諷的對象也多半是社會黨人的眼中釘。他抨擊奧地利政府對待巴爾幹人充滿偽善，痛批泛日耳曼運動的民族主義，攻擊《新自由報》鼓吹的放任主義經濟政策（如卡爾・維根斯坦在該報發表的文章），以及維也納報業甘為政府和大企業打手的墮落。他尤其猛烈批評奧地利傳統社會對於性的偽善，包括法律對娼妓的迫害與社會對同性戀的撻伐。「將性放上法庭，」他說：「等於故意將個人不道德推向了群體不道德。」

一九〇四年開始，克勞斯的攻擊愈來愈重道德而輕政治。他的嘲諷更多來自理念價值的關懷，但這些價值卻和奧地利馬克思主義者格格不入。他努力揭發不義與偽善，不是為了維護無產階級的利益，而是出於貴族式的理想，希望捍衛真理的高貴與完整。他因此受到左派朋友的批評，其中一位羅伯特・肖爾（Robert Scheu）更直言不諱，告訴克勞斯只有兩個選擇，不是擁護飄零的舊秩序，就是支持左派。「若是非得兩害相權取其輕，」克勞斯傲然答道：「我哪個也不選。」他還說，政治無非「隱藏自己的本性與無知」。

這句話一語道出了成年維根斯坦和克勞斯的共同點。兩人在人生觀上有許多契合之處。「改善自己就好，」維根斯坦日後對許多朋友說過：「你能為世界帶來的改善就這麼多。」政治問題對他而言，永遠次於人格的完全。他為自己八歲時的問題給了一個很康德定言令式（categorical imperative）的答案：人**應當**永遠真實，就是這樣；問為什麼既不恰當，也無法回答。忠於自我是不容違背的責任。事實上，所有其他問題都必須以此為前提提出與回答。

矢志不隱瞞「真我」成了維根斯坦人生態度的核心。他日後數次懺悔，道出自己犯過的不誠實，便是出於這股動力。林茲求學時是他第一次嘗試，完完全全坦白自己。他向小名敏敏的大姊赫爾敏說了一些事，內容為何我們無從得知，只曉得他後來非常鄙夷自己，說他在告解時「努力表現得很了不起」。

維根斯坦日後說他在林茲唸書時失去了宗教信仰。這有可能是他決心徹底誠實的後果。但這裡說後果不是指誠實讓他失去了信仰，而是他下了決心之後覺得必須承認自己沒有信仰，坦承自己無法相信基督徒該相信的東西。他向赫爾敏告解時或許有提到這件事，但一定和瑪格莉特談過，因為她向維根斯坦推介了叔本華（Schopenhauer）的作品，讓他因為失去信仰而產生的哲學思索能有所指引。

叔本華以《意志與表象的世界》聞名於世。他在書中闡述的先驗觀念論成了維根斯坦早期哲學思想的基礎。對一名失去宗教信仰，正在苦尋替代物的少年來說，會受這本書吸引是再自然不過。因為叔本華雖然承認「人有形上思考的需求」，卻強調智性誠實的人不必也不可能將教義字字當真。叔本華說，指望這種事就跟叫巨人穿侏儒的鞋沒兩樣。

叔本華的形上學承襲康德（Kant），但有自己一套見解。他同意康德，日常世界（即感官世界）只

32 譯註：Theodor Herzl，1860-1904。奧匈帝國的猶太裔記者，推動錫安主義運動，支持建立猶太人自治國家，為日後以色列立國偉人之一。雖然死前未能如願，但以色列建國後，他被移葬到赫茨爾山上（該山即以他的名字命名）作為紀念。

是表象。但康德堅持本體實在（物自身）無從探知，叔本華卻認為倫理意志世界是唯一真實的實在。這套理論為克勞斯的前述立場提供了形上的基礎，等於用哲學證明了以下主張：「何為真我」這攸關存在的「內在」問題比發生於「外在」世界的事情更重要。維根斯坦直到開始研究邏輯，服膺接受了弗雷格的觀念實在論之後，才揚棄了叔本華的先驗觀念論。但即使如此，他在撰寫《邏輯哲學論》的關鍵階段又拾起了叔本華，因為他相信自己來到了觀念論和實在論的交會點。[33]

「內在」先於「外在」，這個觀點推到極端就成了唯我論，否認自我**之外**有任何實在。維根斯坦日後對「自我」的哲學思考，有一大部份都是為了粉碎唯我論的幽靈。他求學時讀到一些書，對他後來影響深遠，而在他讀過的唯我論作品中，奧圖・魏寧格[34]的《性與性格》是最驚人的一本。

魏寧格在維也納成為風雲人物時，維根斯坦才剛到林茲一學期。一九〇三年十月四日，魏寧格被人發現奄奄一息躺在黑西班牙人街（Schwarzspanierstrasse）一間寓所的地板上，隨後宣告不治，而那間房子正是貝多芬去世的地方。魏寧格年方二十三，特意選了一個極具象徵意義的地點和舉動，在他視為絕頂天才的人的家中舉槍自盡。《性與性格》於前一年春天出版，基本上評價很差，若不是作者死得太戲劇化，多半不會留下太大影響。同月十七日，《火炬》刊出劇作家奧古斯特・史特林堡[35]的來信，推崇該書「令人敬畏激賞，可以說解決了所有問題當中最困難的一個問題」。魏寧格崇拜就此誕生。

對許多人而言，魏寧格自殺是書中論證的必然結果。正是這一點將他推上了戰前維也納的爭議焦點。他的自我了結不是逃避痛苦的懦夫行為，而是挺身接受悲劇結局的義舉。史學家史賓格勒（Oswald Spengler）讚揚這是一場「精神抗爭」，提供了「晚近信仰之精神所呈現最高貴的景象之一」[36]。於是，這事引發了不少仿效的自殺事件，連維根斯坦都開始瞧不起自己，因為他不敢自殺，不敢面對自己在這世上實屬**多餘**的可能。這感覺持續了九年之久，直到他讓羅素確信他是哲學奇才後才得以化解。他哥哥魯道夫的自殺只比魏寧格晚了六個月，而且同樣戲劇化。

維根斯坦直言魏寧格對他的影響，比起他說到其他人的影響更能突顯他的生命與作品是如何受到成長環境的塑造。魏寧格是典型的世紀末維也納人，從書的主題到他的死法，在在強烈象徵著維根斯坦成長時期維也納社會、智性和道德層面的暗潮洶湧。

當時的維也納士紳開口閉口就是現代的衰亡，而這正是貫穿《性與性格》全書的主題。魏寧格和克勞斯一樣，認為現代衰亡是科學和商業興起、藝術和音樂勢微的結果，並從近似貴族的觀點，將現代的衰亡視為藐小趕走了偉大。魏寧格曾用一段話批評現代。維根斯坦要是替自己一九三〇年代的哲學作品撰寫前言，或許也會說出同樣的話：

> ……〔現代是〕藝術家以塗鴉為滿足，從野獸嬉戲中求靈感的時代；是對正義和邦國無動於衷的膚淺無政府時代；是共產主義道德觀的時代；是歷史觀最愚蠢、完全唯物解釋歷史的時代；是資本主義和馬克思主義的時代；是歷史、生命和科學被化約成僅只是政治經濟和技術操作的時代；

---

33 見本書一四四頁。（此為原註；頁數為原文頁數，請參照每頁底部之標示。）

34 譯註：Otto Weininger，1880-1903。奧地利哲學家。

35 譯註：August Strindberg，1849-1912。瑞典文學家、劇作家。

36 譯註：此句出自《西方的沒落》第二卷。

是天才被當成某種瘋癲，不再有偉大藝術家和哲學家的時代。是不再有原創，卻對原創癡狂上癮的時代。

魏寧格也和克勞斯一樣，常將自己對現代文明最厭惡的部份歸咎於猶太人，並用性的對立（雄—雌）來詮釋當時的社會和文化潮流。但他強調這兩點到了偏執得近乎瘋狂的程度，而克勞斯並未如此。《性與性格》大篇幅精心建構了一套理論，支持魏寧格的厭女症及反猶太主張。他在前言中提到，該書重點是「將男人與女人的所有反差歸結至一個原則」。

該書分成兩個部份，「生物—心理」及「邏輯—哲學」部份。魏寧格在第一部分力圖證明：所有人在生理上都是雙性人，是男性與女性的混合，只是比例不同，所以會有同性戀，也就是男性化的女人和女性化的男人。在該書「科學」部份的尾章〈解放的女人〉，魏寧格用這套雙性理論反對女性運動。「女人會不會爭取解放，又夠不夠格獲得解放，」他說，「和她有多少男性成份成正比。」因此，這種女人通常是同性戀者，等級高於一般女人。社會應該給予這些男性化的女人自由，但大多數女人若是起而效尤，可就大錯特錯了。

該書第二部份篇幅大得多，同樣討論男與女，但不是生理上的男女，而是「心理類型」。這裡指稱的心理類型類似柏拉圖的概念。世上所有男人和女人在生理上都是雙性混合體，純粹的**男人**（Man）與**女人**（Woman）只以柏拉圖「理型」的方式存在，但在心理上我們卻是非男即女，沒有也不會混合。有趣的是，魏寧格認為一個人有可能是生理男性、心理女性，反之卻絕無可能，也就是不會有生理女性、心理男性。因此女人即便解放，即便是女同性戀，心理仍然是女性，而他對**女人**的看法也就適用於世上所有女人和某些男人。

他說，**女人**的本質就是全然的性，除了性慾她一無所是，她就是性慾本身。男人是男人擁有性器官，女人是「性器官擁有女人」。女人只想著性，男人則對其他許多事物感興趣，例如戰爭、運動、社會事務、哲學、科學、商業、政治、宗教及藝術。為了解釋這個差異，魏寧格引入了「涵擬」（henid）的概念，建構了一套特殊的認識論。涵擬是概念形成之前構成概念的心理材料。**女人**用涵擬思考，因此感覺和思考才會對女人是同一回事。**男人**用清晰明白的概念思考，因此女人指望男人釐清她的心理材料，解釋她的涵擬。這就是女人只會愛上比自己聰明的男人的原因。於是，男女的根本差異就在於「男人有意識地活著，女人無意識地活著」。

這套分析讓魏寧格引申出了一些誇張的道德論點。女人無法自己釐清涵擬，做出清楚的判斷，因此真假之分對女人毫無意義，女人天生無可避免地不真實。這不代表女人不道德，而是她根本沒進入道德領域，沒有是非標準。由於女人對道德和邏輯律令一無所知，因此不算具有靈魂，也就缺乏自由意志。由此可知，女人沒有自我，沒有個體性，也沒有性格。女人在道德上註定無望。

接著，魏寧格從認識論和倫理學轉向了心理學，提出兩個新的柏拉圖式類型分析女人，亦即母親和妓女。所有女人都是母親和妓女的混合，但必有其一為主導。兩者並無道德高下之分，母親對孩子的愛和妓女垂涎所有男人的慾望一樣，都是不加思索、不知區辨的。魏寧格從未依社會和經濟的角度解釋賣淫。他說，女人出賣肉體是因為「賣淫的欲念與傾向深植於女人本性之中」。母親和妓女的主要區別在於性執迷的方式。母親執迷於性的結果，妓女執迷於性行為本身。

無論母親或妓女，所有女人都有一個共同點，一個「實屬於女人也只屬於女人的特質」，就是配對的本能。女人永遠渴望見到男人和女人結合。的確，女人首要關切的是自己的性生活，但那其實只是她「唯一要緊的興趣」的一次展現而已。女人「唯一要緊的興趣」就是「性結合，希望性結合盡可能發生，隨時隨地任何狀況都可以發生」。

魏寧格對女人進行心理考察之餘，還附了一章論猶太人。這裡「猶太人」同樣是柏拉圖式的心理類型，所有人都可能擁有這種（有害的）特質，但「只在猶太人身上體現得最明顯」。猶太人「充滿女性特質，連最男人的猶太人也比最不男人的亞利安人還女人」。猶太人和女人一樣，擁有強烈的配對本能，個體性薄弱，但擁有強大的族群維繫本能。猶太人沒有是非觀念，也沒有靈魂，缺乏哲學素質更毫無宗教精神，猶太教「只是歷史傳統」。猶太教和基督宗教完全相反。基督宗教是「最高信仰的最高展現」，猶太教是「懦弱的極致」。基督是所有人裡面最偉大的，因為「他憑自身征服了猶太教，即否定之最大者，並創造了基督教，即肯定之最大者，猶太教的正相反」。

魏寧格本人既是猶太人，又是同性戀，故有可能是心理女性。因此，認為魏寧格自殺是一種「解決之道，這樣的看法很容易得到最粗劣的反猶太份子和厭女者的贊同。據稱希特勒便這麼說過：「劇作家狄特里希．埃卡特[37]告訴我，他這輩子只認識一名好猶太人，奧圖．魏寧格。此人發現猶太人專靠人性腐敗維生之後就自盡了。」十九世紀末的維也納人普遍恐懼女性解放，更憂心猶太人解放，這點無疑是此書大為風行的原因之一，並於日後成為納粹方便取用的宣傳素材。

然而，維根斯坦為何如此推崇此書？他在書裡究竟體會到了什麼？坦白說，書裡的生物學誇大不實，認識論荒誕無稽，心理學粗糙原始，道德觀令人作嘔，維根斯坦**怎麼可能**從中獲益？

我認為，要明白這一點，得先拋開魏寧格全盤負面的**女人**心理學，了解一下他的**男人**心理學。只有這部份才能看到偏執與自蔑之外的東西，看見維根斯坦少年時能與之共鳴（並且終生念茲在茲）的思考課題，並且至少提供了一些線索，幫助我們理解維根斯坦推崇該書的緣由。

魏寧格認為，**男人**不同於**女人**，因為男人可以選擇男性化或女性化，選擇有意識或無意識、意志或衝動、愛或性，並且非得做出選擇。而面對每一項抉擇，選取前者（男性化、有意識、意志和愛）是所有男人的道德責任。一個男人愈能如此選擇，便愈接近男人的最高類型，也就是天才。

天才的意識離涵擬最遠，擁有「最強、最透徹的明白與清晰」。天才有最發達的記憶力，最有能力做出清楚的判斷，因此最能精確分辨真假與是非。邏輯和道德基本上並無二致，「無非是人對自己的責任」。天才是「最高的道德，因此也是每個人的責任」。

男人並非生來就有靈魂，而是有此潛能。要實現這潛能，就得發現更高貴而真實的自我，擺脫（不真實的）經驗自我的束縛。愛是自我發現的途徑之一。透過愛，「許多男人首次發現自己的真實本性，確信自己擁有靈魂」：

> 在愛中，男人只愛他自己。不是愛他的經驗自我，軟弱與粗俗，也不是愛他顯現於外的挫敗與卑微，而是愛他想成為、該成為的一切，愛他最真實、深刻、明晰的本性，不受一切必然性的羈絆，以及塵世的玷污。

37 譯註：Dietrich Eckart，1868-1923。德國記者、劇作家、詩人，德國工人黨（German Workers Parry，即納粹黨前身）創始人之一。

魏寧格這裡講的當然是柏拉圖式的愛。事實上，他眼中只存在一**種**愛，就是柏拉圖式的愛，因為「其他所謂的愛都屬於感官世界」。愛和性慾不僅不同，還互相對立。這就是婚後談愛是癡人說夢的原因。身體親近會加強性吸引力，但愛唯有愛人不在，才最熾烈。事實上，愛**需要**分離，需要保持距離才能維繫。「旅行無法促成、時間難以成就的，跟愛人不經意身體接觸就能達到。接觸時，性衝動會被喚醒，足以立刻扼死愛」。

愛上女人或許能激起男人高貴本性的一點火光，但最後若非註定不幸（當他發現女人毫無價值），就是走向不道德（繼續盲信女人的完美）。唯有「依附於絕對，繫於神的概念」的愛才有永恆的價值。男人該愛的不是女人，而是自己的靈魂，自身的神性，那「常居我胸臆的上帝」。因此，男人必須抵抗女人的配對本能，就算女人施壓，也要躲避性的束縛。有人說這麼做會讓人類滅絕，魏寧格反駁道，滅絕的只是**肉身**生命，「精神生命反而能徹底發展」。而且他還說，「凡忠於自己的人，都不會覺得自己有責任維持人類的存續」。

> 人類必須延續下去，這事對理性沒有丁點好處。讓人類永存，就是讓問題和罪惡永存，因人是唯一的問題，唯一的罪惡。

魏寧格的理論給出的選擇實在可怕又淒涼，不成為天才就是死亡。若只能以**女人**或**猶太人**的姿態活著，亦即無法擺脫感官與肉慾的束縛，就根本不該苟活。**唯有**精神生活才值得活。堅持性愛分離、世間唯有天才的作為方有價值、性慾永遠不見容於天才所追求的誠實——魏寧格的作品裡有許多看法，都可以在維根斯坦畢生不斷展現的態度裡見到。因此，我們確實有理由認為在他年少時讀過的書裡，對他人生觀影響最大最深遠的，就是魏寧格的書。

其中，魏寧格對康德道德律的獨特曲解可能尤其重要。根據魏寧格的解釋，康德道德律不僅規定了誠實是人不可違背的責任，還提供了人發現自身天才的途徑。依照他的觀點，成為天才不僅是高貴的抱負，更是「定言令式」，也就是絕對的律令。維根斯坦一九〇三至一二年數次產生自殺的念頭，直到羅素認可他的天才纔告平息，這似乎顯示他完全接受這條嚴厲得駭人的律令。

以上便是維根斯坦求學時期的智性發展。我們看到，他首先受哲學反思的啟發，隨後在葛蕾塔的引導下接觸了哲學家與文化批判者的作品，進一步得到了滋養。但他在工程方面的發展呢？那是他所選的職業，需要掌握某些技能與知識才可能成功。少年維根斯坦在這方面的進展呢？

關於這部份的紀錄出奇地少。維根斯坦這時期讀過一些科學家的作品，例如赫茲的《力學原理》[38]和波茲曼的《大眾文集》[39]，給人感覺他有興趣的不是機械工程，甚至不是理論物理，而是科學哲學。

這兩本書和先前討論過的作品一樣，都以康德的哲學方法和自然觀為基礎。牛頓物理學中，**力**（force）的概念抽象玄奧，赫茲在《力學原理》中面對這個問題時建議讀者，與其追問「力是什麼？」不

38 譯註：Heinrich Hertz，1857-1894，德國物理學家。以實驗證實電磁波存在，故頻率的國際單位以他的名字命名。《力學原理》（Principles of Mechanics）是其著作。

39 譯註：Ludwig Boltzmann，1844-1906，奧地利物理學家、哲學家。波茲曼常數（Boltzmann constant）即以他的名字命名。《大眾文集》（Populäre Schriften）是其著作。

如將之捨棄，不以力為基本概念來重新表述牛頓的物理學。「一旦拋開這惱人的矛盾，」他寫道，「力的性質依舊沒有解答，我們的心靈卻能擺脫苦惱，不再追問錯誤的問題」。

維根斯坦幾乎一字不漏記住了赫茲的這番話，日後談到哲學問題和正確解決哲學問題的方法時，更常引用它來闡述自己的看法。如我們所見，哲學思考對他而言正是始於「惱人的矛盾」，而非如羅素一般，出於追求**確定的**知識。哲學思考的目的永遠是化解這些矛盾，以清晰取代混亂。

維根斯坦可能是從波茲曼的《大眾文集》間接得知了赫茲的作品。《文集》一九〇五年出版，收錄了波茲曼較為通俗的講座內容，其中描繪的科學觀依然近似於康德：實相的樣態（models of reality）是**加到**我們的經驗之上的，而非（如經驗主義所主張）得自於經驗。這個觀點深植在維根斯坦的哲學思考之中，以至於他根本無法想像經驗主義的學說。

波茲曼是維也納大學物理學教授，據傳維根斯坦中學畢業後曾師事於他。但維根斯坦離開林茲那年（一九〇六年），波茲曼便因得不到科學界的認真看待而絕望自殺了。

看來波茲曼自殺並未影響維根斯坦的下一步。他的未來已經定好了：他應該增進工程知識，而非追求自己對哲學和理論科學的興趣。因此，維根斯坦一離開林茲就去了柏林夏洛騰堡的工業高等學校（現為柏林工業大學）學習機械工程。這顯然是他父親催促的結果。

對於維根斯坦在柏林度過的那兩年，我們所知甚少。學校資料記載他一九〇六年十月二十三日註冊入學，讀了三個學期，順利完成學位課程後，於一九〇八年五月五日取得了畢業文憑。在那時拍攝的相片裡，他是個衣冠整潔的俊俏青年，甚至和他一年後去了曼徹斯特一樣，「備受女性青睞」。

柏林求學期間，他寄宿在教授約勒斯（Jolles）博士家裡。博士對這位「小維根斯坦」視如己出，然而多年之後，維根斯坦卻對這段親近過往頗覺難堪，因為他已經不再是過去的維根斯坦。第一次世界大戰深深轉變了他，不下於他在一九〇三到〇四年所經歷的變化。他收到約勒斯夫人親切熱情的來信，卻回以生硬的客套。但他在柏林當時，以及離開後的若干年裡，確實是對他們的溫情呵護深懷感激的。

那是一段責任和興趣相互衝突的歲月。維根斯坦一方面出於對父親的責任而埋首苦讀工程，甚至對當時尚在起步的航空學產生了興趣，另一方面卻發現自己深深糾結於哲學問題，幾乎不受理智控制。受到作家戈特弗里德·凱勒[40]日記的啟發，他開始在筆記本上以條目的形式寫下自己的哲學思索，並註明日期。

終究，父親的願望暫時佔了上風。離開柏林之後，他轉往曼徹斯特繼續攻讀航空科學。但放眼未來，他或許早已胸中了然，此生唯一值得的道路便是履行更大的責任，對自己——對自己的天才。

40 譯註：Gottfried Keller，1819-1890。瑞士德語作家。

二、曼徹斯特

28

一九〇八年春天，十九歲的維根斯坦壓下了他對哲學問題與日俱增的興趣，前往英國曼徹斯特研究航空學，似乎期望未來能自己設計和建造飛機，在空中翱翔。

當時航空科學才剛崛起，美國和歐洲各地的業餘人士、狂熱份子和怪才個個摩拳擦掌，互不相讓，萊特兄弟也還沒以足足兩個半小時的飛行震驚世人。儘管尚未出現實質進展，媒體和大眾也抱著消遣與嘲弄的心態，但科學家和政府都意識到這個領域的潛在價值，一旦成功便能獲得可觀的回報。維根斯坦的父親顯然全力支持兒子的計畫。

維根斯坦從風箏的設計和製造開始嘗試。為了做研究，他特地到格洛索普（Glossop）附近的風箏飛行高空站工作。該氣象站使用立體風箏攜帶儀器到空中進行觀測，創辦人亞瑟．舒斯特[1]是物理學教授，雖然才剛退休，但對觀測工作依然興致高昂。曼徹斯特大學的氣象學講師裴塔弗爾（J. E. Petavel）是高空站主管，後來對航空學產生強烈興趣，最終成了這個領域的頂尖權威。

29

在觀測站工作時，維根斯坦寄居於德比郡沼地的松雞旅店（Grouse Inn）。那是一間僻靜的路邊酒吧兼旅館。五月十七日，他在旅店寫信給赫爾敏，描述了他的工作環境，並且提到松雞旅店的遺世獨立讓他驚喜不已。但他也抱怨這裡陰雨不斷，食物和衛生設備太過鄉下。「雖然適應起來有些麻煩，但我已經開始喜歡這裡了。」

他在信中說，他的工作「非常愉快，不能再奢求更多了」。

我在觀測站負責預備風箏。之前都是直接向外面採購，現在則是觀測站替我訂好材料，由我組裝，並用試誤法找出最佳設計。當然，一開始我得陪同觀測，以便了解做出來的風箏必須滿足哪些要求。不過，前天他們告訴我可以開始自己嘗試設計了……我昨天開始製作我的第一只風箏，希望下週內能完成。

他接著寫到身體與情感的孤獨，以及對親密伴侶的強烈渴望。旅店裡除了他這位房客外，就只有「做氣象觀測的一位里默先生」。而在觀測站，只有週六裴塔弗爾帶著一些學生過來時，他才有伴：

因為太隔絕了，我自然**異常熱切**地想要朋友，因此週六學生們過來時，我總覺得會是他們其中的某一個。

他太沉默寡言，無法和學生打成一片，但他寫完這封信不久，友誼就自己找上門來了。威廉·埃

1 譯註：Arthur Schuster，1851-1934，出生於德國的英國物理學家，在光譜學、電化學、光學等領域中有諸多貢獻。

克萊斯（William Eccles），這位比維根斯坦年長四歲的工程師，來觀測站進行氣象研究。他到了松雞旅店，走進交誼廳看見滿地的書和紙，桌上也是，而維根斯坦就坐在書海中央。由於走過去一定會踩到，埃克萊斯立刻動手收拾起來，讓維根斯坦看了覺得既有趣又感謝。兩人很快成了好友，並且一直維繫著（其間也有中斷）直到第二次世界大戰。

一九〇八年秋天，維根斯坦註冊為曼徹斯特大學工程系的研究生。那時曼徹斯特的研究生還很少，安排也頗為隨意，沒有正式課程，也沒有導師指導研究。校方不認為維根斯坦入學是為了學位，而是想要借助學校的實驗室設備，同時（如有需要）吸引教授關注，以便從事自己的研究。

數學家賀拉斯·蘭姆[2]當時開了一堂討論課，讓研究生們提問，由他給意見。維根斯坦似乎把握了這個機會。他十月寫信給赫爾敏，提到他和蘭姆的一段對話。他說：

……〔蘭姆〕看了我想出來的方程式，說會試著解解看，但不確定以現有的方法一定可解。我真想快點知道他嘗試的結果。

維根斯坦對這個問題的關注，顯然不侷限於它在航空學的應用。他開始對純數學產生興趣，不僅去聽李特爾伍德[3]的數學分析理論，每週還有一晚會跟兩名研究生討論數學。過程中，維根斯坦開始思索為數學提供邏輯基礎的問題。一名研究生向他推薦了羅素五年前出版的《數學的原則》[4]，書裡談的就是這個主題。

日後看來，閱讀羅素的《數學的原則》是維根斯坦生命中的轉捩點。雖然他又唸了兩年航空工程，但對羅素討論的問題愈來愈著迷，對工程方面的學問愈來愈覺得索然無味。他終於找到一樣事物，可以讓自己跟哥哥漢斯彈鋼琴一樣全神貫注，可以指望自己不僅能有所成就，還會是**偉大的**貢獻。

《數學的原則》主要反對康德和大多數哲學家的看法，主張純數學系統可以由少量的基本**邏輯**原理推導出來。換句話說，數學和邏輯，是同一回事。羅素想用嚴謹的數學推演證明這一點，於是決定實際動手，從幾個淺顯自明的公理推導出所有的數學定理。這部份原本會是《數學的原則》的第二卷，沒想到最後寫成了三巨冊的《數學原理》。羅素在這第一冊裡為自己的大膽計畫提出了哲學基礎，主要是反對當時影響廣泛的康德觀點：數學和邏輯不同，數學的基礎為「表象的結構」(structure of appearance)，也就是我們對時間和空間的「直覺」。對羅素而言，這問題的重要性在於它突顯了兩種觀點：數學是**客觀**確定的知識，還是人類心智的**主觀**建構？

羅素直到《數學的原則》付梓時才發現，這條恢宏大道已經有人走在前面了。那人便是德國數學家弗雷格[5]。弗雷格在《算術基本法則》裡（第一卷於一八九三年出版）企圖做到的正是羅素的心

2　譯註：Sir Horace Lamb，1849-1934。英國應用數學家，皇家學會院士。

3　譯註：J. E. Littlewood，1885-1977。英國數學家，曾與另一位數學家哈代（Godfrey H. Hardy，1877-1947）合作，兩人有諸多貢獻。

4　譯註：*The Principles of Mathematics*，一九〇三年出版。羅素另有一本更著名、與懷德海合著的《數學原理》(Principia Mathematica)。詳細可參考本書導讀或後文。

5　譯註：Gottlob Frege，1848-1925。德國數學家、邏輯學家、哲學家，亦是分析哲學的奠基人之一。著有《算術基礎》(Die Grundlagen der Arithmetik，1884）與《算術基本法則》(Grundgesetze der Arithmetik，1893、1903）：後文會提及的是後者。

願。羅素匆匆讀了弗雷格的書，並在《數學的原則》補上題為〈弗雷格論邏輯和算術〉（The Logical and Arithmetical Doctrines of Frege）的文章，讚揚這本著作。

在此之前，《算術基本法則》默默無聞，讀的人屈指可數，懂的人更少。羅素可能是最先看出該書重要性的人。但他在匆匆讀過之後，卻察覺弗雷格漏了一個難題。這個難題乍看影響不大，但難題的解答卻很快成了數學基礎的關鍵問題。

為了替「數」提供邏輯定義，弗雷格使用了「類」的概念。他將類定義為概念的外延。也就是「人」的概念對應人的類，「桌」的概念對應桌的類，依此類推。接著他提出一條公理：每個有意義的概念都對應一個對象、一個類，此即概念之外延。然而，羅素一路推演下去，卻發現這條公理會導致矛盾。因為依據前述，有些類屬於自身，有些類則否。所有的類構成的類本身也是一個「類」，故屬於自身。人的類本身不是一個「人」，故不屬於自身。所有不屬於自身的類在一起，就是「所有不屬於自身的類的類」。問題來了：**這個**「所有不屬於自身的類的類」，屬不屬於自身？無論屬於或不屬於，結果都是矛盾。而弗雷格的公理既然可能導出矛盾，當然就不適合作為數學的基礎。

羅素發表這項發現之前先寫了一封信，通知當時正在耶拿大學撰寫《算術基本法則》第二卷的弗雷格。弗雷格雖然匆匆寫了一篇不完全的回應放進書裡，心中卻明白這個悖論證明他的系統有著致命缺陷。羅素本人規避這個悖論的做法，他稱之為「類型論」（Theory of Types）。《數學的原則》附錄二裡大致勾勒了這套理論。羅素假定「物」的**類型**有層級之分，相同的某物聚集起來就是該物的「集合」。因此，第一層類型是物的個體，第二層是物的類，第三層是物的類的類，依此類推。集合必須是同類物的群集，因此不可能有屬於自身的集合。

類型論的確避開了上述的悖論，卻帶著「因人設事」的味道。或許物的類型真有數種，而世上也不存在屬於自身的集合。但這樣的預設很難說是羅素希望賴以為根基的自明邏輯真理。羅素本人也不滿意，並在《數學的原則》書末拋磚引玉：

> 這個難題我還未能徹底地解決，但因推理（reasoning）的根基有賴於此，故我衷心呼籲所有的邏輯研究者關切這個難題。

維根斯坦怎麼可能放過這個誘餌。他遵照羅素的呼籲，開始潛心研究，希望破解悖論。他在曼徹斯特的頭兩個學期花了許多時間，仔細研讀羅素的《數學的原則》和弗雷格的《算術基本法則》，並於一九〇九年四月前寫出了第一個解決方案，寄給羅素的朋友數學家兼數學史學者菲利普・約丹[6]。

維根斯坦將自己的解決方案寄給約丹，而非寄給羅素或弗雷格，可能帶著探路的意味。他應該是在《哲學雜誌》（Philosophical Magazine）一九〇五年的某一期上見到約丹的名字。那一期除了約丹論數學基礎的文章外，維根斯坦在曼大的教授蘭姆也發表了文章。根據約丹的通信紀錄（日期標註為四月二十日），他先跟羅素討論過了才回信給維根斯坦，兩人似乎都不滿意維根斯坦的解決方案：

> 維根斯坦說他「解決了」羅素的悖論。羅素則說，我回給維根斯坦的看法跟他自己的見解一致。

6 譯註：Philip E. B. Jourdain，1879-1919。英國哲學家，羅素的追隨者。

據赫爾敏回憶，維根斯坦當時沈迷於數學哲學，兩股不同的使命感在心裡拉扯，令他備受煎熬。約丹駁回了「解決方案」似乎替他做了決定，讓他重拾航空學，安安分分過了兩年，直到他再次通信，並且直接聯絡弗雷格和羅素，提出更為深思熟慮的哲學見解後，才又重新陷入拉扯。那時的維根斯坦對哲學問題有足夠的感受力，卻還不確信自己有哲學天才。

雖然確信自己對航空工程既無天份也沒感覺，維根斯坦還是繼續嘗試設計和建造飛機引擎。根據留存下來的引擎草圖，他的構想是用燃燒室產生的高速氣體推動螺旋槳，有點類似用水壓轉動草坪撒水器。這個想法有嚴重的缺陷，也無法實際驅動飛機，但二戰期間用在直昇機的設計上倒是相當成功。

維根斯坦讓當地一間公司替他建造了一個燃燒室，而他的實驗主要在研究燃燒室搭配不同排放嘴的反應。他有一名實驗室助手，名字叫吉姆．班伯（Jim Bamber）。他日後曾說吉姆是「我在曼徹斯特時少數相處融洽的人之一」。強迫自己投身工程已經讓他夠煩躁了，研究繁瑣更是雪上加霜。班伯回憶道，維根斯坦「神經質的個性讓他比誰都不適合這類研究」。

……實驗出錯是常有的事。只要一出狀況，他就會搥胸頓足，德文髒話罵個不停。

班伯說，維根斯坦從不午休，總是一路忙到傍晚。而他的放鬆方式有兩種，一是泡熱水澡（「他老愛說水有多燙」），二是去聽哈勒管弦樂團（Hallé Orchestra）的演奏。班伯說他們有時會結伴同行，維根斯坦「時常從頭到尾一言不發，完全沈浸其中。」

此外，維根斯坦還有另一項消遣，就是跟埃克萊斯一起出遊。那時埃克萊斯已經離開大學，在曼徹斯特當工程師。其中一次週日下午的經歷讓他永生難忘。維根斯坦決定去黑潭（Blackpool）的海邊，但發現火車班次都不適合。他沒有另覓他途，而是提議直接租一班火車，乘客就他們兩人。埃克萊斯好不容易才說服維根斯坦打消念頭，改用不那麼昂貴的方式（雖然埃克萊斯還是覺得很誇張）：先搭計程車到利物浦，再搭默西河渡輪到黑潭。

在曼徹斯特的第二年，維根斯坦放棄了親手製造噴射引擎的夢想，全力投入設計螺旋槳。校方對他的成果相當看重，決定給他一年（一九一〇—一九一一）研究獎助金。那是他在曼徹斯特的最後一年。他對自己成果的重要性和原創性深具信心，甚至還申請了專利。檔案記載，維根斯坦於一九一〇年十一月二十二日遞交了〈航空器螺旋槳改進方案〉的專利申請和臨時說明書，隔年六月二十一日遞交完整說明書，並於八月十七日正式取得了專利。

然而，維根斯坦此時對工程事業的投入已經比不上他對哲學問題的執迷了。即使他又拿到了一年獎助金，一九一一年十月也在大學註了冊，但他的航空工程生涯其實在暑假就結束了。開學前的那段時間，維根斯坦在「難以形容，近乎病態的長時間焦躁下」，對自己想寫的一本哲學著作已經有了腹案。

三、羅素的高徒

一九一一年暑假，維根斯坦對自己想寫的哲學著作有了腹案。假期結束時，他到耶拿[1]造訪弗雷格，跟對方討論自己的構想，可能是想弄清自己該認真動筆，還是回頭守著航空學研究。姊姊赫爾敏知道弗雷格年事已高，很擔心這次訪問，深怕弗雷格缺乏耐心處理這種場面，並且無法了解這次會面對她弟弟有多重要。維根斯坦後來告訴朋友，弗雷格「輕鬆駁倒了」他的構想。這部著作無疾而終，兩人的會面或許是原因之一。不過，弗雷格還是給了維根斯坦足夠的鼓勵，建議他到劍橋大學師事羅素。

這建議之好，遠超出了弗雷格的想像，不僅將維根斯坦引向人生另一個轉捩點，也對羅素產生了深遠的影響。因為維根斯坦需要良師，而羅素正需要高徒。

一九一一年算是羅素生命裡的分水嶺。他殫精竭慮費了十年工夫，終於在前一年完成了《數學原理》。「經過那次折騰，我的智力再也沒完全恢復，」他日後在《自傳》裡說：「處理艱深的抽象問題能力大不如前。」《數學原理》完成後，羅素的個人生活和哲學事業都進入了新階段。那年春天，他愛上了自由黨下議院議員菲利普・莫瑞爾的貴族妻子奧特琳（Lady Ottoline Morrell）。兩人的婚外情持續到一九一六年，情到濃時，羅素甚至一日三信，信裡近乎逐日紀錄了他對維根斯坦的感受。羅素日後談起維根斯坦當年的軼事，往往加油添醬，對正確與否不大講究，因此這些信裡的記述對釐清事實頗有幫助。

奧特琳的影響，加上撰寫《數學原理》太折騰，讓羅素的哲學路起了變化。他在《原理》之後的第一本書是《哲學問題》（The Problems of Philosophy），他口中的「廉價小說」[2]。這本書不僅開啟了他一系列的通俗寫作，更首次展現出他善以淺顯文字表達艱澀概念的卓越天賦。同時他在劍橋大學三一學院取得了數理邏輯講師的資格。教書、寫作闡揚個人思想，加上《數學原理》讓他精疲力竭，羅素轉而認定他接下來的角色不是繼續發展《數學原理》裡的想法，而是鼓勵別人接棒。一九一一年底，他寫信給奧特琳說道：「我曾經覺得那些有待我解決的技術性哲學問題真的很重要」，但現在：

> 我對哲學卻懷抱著不安。哲學方面有待**我**做的（即那些**技術性的**哲學問題）似乎不再絕頂重要了。我真心覺得廉價小說更值得寫……讓想法更容易為人理解才是要務。

這段時期要論奧特琳對羅素的影響，最明顯的例子就是羅素曾打算寫一本論宗教的書，書名為《牢獄》（Prisons），動筆時《哲學問題》還沒完成，但他只寫到一九一二年就放棄了。「牢獄」典出《哈姆雷特》的台詞：「世界是一座牢獄，丹麥是最糟的牢房。」書的主旨在點出人類生命受困於牢獄之中，唯有接

1　譯註：Jena，德國地名，該城市以光學工業聞名。

2　譯註：原文為shilling shocker，羅素自嘲之語。

受「沉思的宗教」才能逃脫。「沉思的宗教」不是相信神或永生（雖然羅素癡戀奧特琳，而奧特琳信仰非常虔誠，她卻依然說服不了他）；這裡「沉思的宗教」指的是和宇宙密契為一，人超越有限的自我，跟無限合為一體。因為，照他對奧特琳的說法（用詞精準得可疑）：「妳稱之為上帝者，我稱之為無限。」

面對自己的懷疑不可知論和奧特琳的虔誠信仰，羅素很想找出化解之道，這本書可說是他的嘗試。他在一封信裡描述奧特琳的愛解放了他，並重新提到了該書的中心思想：

……我已經不再困於牢獄。我迎向星辰，穿越時間，無論去到何處，都有妳的愛為我點亮世界。

因此，維根斯坦一九一一年遇到的羅素遠非他後來的模樣，既不是強硬的理性主義者，也不那麼藐視宗教，而是深陷於愛情之中，比之前和後來的自己更能欣賞人類非理性和情緒化的那一面，甚至還接納了超驗神秘主義。或許更重要的是，他認定自己對技術性的哲學問題無法再有貢獻，決定尋找一個擁有青春、活力與能力的人來接手他開創的志業。

有跡象表明，維根斯坦本來打算不理會弗雷格的建議，回曼徹斯特繼續他的研究工作，因此秋天開學時才會見到他註冊為工程系研究生，獎助金也延長了一年。可能是弗雷格駁倒了他，讓維根斯坦決定克制自己對數學哲學的著迷，回頭堅守工程師的道路。

十月八日，米迦勒學期（即第一學期）[3]開始兩週左右，維根斯坦突然出現在三一學院羅素的房間裡，向羅素自我介紹，顯然事前沒有知會對方。

羅素正在和奧格登[4]（後來成為首位翻譯《邏輯哲學論》[5]的人）喝茶，這時：

> ……一名陌生的德國人出現了。他幾乎不會說英文，又不肯講德文，後來才知道他在德國夏洛騰堡讀工程時，自發地對數學哲學產生了熱情，現在來劍橋想聽聽我怎麼說。

我們會立刻察覺，維根斯坦自我介紹時略過了兩件事，相當令人意外。一是他沒提到是弗雷格建議他來找羅素的，二是他沒告訴羅素自己曾在（嚴格說是**還在**）曼徹斯特讀工程。維根斯坦略過這兩點雖然奇怪，但可能只說明了他非常緊張。羅素說他幾乎不會講英文，那就表示他真的很慌亂。

就維根斯坦隨後幾週的表現來看，他似乎不只是來聽羅素講課，還希望在他心裡留下印象，冀望能從真正識貨的人嘴裡聽到自己到底有沒有哲學天份，從而決定到底該不該放棄航空學研究。

羅素的數理邏輯課並不受學生青睞，課上常常只有三名學生：布洛德[6]、內維爾[7]和諾頓[8]。因此當他見到維根斯坦「正襟危坐」出現在班上，是該蠻開心的。「我對我那位德國朋友很感興趣，」他寫信

3 譯註：Michaelmas term，劍橋大學、牛津大學等一些英國與愛爾蘭的大學，以此稱第一學年的第一個學期（秋季學期）。因米迦勒節（Michaelmas：天使長米迦勒之慶日）而得名。
4 譯註：C. K. Ogden，1889-1957。英國哲學家、語言學家、作家。
5 譯註：Tractatus Logico-philosophicus，維根斯坦之著作。詳見後文。
6 譯註：C. D. Broad，1887-1971。英國哲學家。
7 譯註：E. H. Neville，1889-1961。英國數學家。
8 譯註：H. T. J. Norton。羅素學生，其餘資料不詳。

給奧特琳說：「希望接下來能常見到他。」沒想到兩人見面比他期望的頻繁得多。維根斯坦纏了他整整四週，上課時霸佔著討論不說，下課後還跟著他回家，繼續為自己的立場爭辯。對此，羅素的反應是既覺得有趣和欣賞，又覺得惱怒和不耐：

我那位德國人朋友簡直快變麻煩了。他下課後跟著我回去，一直跟我爭辯到晚餐時間，講話執拗又任性，但我認為並不蠢。（一九一一年十月十九日）

我那位德國工程師真的很愛爭辯，很煩人。他不肯承認房間裡確實沒有一頭犀牛……〔他〕又回來了，我換衣服時他一直在爭辯。（一九一一年十一月一日）

我覺得我那位德國工程師笨到家了。他認為經驗事物都不可知。我要他承認房裡沒有一頭犀牛，他就是不肯。（一九一一年十一月二日）

〔維根斯坦〕只承認斷言命題存在，其他一概不接受。（一九一一年十一月七日）

今天課上得蠻順利。我那位德國工程師依然堅持世界上只有斷言命題存在，但我最後告訴他這個論點太大了。（一九一一年十一月十三日）

我那位兇猛的德國人朋友下課後又來跟我爭辯了。再多的理性之箭也射不穿他的固執，跟他討論實在是浪費時間。（一九一一年十一月十六日）

羅素日後提起這段討論時渲染了一番，聲稱他將所有桌椅底下都看了一遍，希望說服維根斯坦教室裡沒有犀牛。但顯然對維根斯坦來說，這是形上問題，跟經驗無關，問題在於世界由何種東西構成，而非眼前有沒有犀牛。他當時如此堅持的看法，其實正呼應了他在《邏輯哲學論》裡著名的第一命題，即「世界是事實的總和，而非物的總和」。

從信裡的內容看，羅素對維根斯坦的哲學天賦還不是很有把握，但替維根斯坦的未來做決定的責任很快便落在了他頭上。十一月二十七日，第一學期結束前，維根斯坦拿著自己最急迫的問題去請教羅素，希望對方的意見能幫助他決定選擇何種職業，徹底解決糾纏了他兩年多的興趣兩難：

我那位德國人朋友正在哲學和航空學之間舉棋不定。他今天問我是不是覺得他在哲學方面毫無前景，我說我不曉得，但應該不是。我要他寫點東西給我看，方便我做判斷。他有錢，對哲學又興趣強烈，但覺得除非自己能力不錯，否則就不該獻身投入。我覺得自己責任重大，卻實在沒把握他究竟天份如何。（一九一一年十一月二十七日）

離開劍橋前，維根斯坦和羅素小聚了一次。這回他總算在這位哲學家身旁放鬆了下來，不再一味追究哲學問題，而是聊到了自己的其他方面。羅素這才知道他是奧地利人，而非來自德國，同時「很有文學素養，又懂音樂，舉止悅人……而且我**覺得**真是聰明」，以致於「我開始喜歡他了」。

不過，真正的轉捩點發生在隔年一月。維根斯坦拿著他假期時完成的草稿回到了劍橋，羅素一讀，對他的態度立刻變了。他告訴奧特琳，草稿「非常好，比我的英國學生好多了」，並且說：「我一定會鼓勵他，他很可能成大事。」維根斯坦日後告訴大衛．品生特[9]，羅素的鼓勵拯救了他，結束了他九年來的孤獨與煎熬，不再反覆有自殺的念頭，並讓他徹底放棄了工程，放下「他在這世界是多餘的」的感覺，不再因為自己**沒有**自殺而羞愧。換言之，羅素鼓勵維根斯坦追求哲學，肯定他想放棄工程的衝動是對的，是真的救了維根斯坦一命。

接下來那學期，維根斯坦對數理邏輯的鑽研之勤，到了學期末，羅素說他能教的他都已經學會了，甚至鑽得更深。「雖然是好是壞還不知道，」他告訴奧特琳：「但錯不了的，維根斯坦絕對是我生命中的大事。」

> 我愛他。我的作品引發了許多問題，但我太老了而處理不了，需要新鮮腦袋和年輕活力才能解決。我覺得他**正是**那樣的年輕人，所有問題都能被他解決。

羅素才指導了維根斯坦一個學期，就認定他是自己尋覓的高徒。

維根斯坦在那三個月從事了什麼哲學研究，我們不得而知。羅素在寫給奧特琳的信裡只提到了隻字片語，令人好奇不已。一月二十六日，維根斯坦提出了「對邏輯**形式**（form），而非邏輯**內容**（matter）」

的定義。一個月後，他「就一個重要的邏輯問題，提出了極有創意的構想，我認為是正確的」。雖然只是隻字片語，但已經足以顯示維根斯坦的鑽研焦點從一開始就不是「數學是什麼？」而是更根本的問題：「邏輯是什麼？」羅素個人認為，這是《數學原理》留下的最重要的問題。

一九一二年二月一日，維根斯坦成為三一學院的學生，由羅素擔任導師。他知道維根斯坦沒有修過正式的邏輯課，覺得上課應該有好處，便拜託知名邏輯學家兼國王學院理事詹森（W. E. Johnson）「指導」維根斯坦。但這項安排只持續了幾週。維根斯坦後來告訴里維斯[10]：「我和他見面第一個小時，就知道他沒什麼可以教我。」詹森則跟里維斯說：「我們才剛見面，他就給我上起課來了。」差別在於詹森是在挖苦，維根斯坦卻是完全認真的。最後詹森主動結束了這項安排，導致羅素不得不使出渾身解數，靠著圓滑與機敏指出維根斯坦的錯誤而不惹怒他。這是第一次，之後羅素還多次遇到這種場面。

> 我正在準備講稿，維根斯坦情緒激昂地來了，跟我說詹森（我建議他接受詹森的指導）來信說不再教他了，確切意思是維根斯坦上課爭論的時候多，乖乖聽課的時候少。維根斯坦問我詹森的看法有沒有道理。他近來特別頑固，別人幾乎插不上話，大夥兒都覺得他是個討厭的傢伙。但我真的很喜歡他，因此遇到這種事時總能點醒他，又不致於刺激到他。

9 譯註：David Pinsent，1891-1918。英國哲學家大衛・休謨（David Hume）之後代，維根斯坦的親密友人，詳見後文。

10 譯註：F. R. Leavis，1895-1978。英國文學評論家。曾與維根斯坦有短暫友誼，見第十一章。

喬治．摩爾對維根斯坦的印象完全不同。那個學期，維根斯坦開始聽摩爾的課。他「對維根斯坦的頭腦評價極高」，羅素告訴奧特琳：「說兩人意見不同時，他往往覺得維[11]**一定是**對的。他說維在課堂上總是極其困惑的模樣，其他學生反倒沒有。我很高興不是只有我對維這麼激賞。年輕人不怎麼看重他，就算看重，也是因為我和摩爾時常讚許他。」至於維根斯坦，羅素說：「維說他很愛摩爾，說他會喜歡或討厭一個人全看對方的思考方式。摩爾的笑容是我見過最美的，那樣的笑容打動了維。」

維根斯坦和摩爾的友誼日後才會開始，但他和羅素很快就親近了起來。羅素對他讚賞得無以復加，認為他是「完美的學生」，這種學生「會用強烈又極為聰明的異議來表達心中熱誠的欽佩」。維根斯坦和布洛德相反。布洛德是羅素最**可靠**的學生，做出來的研究「肯定有用，但搆不著傑出」；而維根斯坦「充滿了沸騰的熱情，潛能無可限量」。

羅素愈來愈認同維根斯坦，覺得兩人志同道合，同樣是將一切力量及熱情灌注在**理論**問題上的人。「這種熱情很罕見，見到了實在令人開心。」而且，「他對哲學的熱情比我還強。跟他雪崩般的激情相比，我的熱情只像小雪球。」羅素對維根斯坦的描述裡不斷出現「熱情」兩個字。那是一種「純粹智性的激情」，而維根斯坦在這部份（和羅素一樣）屬於「最高級」。羅素說「我因此而愛他」。感覺他在維根斯坦身上看到了自己。更恰當的說，是將維根斯坦看成了自己的子嗣：

他有著藝術家的性情，直觀而情緒化。他說自己每天早上都滿懷希望開始工作，到了晚上卻絕望以終。他搞不懂一件事時的那種氣憤，和我一模一樣。（一九一二年三月十六日）

我在智性上完完全全能理解他。我們有著同樣的激情與熱烈，同樣覺得「不理解毋寧死」，思考到極度緊繃時會突然蹦出玩笑。（一九一二年三月十七日）

……他連用的比喻也跟我一樣，認為自己和真理之間隔著一道牆，必須設法將它推倒。我們討論完後，他說：「嗯，牆倒下了一點。」

他的態度證明了我對自己的研究抱持希望是對的。（一九一二年三月二十二日）

羅素讚許地提到維根斯坦很有禮貌，但更欣賞他「爭辯時會渾然忘了禮貌，想到什麼就說什麼」。

沒有人比維根斯坦更真誠，更缺乏阻礙追求真理的虛偽禮貌了。他讓自己的感覺和情感流露，實在溫暖人心。（一九一二年三月十日）

例如，維根斯坦有回遇見一名學生，對方正巧是修士，羅素開心地告訴奧特琳，維根斯坦「比我更不喜歡基督徒」。

11 譯註：即維根斯坦，羅素在信裡以W稱呼之，中譯為「維」。

他原本很喜歡法[12]，那位修士學生，得知法是修士讓他嚇壞了。法來找他喝茶，維立刻出言抨擊，而且如我想見，砲火很猛烈。昨天他再度發難，但不是論辯，而是真誠地勸說對方。維基本上對倫理道德深惡痛絕，刻意讓自己憑衝動行事，也覺得人應該如此。（一九一二年三月十七日）

「我不會為他的道德良能（technical morals）擔保」，羅素結論道。

羅素這段評論自相矛盾，顯示他誤解了維根斯坦論辯的重點。維根斯坦既然鼓吹誠實，顯然就不是憎惡道德、想要替不道德辯護；而是他認為，道德必須基於人格的一以貫之（integrity），忠於自我，發自內心的衝動，也就是出自於內在，而非來自外部強加的規範、原則與責任。

對維根斯坦而言，這個問題牽涉甚廣。棄工程而就哲學，難道不就是揚棄了原被視為責任的東西，轉而追求**內在**燃燒的熱情？但如同先前所見，維根斯坦一開始便這麼告訴羅素，這樣的決定需要支持，證明他不是一時的心血來潮，而是真的有可能在哲學路上做出貢獻。

羅素的誤解預示了兩人關係的未來，顯示他和維根斯坦的「理論激情」終究並非如他想的那麼相似。那個學期結束時，維根斯坦已經覺得可以對羅素的作品直言不諱，說自己喜歡和**不喜歡**哪裡。他對《數學原理》的美滿懷欽慕，形容它宛如音樂。這或許是他能給出的最高讚美了。但他很不喜歡羅素的通俗著作，尤其是〈一個自由人的崇拜〉和《哲學問題》最後一章〈哲學的價值〉。他甚至不喜歡說哲學有**價值**：

……他說喜歡哲學就會做哲學，不喜歡就不會，如此而已。**他自己**最強烈的衝動就是哲學。

（一九一二年三月十七日）

很難相信維根斯坦的態度會如羅素所描述的那麼乾脆，畢竟他在師事羅素之前雖然就發現哲學是他最強烈的衝動，卻仍然擺盪於責任與衝動之間，糾結了好幾年。他確實相信人**應該**順應衝動而活，就像他父親、哥哥漢斯和所有天才一樣，但他同時擁有強烈的責任感，因此不時陷於自我懷疑而躊躇不前。羅素的鼓勵之所以必要，正因為那讓維根斯坦得以擺脫懷疑，**開心**聽從自己最強的衝動。他一得到羅素的鼓勵就立刻轉讀哲學，令家人吃了一驚，而他則在學期末告訴羅素，自己有生以來最快樂的時光就是待在羅素家的時候。但這份快樂不僅出於聽從自己的衝動，更來自他深信，自己既然擁有不尋常的哲學天賦，便**有權**這麼做。

維根斯坦認為羅素應該要了解他這一點。新學期一開始，他回到劍橋那天，兩人又談到這個話題。羅素發現維根斯坦「穿得好極了……跟我預料的一樣。我感覺他莫名地興奮」。他仍覺得兩人在性情上沒有根本的差異，維根斯坦「和我一樣活在亢奮之中，幾乎無法好好坐著或讀一本書」。維根斯坦談起貝多芬：

……他說貝多芬的朋友有一回到貝多芬家門口，聽見貝多芬對著自己的新賦格曲「咒罵、咆哮和高歌」，整整一小時後才來開門，看起來像是跟魔鬼打了一架，而且已經三十六小時沒吃東西，因

---

12 譯註：法默（Farmer）的簡稱，詳見後文。原信寫為F，中譯為「法」。

為廚子和女傭都被他的怒氣嚇跑了。他說這才是人所當為的事。

然而，如同之前，這裡「咒罵、咆哮和高歌」的可不是一**般人**。要是這般狂熱的專注只生出平庸之作，維根斯坦還會覺得這是「人所當為的事」嗎？他這話背後的含意是，若作曲是某人最強烈的衝動，而且這人完全獻身於這股衝動將能寫出偉大的音樂，那這人不僅有權利依衝動行事，還有責任這麼做。

羅素給予維根斯坦的，正是聽從衝動的許可證，因為他在對方身上見到了天才的特質。他後來這麼描述維根斯坦：

……〔他〕可能是我認識最符合傳統定義的天才了，熱情、深刻、專注又強勢。

夏季學期一開始，羅素就在維根斯坦身上見到這些特質了。他在四月二十三日寫給奧特琳的信中說：「我的研究只要他接手，我就不覺得自己放棄是罪過。」並且隨即補上一句，彷彿想證明維根斯坦確實有資格擔當大任似的：「他今天興奮得不得了，我還以為他會把我房裡的家具統統砸爛呢。」

維根斯坦問羅素，他和懷德海[13]打算如何替《數學原理》結尾。羅素答說他們不會做結論，「最後寫到哪個式子就在那裡結束。」

他起先有點意外，接著便明白這麼做是對的。我覺得這本書裡只要有一個贅字，便會破壞它的美。

羅素追求作品之美，顯然深得維根斯坦的認同。他後來在《邏輯哲學論》裡採用精簡的散文體，將羅素提倡的簡樸美學推上了新的高度。

不過，夏季學期初，兩人的關係已經開始轉變了。羅素雖然名義上仍是維根斯坦的導師，卻愈來愈渴望得到維根斯坦的讚許。復活節假期時，羅素開始撰寫一篇論「物」的文章，預備遞交給卡地夫大學（Cardiff University）的哲學學會。他希望這篇論文能展現出一種新的活力，「示範如何使用冷靜而熱情的分析，摒棄人類情感，做出最痛苦的結論」。冷靜**而**熱情？羅素解釋道：

> 我過去一直提不起勇氣處理「物」，因為懷疑得還不夠徹底。我想寫出一篇文章讓對手覺得「實在論破產了」。世上最棒的事，莫過於以熱情給予冷靜的洞見。我之前的傑作多半來自悔恨的激勵，但只要熱情夠強，一樣能做到。哲學是冷淡的情人，唯有用熱情的手握著冷靜的劍，才能觸到她的心。

熱情的手握著冷靜的劍：維根斯坦集嚴格的邏輯心靈與執著的衝動於一身，這個形容充分捕捉了他的形象。他正是羅素心中哲學典範的化身。

然而，維根斯坦對於此事的反應卻讓羅素失望了。他覺得這個議題根本是「枝微末節」。

13 譯註：Alfred North Whitehead，1861-1947。英國數學家、哲學家。羅素的學院導師。詳可參考本書導讀。

> 他承認如果「物」不存在，那除了他自己就沒有其他人存在。但他說這無所謂，因為只要詮釋得當，物理、天文學和其他科學仍然可以為真。

幾天後，維根斯坦讀了一部分論文，想法稍有改變，讓羅素如釋重負。維根斯坦喜歡文中的極端。羅素在文中劈頭就說，哲學家迄今為止提出的證明「物」存在的論證，基本上全都站不住腳。維根斯坦說這是羅素做過的第一好事。但他讀完整篇論文後，想法又變了，跟羅素說他還是不喜歡。「但只是由於他意見不同，而非論文寫得不好」——羅素彷彿見到一線生機似地這麼對奧特琳說。這篇他原本寄予厚望的論文終究沒有發表。

不難想見，羅素如此看重維根斯坦，必然會引起他在劍橋的朋友的好奇，尤其是使徒們（the Apostles）。使徒會是一群自居菁英的人組成的社團，羅素是成員之一，經濟學家凱因斯[14]和史學家斯特雷奇[15]則是主導人物。用使徒的話來說，維根斯坦是「胚胎」，亦即觀察中的入會人選。為此，斯特雷奇特地從倫敦來羅素家跟維根斯坦喝茶，親自考察這位準成員。維根斯坦剛讀了斯特雷奇的《法國文學地標》（Landmarks in French Literature），但並不喜歡，跟羅素說這本書感覺很吃力，像是哮喘病人在呼吸一樣。不過，他在碰面時還是搬出了不少本事，給斯特雷奇留下了好印象。「所有人都開始注意到他，」羅素過後對奧特琳說：「他們發現他很有天才。」

至於維根斯坦想不想加入使徒會，羅素卻是有點保留：

有人跟使徒提到了維根斯坦，他們有意讓他入會，想聽聽我對他的看法。但我跟他們說，我覺得維根斯坦應該不會喜歡這個團體，我很有把握他不會。他應該會覺得滯悶，而這也的確是事實，因為使徒們彼此走得很近，互相親愛。我入會時還不是這樣，我覺得主要是斯特雷奇的關係。

羅素認為維根斯坦不會喜歡使徒當時瀰漫的同性愛氣氛，會覺得「滯悶」。無論這話是對是錯，他都說中了一點，維根斯坦對使徒會確實沒有好感。

斯特雷奇對維根斯坦的感覺則是有好有壞。他五月五日邀維根斯坦午餐，但這回並未留下深刻的印象。「辛克—維克先生[16]跟我午餐，」他寫信給凱因斯說：「安靜的小傢伙。」兩週後，兩人在斯特雷奇弟弟詹姆士的住處再次見面，這回他得到的印象是一種折騰人的才華：

> 辛克—維克先生一個勁兒的討論個體和共相。喔，這話題多麼精彩，可是**痛苦至極**[17]！天哪！天哪！「A愛B」—「其中或許有共同的性質」—「用這種方法根本無法分析，但複合概念具有某些性質。」我怎麼才能靜下來好好睡覺？

14 譯註：John Maynard Keynes，1883-1946。英國著名經濟學家，其學派之經濟學理論的影響力至今不輟。
15 譯註：Lytton Strachey，1880-1932。英國史學家、傳記作家、評論家，著有《維多利亞女王傳》。雖與畫家朵拉．卡靈頓（Dora Carrington）結婚，卻也公開談論自己的男同性戀傾向。
16 譯註：原文為Herr Sinckel-Winckel，指維根斯坦。
17 譯註：原文為法文quelle souffrance。

維根斯坦和使徒會的接觸到此暫告結束，直到十月他見了凱因斯，「辛克－維克先生」才成為了「維根斯坦弟兄」。只不過這段關係沒能維持多久，而且結局是災難一場。

於是，維根斯坦從劍橋年輕人眼中「討厭的傢伙」搖身一變，成為「有趣又討人喜歡」的同伴，只是「幽默感有點沈重」。至少這是其中一名青年的看法。這人就是品生特。夏季學期初，他在羅素舉辦的「碎南瓜」社交聚會上認識了維根斯坦。他當時是數學系的大二生，前一年也曾是使徒會的「胚胎」，但最後沒能入選。這事或許說明了他在當時劍橋知識菁英心中的評價：有趣但不特出，聰明但不是天才。

但對維根斯坦來說，品生特性情溫和，音樂感受力又高，正是理想的夥伴。維根斯坦似乎很快就看出了這一點，兩人認識不到一個月就邀對方到冰島渡假，而且費用全由他父親負擔，讓品生特受寵若驚。「我真不知該如何是好」，品生特在日記裡說：

……這趟旅行肯定會很好玩，我自己出不起錢，威根斯坦[18]又一副很希望我去的樣子。我遲遲無法決定，便寫信問家裡的意見。冰島感覺很迷人，我想在島上應該都是騎馬，絕對好玩極了！這提議很吸引我，又讓我感到意外。我才認識威根斯坦三週左右，但兩人感覺處得還不錯。他很喜歡音樂，而且品味和我一樣。他是奧地利人，但英語說得很流利。我想他年紀應該和我差不多。

在此之前，兩人的往來僅限於心理實驗。品生特是維根斯坦在心理實驗室進行的研究的受試者。維根斯坦似乎想用科學方法了解節奏在音樂欣賞中的角色，因此需要懂點音樂的人來做實驗。品生特在日記裡並未提到實驗內容，只說當受試者「還蠻有趣的」。心理學家邁爾斯（C. S. Myers）協助了維根斯坦的研究。他非常看重這項實驗，甚至在英國心理學會上示範了一次。研究成果主要是發現在某些狀況下，受試者會覺得聽見某些音符加了重音，其實並沒有。

品生特受維根斯坦之邀一起渡假前，除了每週兩三次做實驗，就只有在羅素週四舉辦的碎南瓜晚會上會見到維根斯坦。五月三十日晚會之後，他在日記裡寫道，他覺得維根斯坦「非常有趣」。

> ……他正在這裡讀哲學，但有系統地讀還是最近的事。他無比天真又驚訝地說，他之前懵懂崇拜的哲學家其實又蠢又不誠實，而且犯了一堆噁心的錯誤！

不過，他們倆直到維根斯坦意外邀約後才親近了起來。隔天晚上兩人一起去聽了音樂會，之後回到維根斯坦住處，聊到十一點半。維根斯坦「非常健談，還跟我說了許多他的事」。他告訴品生特自己在想自殺的孤獨和痛苦中過了九年，直到羅素鼓勵他唸哲學，他才得到了救贖。品生特說：

> 我知道羅素對他評價很高，而且被他糾正過一兩個哲學上的論點，羅素也接受了他的看法。被他糾正過錯誤的哲學老師不只羅素。威根斯坦幾乎沒有其他嗜好，因此很孤獨。人活著不能只有學位考合格之類的遠大目標，但他真的很有意思，也很討人喜歡。我想他已經克服自己的病態了。

18 譯註：品生特原文拼錯字成Vittgenstein。後面引文同。

兩人開始密切往來，一起去聽劍橋大學音樂社的演奏會、在辯論社的聯盟聚會廳用餐、到對方住處喝茶。維根斯坦甚至為了聆聽品生特朗讀經文，而去大學教堂望了一次彌撒。羅素曾說維根斯坦「不喜歡」基督徒，但不代表他上教堂必然是違心之舉。其實約莫在同一時期，他曾經突然冒出一句話，讓羅素大感詫異。他說自己非常欣賞馬可福音八章三十六節：「人就是賺得全世界，賠上自己的生命，有甚麼益處呢？」

〔他〕接著又說，沒有失去靈魂的人太少了。我說要看一個人有沒有真心追求的大目標。他說他覺得要看苦難和承受苦難的力量。我相當意外，沒想到他會說出這種話。

維根斯坦在此透露出的斯多噶思想，似乎跟他日後告訴諾曼・馬爾康姆[19]的一件事有關。他回維也納渡假時，去劇院看了奧地利劇作家兼小說家路德維希・安曾魯伯的《畫十字的人》[20]，讓他一改先前對宗教的輕蔑。[21]這齣劇很平庸，但裡面一個角色主張，無論世上發生什麼，都不會有壞事落在**他**身上；**他**獨立於命運和環境之外。這樣的斯多噶思想讓維根斯坦深受震撼。他告訴馬爾康姆，他頭一回意識到宗教的可能。

在那之後，一直到他過世為止，維根斯坦始終認為「絕對安全」的感覺就是宗教經驗的根本。和羅素那番對話過後幾個月，他讀起了威廉・詹姆斯[22]的《宗教經驗之種種》（Varieties of Religious Experience），並跟羅素說：

這本書對我**很有**幫助。不是說我會立刻成為聖人，但我不能說它沒有讓我在自己期望能**大大**改進的事上改進了一點點。意思是：我認為這本書幫我擺脫了**Sorge**〔煩惱與焦慮〕（這裡的Sorge是歌德《浮士德》第二部裡講的那種Sorge）。

討論靈魂失與得之後過了兩天，羅素和維根斯坦又談了一次話。這次對話顯露了兩人道德觀的深刻差異。事情是從狄更斯《塊肉餘生錄》開始的。維根斯坦認為主角大衛．考伯菲爾不該為了斯帝福斯跟小愛彌麗私奔而責怪他，羅素說他在同樣的情況下也會那樣做。維根斯坦「很難過，不敢相信我這麼說。他認為人可以永遠對朋友忠誠，深切愛之，也應該那麼做」。

〔維根斯坦〕說他不會憤怒或憎恨，只會感到無比的悲傷（而我相信也他）。他本性良善得徹頭徹尾，所以才看不出道德的必要。我先前完全錯了，熱情或許能驅使他做任何事，但他絕不會做出冷血不道德的惡行。他對未來的展望很自由，原則之類的東西對他毫無意義，因為他的衝動雖然

19　譯註：Norman Malcolm，1911-1990。美國哲學家。曾為維根斯坦講座學生，並有交誼，著有多部與維氏相關著作。
20　譯註：Ludwig Anzengruber，1839-1889。奧地利劇作家、小說家，著有《畫十字的人》（Die Kreuzelschreiber）。
21　維根斯坦告訴馬爾康姆，當時他大約二十一歲，換句話說就是一九一〇年或一九一一年初。然而，羅素察覺到維根斯坦對宗教態度有變是一九一二年夏天。這就不禁讓人設想，此事其實發生在一九一二年的復活節假期。（原註）
22　譯註：William James，1842-1910。美國哲學家、心理學家，被譽為美國心理學之父。

強烈，卻從不可恥。

「我感覺他滿懷熱情全心對我，」羅素又說：「我和他對一件事只要感覺不同，都會讓他難受不已。我對他也滿懷熱情，但因為我全心對妳，因此我對他的熱情對我來說，自然沒有他對我的熱情對他那麼重要。」

羅素似乎沒能察覺，兩人的感覺差異對維根斯坦很重要，是因為這些差異觸及了維根斯坦在意的核心問題。他也未能理解，維根斯坦重視個人的一以貫之（以及上面提到的忠誠）不是**反對**道德，而是另一種道德。就兩人根本相反的人生態度而言，這是個典型的例子。即便此時的羅素或許是他一生最內觀自省的時候，他卻還是認為，若要保有靈魂，有賴於「真心追求的大目標」，傾向於在自身之外尋找安身立命的寄託。維根斯坦則是一如過去和往後，堅持不墮落的可能性完全繫於自我，端賴人內在覓得的品格。一個人只要靈魂純粹（對朋友不忠就會使靈魂不純），那麼無論「外在」任何事落在他身上，即便是妻子跟別人跑了，也不會動到他的**自我**分毫。因此，最該在意的不是外在事物，而是自我。比起他人的作為可能帶來的不幸，處理妨礙自我平靜面對世界的**Sorge**（煩惱與焦慮）才是當務之急。

當最根本的態度互相衝突，就無所謂贊不贊同，因為一個人的言行都必須從那態度**之中**來理解。因此，雙方會覺得挫折、無法理解對方，也就不足為奇了。令人意外的是，羅素的想法相當天真，認為兩人的差別不在理念不同，而在對方是個特別的人，擁有的衝動「雖然強烈，卻從不可恥」。他彷彿只能藉由維根斯坦的人格特質才能理解對方為何抱持那樣的觀點。當他發現對方的態度陌生而無法想像，他只能**解釋**，卻無法**搞懂**，無法進到維根斯坦的態度**裡面**。

讀羅素寫給奧特琳的信，會讓人一再感覺他抓不到維根斯坦「理論熱情」的根本精神。人格的一以貫之，是維根斯坦的人生中心德目，卻被羅素在不同時期理解成反對現有道德或本性純正，甚至一度被他當成笑話看待。有一回在碎南瓜會上，維根斯坦主張研究數學能提昇人的品味，「因為好品味必然真誠，因此凡是讓人真實（truthfully）思考的事物，必能培養品味」。從羅素對奧特琳的轉述看來，他似乎根本無法將這個論點當真。他說維根斯坦的觀點是「悖論」，還說「我們都不贊同他」。然而，我們很有理由相信，維根斯坦講這話是完全認真的。對他而言，真誠和好品味是密不可分的概念。

維根斯坦不會為自己最根本的信念和人爭辯。唯有支持相同信念的人，才能與他對話。因此，他和羅素很快就無法討論道德問題了。對理念不同的人而言，無論談邏輯或道德，維根斯坦的發言恐怕都像無字天書。羅素開始憂心這一點。他在信中告訴奧特琳：「我很怕沒人了解他寫的東西想說什麼，因為他從來不用論證討論其他觀點來支持自己。」羅素告訴維根斯坦不能只說自己的想法，還要提出論證，維根斯坦卻說論證只會毀了它的美，就像泥濘的雙手弄髒了一朵花：

> 我跟他說我實在不忍心反對你這點，他最好請個奴隸來替他提論證。

羅素很有理由擔心維根斯坦不被理解，因為他愈來愈覺得自己未完成的邏輯研究應該交棒給維根斯坦。他甚至覺得自己在三一學院五年講師任期一到，應該放棄續任，由維根斯坦接手。「我竟然開始覺得學問的世界不真實，真是沒想到，」他寫道：「我幾乎不再想到數學，只有證明偶爾會勾起我的興趣。我也不常想到哲學，不再有做哲學的**衝動**。」羅素不再相信哲學的價值，和他在《哲學問題》最後一章的說法判若兩人。

我確實曾認真試著回到哲學上去，卻發現自己實在無法認為它很有價值。一方面是由於維根斯坦，他讓我對許多事更懷疑了，另一方面是因為遇見了妳，引發了我的改變。

羅素說的「改變」是指他受奧特琳啟發，愈來愈投入哲學之外的作品。第一本是論宗教的書《牢獄》，其次是自傳（但他中途放棄，而且顯然銷毀了），最後是自傳式中篇小說《約翰．弗斯提仕的迷惘》（The Perplexities of John Forstice）。這本小說顯然引用了自傳裡的一些素材，並大量引用他寫給奧特琳的信，嘗試用虛構的手法描述自己的智性之旅，從孤立走向道德和政治的迷惘，最後達至清明與從容。羅素並不擅長這類書寫，上述作品在他有生之年都沒有問世。「我**好希望**自己更有創造力，」他對奧特琳感嘆道：「莫札特那樣的人真讓人自慚形穢。」羅素後來答應死後出版《約翰．弗斯提仕的迷惘》，但非常遲疑：

……小說第二部裡的看法，我只主張了一小段時間。那些看法太感性、太溫和、對宗教太寬容，因為當時的我太受奧特琳．莫瑞爾夫人的影響。

維根斯坦對邏輯分析的研究就是在這「一小段時間」有了非凡的進展，而這是好是壞就見仁見智了。但他被羅素視為哲學天才，或許跟羅素受奧特琳的影響脫不了關係。要不是羅素正處於感性階段，可能不會那麼喜歡維根斯坦。「維根斯坦今天送了好美的玫瑰給我，他真可愛」（一九一二年四月二十三日）、「我愛他如子」（一九一二年八月二十二日），要不是他失去了獻身數理邏輯的興趣與信念，可能不會那麼輕易交棒給維根斯坦。

總之，維根斯坦來到劍橋剛滿一年，羅素就指明維根斯坦會是他的接班人。夏季學期末，赫爾敏造訪劍橋，順道見了羅素。羅素親口表示：「我們都覺得妳弟弟將帶領哲學邁出一大步。」讓她聽了非常驚訝。

暑假一到，摩爾就提議將自己的學院宿舍讓給維根斯坦。之前維根斯坦一直住在玫瑰彎月街（rose crescent），遂欣然接受了摩爾的好意。宿舍位於惠威爾庭院[23] K樓頂層，窗外就是美麗的三一學院，位置非常完美。維根斯坦很喜歡這個塔樓頂層的房間，一直在這裡住到離開劍橋為止。就算後來回到劍橋成為研究員，再升為教授，可以住到更大更好的宿舍，他依然選擇這裡。

維根斯坦對新家的擺設非常講究，找了品生特幫忙：

> 他下學期要搬進學院，我陪他去了各式各樣的店，看了非常多家具。陪他挑家具很好玩。他挑剔到極點，帶著老闆在店裡來回穿梭，像亂舞的蜜蜂。老闆給我們看的東西，九成威根斯坦都說「不行——太糟了！」

23　譯註：Whewell's Court，位於劍橋三一學院之庭院，庭院四周由樓房圈起，其樓房之樓梯則多按字母排列，維根斯坦即住在K樓梯的頂樓。

羅素也被維根斯坦找去商量，結果被他搞得很不耐煩。「他**非常**難搞，」羅素對奧特琳說：「昨天一樣家具都沒買，還給我上了一課，告訴我家具應該怎麼做。他不喜歡任何跟結構無關的裝飾，結果怎麼也找不到夠簡單的家具。」最後維根斯坦決定全用訂做的。家具送來時，品生特覺得「有點老氣，但還不壞」。

品生特和羅素都無法理解維根斯坦為何如此錙銖必較。唯有建造過東西的人才能了解他為什麼在意設計與做工。正是因為如此，幾年後，他在曼徹斯特的工程師朋友埃克萊斯才會寄來自己設計的家具圖，徵詢他的意見，而他仔細思考過後提出的評判，埃克萊斯立刻就接受了，並且很感謝他。

至於維根斯坦對於多餘裝飾的強烈反感，以及他賦予這一點的**道德**重要性，唯有出身維也納，並且認同卡爾．克勞斯和阿道夫．魯斯，認為維也納文化曾經獨步全球，擁有海頓和舒伯特這樣的人物，卻在十九世紀後半一落千丈，墮落成恩格曼[24]口中「低俗的冒牌文化」，成了自己原本反對的東西、矯飾的面具——如此，才能明白維根斯坦心中的感受。

七月十五日，維根斯坦回到維也納，並和品生特約好（品生特的父母已經同意了他們的冰島之行，並祝他們玩得愉快）九月第一週在倫敦碰面。家裡的日子並不好過。父親得了癌症，已經動過數次手術。葛蕾塔懷孕，但遇到了難產。他自己則做了疝氣手術，是兵役體檢發現的。他沒有告訴母親，因為她忙著照顧生病的父親，已經心力交瘁了。

他從維也納寫信告訴羅素：「我又很健康了，正全心研究哲學。」他的思考有了進展，從鑽研邏輯常項（即羅素的「v」、「~」和「⊃」等符號）[25]的意義，推進到認定「我們的問題都能回溯到原子命題」。但這項進展將引向什麼樣的邏輯符號論，他在寫給羅素的信裡只有零星的暗示。

「很高興你讀了莫札特和貝多芬的傳記，」他對羅素說：「他們才是真正的上帝之子。」他讀了托爾斯泰的《哈吉穆拉特》，跟羅素說他讀得很愉快。「你有讀過嗎？沒有的話應該找來讀，寫得好極了。」

九月四日，維根斯坦來到倫敦，寄宿在羅素位於貝利街的新家。他的出現讓置身布盧姆茨伯里藝文圈[26]的羅素感到氣象一新，「跟史蒂芬們、斯特雷奇們[27]這些自命天才的人完全不同」。

> 我們立刻埋首邏輯，精彩辯論了一番。他非常厲害，一眼能就看出什麼才是真正重要的問題。……他讓我心裡一陣陶然，感覺可以將困難的思考全交給他。從前這件事只能靠我自個兒。有他之後，我就更能安心放掉技術性的問題了。只是我覺得他的健康很不穩定，給人一種性命飄搖的感覺，而且我覺得他聽力愈變愈差。

---

24 譯註：Paul Engelmann，1891-1965。維也納建築師，維根斯坦友人與房屋建造夥伴。兩人相識見第七章。

25 譯註：指邏輯形式的連接詞，「v」表示抑或，「~」表示非，「⊃」表示蘊含。

26 譯註：布盧姆茨伯里（Bloomsbury）是倫敦地名，而布盧姆茨伯里藝文圈（Bloomsbury Group，或稱布盧姆茨伯里派）則是對於以該地為中心活動的藝術家、文學家之稱呼。其中成員有維吉尼亞·吳爾芙（Virginia Woolf）、佛斯特（E. M. Forster）、前述之斯特雷奇等人。後文中會敘述到。

27 譯註：「史蒂芬們」指萊斯利·史蒂芬（Leslie Stephen）的四個子女（其中一位即是吳爾芙，本姓史蒂芬），「斯特雷奇們」則指前述之立頓·斯特雷奇與詹姆斯·斯特雷奇（James Strachey，1887-1967，英國精神分析學家，佛洛伊德著作之英譯者）。

說維根斯坦聽力欠佳可能是嘲諷之詞。他不可能聽不見，只是不想聽，尤其羅素給他的「忠告」，勸他別等解決了所有哲學問題才開始動筆，他更是置若罔聞。羅素告訴他，不會有那麼一天的。

維根斯坦大發雷霆。他像藝術家一樣，覺得除非能做到完美，否則就別做。我跟他說，他得學會寫下不完美的東西，否則就拿不到學位，教不了書，結果他聽了更加火大。最後他求我，就算他讓我失望了也不要放棄他。

隔天，品生特到了倫敦，維根斯坦來接他，堅持搭計程車送他到特拉法加廣場的豪華飯店（Grand Hotel）。品生特拚命建議改住普通一點的旅館，但維根斯坦毫不理會。品生特在日記裡寫道，這趟旅行顯然是不計花費了。他們一到飯店，維根斯坦就告訴他旅費的事：

維根斯坦（應該說他父親）堅持支付全部費用。我有想到他會很慷慨，但沒想到會這麼大方。維根斯坦給了我一百四十五英鎊以上的紙鈔，自己身上也帶著同樣多錢，外加一張兩百英鎊的信用狀！

他們從倫敦搭火車到劍橋（「不用說當然是頭等車廂！」），因為維根斯坦必須處理宿舍的事，接著轉往愛丁堡停留一夜，隔天坐船出航。在愛丁堡，維根斯坦帶品生特去逛街，堅持認為品生特衣服沒帶夠：

> ……他很在意帶夠衣服這件事，一直大驚小怪。他自己帶了三包行李，看我只有一個箱子就很擔心，不僅在劍橋要我多買一條毛毯，今天早上在愛丁柏洛[28]又要我添購一些雜七雜八的東西。我拒絕了很久，更何況花的不是我的錢。但我後來倒是扳回一城，說服維根斯坦買了他還沒有的油布雨衣。

九月七日，他們從里斯（Leith）搭乘斯特林號出發。維根斯坦沒想到這艘船這麼不起眼，跟普通的海峽渡輪沒有兩樣，令他好生嫌惡。不過當他發現船上有一台鋼琴，並在其他乘客熱切慫恿之下彈起品生特帶來的舒伯特樂譜，心情就好轉了許多。那五天的航行風浪不小，讓他們兩人飽受折磨。不過，品生特觀察到一件有趣的事，雖然維根斯坦幾乎常在房艙裡躺著，卻一次也沒有嘔吐。

九月十二日，兩人抵達冰島首都雷克雅維克，一住進旅館就僱了一名導遊，預定隔天開始在島上觀光。兩人在旅館裡發生了第一次爭論，起因是公共學校。雙方爭得不可開交，最後才發現彼此都誤會了對方。品生特寫道：「他非常厭惡對於暴行和苦難無動於衷的人，說那是『非利士人』[29]的態度。他批評作家吉卜林[30]，並以為我也是那種人。」

一週後，兩人又談到「非利士人」的態度：

---

28 此處（和品生特其他信裡）的古怪拼字（將 Edinburgh 拼成 Edinborough）是原文照錄。（原註）

29 譯註：Philistine，居住在迦南南部海岸的古民族，其領土位於今日加薩走廊及以北一帶。

30 譯註：Rudyard Kipling，1865-1936。英國作家、詩人。

維根斯坦動不動就談到「非利士人」，而且長篇大論。他不喜歡誰，誰就是非利士人！（見上文：九月十二日週四）我覺得他認為我對某些事的看法有一點非利士人（一般事情上，不是哲學），例如現代比過去好等等，讓他有點困惑，因為他不覺得我有那麼非利士人，而我不覺得他討厭我！最後他自我安慰，說我年紀再大一點就會改變想法了！

兩人的爭執很容易被視為是文化差異。一邊是維也納的**焦懼悲觀**（Angst），另一邊是英國的遲鈍樂觀（至少第一次世界大戰前是如此。一戰後，連英國人都不再深信現在會比過去好了。）假如真是這樣，品生特自然無法體會維根斯坦對於文化的悲觀論點，但這份特質卻也使他成為維根斯坦的旅遊良伴。

然而，開朗平靜如品生特，有時還是會被維根斯坦的神經質（用品生特的話來說就是「大驚小怪〔fussiness〕」）搞得精疲力竭。在雷克雅維克的第二天，他們到輪船公司的辦事處預訂回程的鋪位。雖然雙方溝通有點困難，最後還是搞定了，至少品生特很滿意：

維根斯坦卻大驚小怪，一直嚷說我們回不去了，搞得我一肚子火。最後他自己在岸上找了一個人當翻譯，到辦事處將整件事從頭處理一遍。

好脾氣的品生特很少發怒，每回失控總讓維根斯坦焦躁不已。九月二十一日發生了這樣的事：

維根斯坦整晚都悶悶不樂。我只要因為一點瑣事而惱火，即使時間很短，他也會非常焦慮。今晚就是這樣，我忘了是為什麼，但那之後他就很沮喪沉默。他一直求我別那麼易惱。我盡力了，而且我覺得這趟旅行我真的不常這樣！

那次渡假有十天是騎著迷你馬在島上旅遊，同樣不惜花費，除了維根斯坦、嚮導和品生特各騎一匹馬，還加上兩隻馱行李和三隻應急用的小馬在前面開路。白天他們造訪鄉間，晚上維根斯坦教品生特數理邏輯，品生特覺得「非常有趣」而且「維根斯坦是非常好的老師」。他們有幾次步行出遊，甚至試了一次攀岩，只是兩人都不在行，維根斯坦「非常緊張」：

他又開始大驚小怪，一直求我別拿生命冒險！他會這樣子真是好笑，不然實在是很好的旅伴。

他們步行時，幾乎都在談邏輯。維根斯坦繼續教導品生特。「我從他那裡學到了很多，他真的絕頂聰明。」

我在他的推理裡挑不出一丁點錯誤，我對許多問題的看法已經被他完全改變了。

結束鄉間旅行，兩人回到雷克雅維克的旅館，品生特遇到一名剛來的旅客，便跟這名「奇妙的粗人」閒聊了一陣，結果維根斯坦便跟他討論起「這種人」來了。兩人談了很久，維根斯坦說「他就是不會跟這種人交談，但說真的，我覺得他們蠻有趣的」。隔天，「維根斯坦開始大驚小怪，」強烈厭惡起那名奇

妙的粗人，完全拒絕與他同桌用餐。為了確保不會發生這種事，他還要求旅館讓他和品生特比其他客人早一小時用餐。午餐時旅館忘了這件事，維根斯坦不肯冒險，就拉著品生特到市區找東西吃，結果找不到。於是，維根斯坦待在房裡吃餅乾，品生特去了飯廳。到了傍晚，品生特發現維根斯坦「對午餐的事還是耿耿於懷」，不過他們晚餐如願提前了一小時，還喝了香檳。維根斯坦這才「稍微開心了些，終於恢復正常了」。

旅遊期間，品生特始終開朗，樂於傾聽。在回程的船上，維根斯坦帶他到輪機室解釋引擎的運轉原理，還提了自己在做的邏輯研究。「我真心覺得他已經發現了很棒的東西。」品生特說道，可惜他在信裡沒有說明那是什麼。

回程途中，品生特說服維根斯坦在伯明罕留宿一晚，造訪他的父母親。他很想讓他們見見維根斯坦。他告訴維根斯坦市政廳有音樂會，成功打動了他。節目單上有布拉姆斯的《安魂曲》、史特勞斯的《莎樂美》、貝多芬第七交響曲和巴哈的經文歌《別害怕》。維根斯坦開心聽了布拉姆斯，但不想聽史特勞斯，因此聽完貝多芬就離席了。晚餐時，品生特要維根斯坦大略說說渡假時教他的數理邏輯，他父親適度表達了欽佩之意。「我想父親還蠻感興趣的，」品生特說，隨即更加肯定地說：「後來聊天時，他顯然和我看法一致，認為維根斯坦真的非常聰明和敏銳。」

對品生特來說，這真是「我人生中最美妙的假期了！」

新奇的國度、完全不用在意支出、各種興奮的體驗——這一切讓這次渡假成為我有生以來最棒的經歷，給我一種近乎神秘而浪漫的感覺。因為最大的浪漫就來自新奇的體驗與環境等等，反正什麼都是新鮮的。

維根斯坦不是這麼感覺的。他記住的是兩人的差別與歧異（可能就是品生特日記提到的那些事）、品生特的偶爾暴怒和「非利士人」習氣，以及「粗人」事件。他後來告訴品生特，他喜歡那次旅行，只因「兩個彼此什麼都不是的人也能做到這件事」。

四、羅素的導師

若轉而檢視有天賦的男人，我們會發現在他們身上，愛往往始於自我折磨、貶低與克制。他們所愛的對象似乎引發了淨化作用，帶來了道德轉變。

——魏寧格，《性與性格》

維根斯坦在焦躁不安之中結束了渡假，回到劍橋，沒隔幾天就和羅素有了第一次嚴重的分歧。維根斯坦不在劍橋的這段期間，羅素在《希柏特期刊》(Hibbert Journal)發表了一篇文章〈論宗教的本質〉。這篇文章來自他放棄的書稿《牢獄》，是奧特琳給他的靈感，主張「沉思的宗教」以「我們生命裡的無限」為對象，但「不以管窺天，而是無所偏頗，有如陰天海上散射的日光遍照一切」：

和有限的生命不同，它無所偏頗，因而能在思想中發現真理，行動中尋得正義，情感裡見到博愛。

這篇文章的神秘主義觀點，有不少後來出現在維根斯坦的《邏輯哲學論》裡，尤其他還在書中提倡史賓諾莎[1]的「擺脫有限的自我」，主張從**永恆的角度**（sub specie aeterni）沉思世界，否定內心的需求——用羅素的話來說，就是「理念應當已在世界中實現了的頑強需求」（可比較《邏輯哲學論》6.41）。然而，這篇文章跟《邏輯哲學論》不同，非但大剌剌闡述了這套神秘主義，用字遣詞更讓「有限」和「無限」這些詞彙變得毫無意義，經不起嚴格的檢視。總之，維根斯坦恨透了這篇文章，回到劍橋沒幾天就衝進羅素的住處，想表達自己的感受，結果打擾了正在寫信給奧特琳的羅素。

> 維根斯坦剛走進來。他被我在《希柏特期刊》發表的論文弄得很痛苦，顯然**憎恨**那篇文章。我得暫時停筆，不能給妳寫信了。

幾天後，羅素詳細說明了維根斯坦情緒激動的原因。「他覺得我背叛了對精確的信仰，還有這種事太私人，不應該出版。」接著又說：「我心裡非常在意，因為我無法完全否認他說得對。」接下來幾天，他仍對維根斯坦的抨擊念念不忘：

> 維根斯坦的批評讓我心煩意亂。他太溫柔，不想對我有壞的印象，結果把自己搞得那麼不開心、那麼受傷。

1　譯註：Benedict de Spinoza，1632-1677。西洋哲學家，亦是近代哲學史中重要的理性主義者，於倫理學、認識論、形上學領域都有重要貢獻。

由於他愈來愈將維根斯坦視為接班人，所以就更在意了。他自己對邏輯分析愈來愈不上心，完成〈何謂邏輯？〉的論文初稿後，他發現自己竟然不想再寫下去，覺得「真想交給維根斯坦去寫算了」。

十月開頭這幾週，摩爾也嚐到了維根斯坦直率批評的威力。那學期維根斯坦選了摩爾的心理學，但他「上得很不開心，」摩爾寫道：「因為我花了許多時間討論沃德[2]的觀點，亦即心理學和自然科學只是視角有別，而非主題不同。」

> 他告訴我課教得糟透了，我應該闡述**我的**想法，而非討論別人的見解，之後他就不再來聽課了。

摩爾寫道：「今年我和他還是繼續去聽羅素的數學基礎，但維[3]傍晚還會去找羅素，待上好幾小時跟他討論邏輯。」其實維根斯坦此時顯然正在經歷魏寧格所謂的自我折磨與道德轉變，因此談論自己的時間跟討論邏輯一樣多。據羅素描述，他會「激動得不發一語，跟野獸一樣在我房裡踱來踱去，三小時不停。」有一回他問：「你是在想邏輯還是自己的罪？」「都有。」維根斯坦答道，然後繼續踱步。

羅素覺得維根斯坦就要精神崩潰了，說他「離自殺不遠，覺得自己很可悲，渾身是罪」，並且似乎將精神耗弱歸咎於自己「不斷將心智繃到極限，專注於困難得令人沮喪的問題」。不只羅素，醫師也這麼認為。維根斯坦因為不時暈眩，以致無法工作，便找了醫師來。醫師說：「完全是神經的問題。」因此，儘管維根斯坦渴望在**道德上**得到醫治，羅素依然堅持他是身體的毛病，建議他吃好一點，出去騎騎馬。奧特琳也寄了可可來。「我會記下用法，」羅素向她保證：「並想辦法讓維用，但我敢說他一定不肯。」

不過，維根斯坦倒是接受羅素的建議去騎馬了。那個學期，他每星期都和品生特僱馬出遊一兩次。品生特形容他們騎得「很溫和」，也就是不含跳躍。他們或是沿著河邊的牽道騎到克萊西瑟（Clay-hithe），或是從特蘭平頓路（Trumpington road）騎到格蘭切斯特（Grandchester）。不過，就算騎馬真的有幫助，維根斯坦的暴怒傾向依然沒有減弱，仍然不時對自己或他人的道德過失勃然大怒。

十一月九日，羅素講好要和維根斯坦散步，卻又覺得應該去看懷德海的兒子諾斯的划船比賽。於是他帶維根斯坦去了河邊，兩人看著諾斯輸掉了比賽。據羅素的講法，他「激動了一下午」，覺得比賽的「刺激和傳統上的重要性」令人難受，尤其諾斯「非常在意輸了比賽」，讓他更是難過。然而，維根斯坦卻覺得整件事**令人作嘔**：

> ……他說這跟鬥牛有什麼兩樣（我也有同感），**全都是**邪惡云云。我很難過諾斯輸了，便耐心和他詳細解釋比賽的必要性。後來我們轉到其他話題，我以為事情過去了，沒想到他忽然站住不動，說我們下午過得太罪惡，根本不值得活，至少他沒有臉活，只有創作偉大作品或欣賞別人的傑作還有點意義，而他一事無成，也永遠成不了大事。他講這話時，力量強得能撂倒人。跟他比起來，我覺得自己就像小綿羊。

2 譯註：指詹姆斯・沃德（James Ward, 1843-1925），英國心理學家、哲學家、劍橋使徒。

3 譯註：摩爾在此也以W稱呼維根斯坦。

幾天後，羅素受夠了。「我昨天告訴維根斯坦他太在意自己了。要是再這樣子，除非我覺得他真的很絕望，否則我一概不聽。現在的他多說無益。」

然而，十一月底，他又被維根斯坦纏著談起了維根斯坦：

我們討論起他的過錯。他為自己的不受歡迎而煩惱，問我為什麼這樣。我們談了很久，對話吃力又激動（他很激動），直到深夜一點半才結束，所以我有點睡眠不足。他很麻煩，但值得我這麼做。他有點太單純了，但我怕自己說得太多讓他改變，反而損害了他的美好品格。

羅素說維根斯坦「有點太單純了」（這可能也是他不受歡迎的原因）是什麼意思，或許能在品生特的日記裡找到端倪。在河邊「激動了一下午」的那個晚上，維根斯坦和品生特去聽了劍橋大學音樂社的演奏會，之後一起返回維根斯坦的住處。先前羅素提過的修士學生法默也來了。品生特說，這個人「維根斯坦很不喜歡，覺得他內心不誠實」。

……（維根斯坦）激動遊說他讀一本關於精確科學的好書，了解什麼才是誠實的思想。對法默來說，這顯然是個好建議，其實對誰都是，但維根斯坦太專橫了，直率說出他對法默的看法，簡直跟教務長一樣！法默充分領教到了。他顯然認為維根斯坦是瘋子。

維根斯坦認定自己不受歡迎，其實並不盡然。那個學期就算他神經質和易怒到了極點，還是交了幾個重要的新朋友，尤其贏得了凱因斯的情誼與敬重。在他往後的人生裡，凱因斯的支持幾乎不曾間斷，是他寶貴的朋友。十月三十一日，羅素讓兩人首次見面，結果「不大成功」，羅素說：「維根斯坦病得太重，沒辦法好好討論事情。」但到十一月十二日，凱因斯卻寫信給畫家鄧肯・葛蘭特（Duncan Grant）說：「維根斯坦這人真是太棒了，而且人好得出奇，我上回見你時說的完全不對，我很喜歡跟他相處。」

凱因斯一言千金，就算斯特雷奇對維根斯坦夠不夠格成為使徒仍有疑慮，也不得不臣服。凱因斯一說維根斯坦是天才，這事就沒什麼好討論的了，問題只剩維根斯坦想不想加入，覺得值不值得花時間跟其他成員定期討論。這對使徒們來說，簡直是新鮮事。「你聽說了嗎？」凱因斯在信中驚訝地對斯特雷奇說：「我們的新弟兄不想加入，理由竟然只是使徒會不是真的使徒。」

羅素雖然不無保留，卻還是努力促成此事。「顯然，」他寫信給凱因斯說：

> 照〔維根斯坦的〕觀點，使徒會只是浪費時間，但從分享互助的觀點去說服他，或許能讓他覺得值得加入。

於是，羅素開始盡可能從「分享互助」的角度替使徒會說話。他告訴維根斯坦，雖然目前加入不會有收穫，但從前這社團很有益處，而未來只要他努力投入，這社團仍有可為。之前提過，羅素對使徒會的反感來自成員偏好「同性」私情，但維根斯坦的疑慮在於他喜歡會裡的**天使**（即本科畢業了的人，尤其是摩爾、羅素和凱因斯），卻強烈憎惡同輩的**弟兄**（即在學生），不曉得自己有沒有辦法定期和他們討論。他討厭他們的不成熟。他告訴凱因斯，聚會時看著他們就像看著一群衣冠不整的人在梳洗。雖然梳洗有其必要，但看了只讓人不舒服。

維根斯坦討厭的「弟兄」是法蘭克・布里斯（Frank Bliss）和弗倫克・貝克什（Ferenc Békássy）。前者出身拉格比公學[4]，來國王學院攻讀古典學，後者是匈牙利貴族，比得萊斯中學[5]畢業，兩人都捲入了羅素反對的私情。尤其是貝克什，據斯特雷奇說，貝克什頭一回參加使徒聚會，就讓凱因斯和傑洛德・夏夫[6]情慾高張，甚至想在壁爐前的地毯上直接「搞他」。然而，維根斯坦不大可能因為這種事而厭惡布、貝兩人，否則很難解釋他為何對凱因斯沒意見。他討厭貝克什可能跟奧地利和匈牙利的對立有關，但布里斯才是他憎惡的對象。「他受不了他。」羅素這麼跟奧特琳說。

於是，維根斯坦滿懷猶豫和疑慮接受了會籍，並於十一月十六日首次參加了週六聚會。會上，摩爾宣讀了一篇論改宗的文章，維根斯坦之後在討論時提了自己的觀點：就他所知，宗教經驗在於擺脫煩慮（即他跟羅素提過的 Sorge）進而擁有不在乎會發生什麼的勇氣，因為沒有什麼**能**發生在有信仰的人身上。聚會結束，斯特雷奇對使徒會的未來充滿信心，新成員的衝突與惡毒（bitchiness）更讓他覺得「格外振奮」。

我們的布里斯弟兄和維根斯坦弟兄下流至極，貝克什弟兄和善不已，使徒會現在可以往前衝向最激進的水域了。我週日晚上順道看望了布〔里斯〕，感覺他和過去的魯珀特〔布魯克〕[7]一樣下流之至。

同一天，他還寫了一封長信給薩克森・席尼特納[8]，提到羅素反對維根斯坦入會的事：

那個可憐的傢伙很沮喪。他滿頭白髮，面容憔悴到極點，看上去就像九十六歲的老人。維根斯坦入會對他打擊很大。他很想獨占他，之前也如其所願，結果卻被凱因斯壞了事。凱因斯堅持要見維根斯坦，一眼就發現對方是天才，非讓他入會不可，其他人（在貝克什的輕微搖擺之後）便也強烈贊同。這個決定事出突然，老羅[9]聽了差點昏過去。他當然想不出反對的理由，只能搬出大道理：使徒會太墮落了，他的奧地利朋友一定會拒絕加入。他拚命抓著這想法不放，甚至都信以為真了，可是一點用也沒有。維根斯坦看來對使徒會沒有任何反感，只是憎惡布里斯，而布里斯也討厭他。我認為使徒會的前景大體是極光明的。貝克什真是討人喜歡，就算愛著布里斯，也努力去愛維根斯坦，我想他們三個應該會處得很好。老羅真的很慘，我很為他難過，但他真的是最搞不清狀況的。

斯特雷奇搞錯了不少地方。羅素無意「獨占」維根斯坦。能不陪他夜以繼夜檢視自己的「罪愆」，羅素高興都來不及。這事已經煩了他一學期了。他對維根斯坦選入使徒會的疑慮，除了他本人對同性戀的反感，主要是他覺得這事會「以災難收場」。在這一點上，他並不如斯特雷奇說的搞不清狀況。

---

4 譯註：原文為Rugby，應指拉格比公學（Rugby School），這是一所位於英國歷史悠久的學校，並以橄欖球聞名。

5 譯註：原文為Bedales，應指比得萊斯中學（Bedales School），一所有名的英國私立中學。

6 譯註：Gerald Shove，1887-1947。英國經濟學家。

7 譯註：Rupert Brooke，1887-1915。英國詩人。曾被葉慈（W. B. Yeats）形容為「英國最俊美的年輕人」。

8 譯註：Saxon Sydney-Turner，1880-1962。前述布盧姆茨伯里藝文圈之一員。

9 譯註：斯特雷奇用Bertie暱稱羅素。

十二月初，斯特雷奇的弟弟詹姆士告訴他：「那個維特吉特人[10]正在退會的邊緣徘徊。」在摩爾的敦促下，斯特雷奇來到劍橋慰留維根斯坦，但就算他和兩人談了好幾次，還是沒能成功。學期末時，羅素對奧特琳說：

維根斯坦退出使徒會了。我認為他做得對，只是出於對使徒會的忠誠，我才沒有事前就這麼說。

羅素又補述幾句，顯示他確實根本無意獨占維根斯坦：

應付他費了我很多力氣。雖然我覺得這麼說很差勁，但想到一段時間不用見他，還真是個解脫。

羅素對綽號老金的古典學者狄更生（Lowes Dickinson）也是這麼說。羅素認為維根斯坦離開使徒會是對的，還說曾勸他打消退會的念頭。「他是摩爾之後我見過最像使徒，也最有能力的人了。」

維根斯坦那個學期從事了哪些研究，現存的史料很少。十月二十五日，品生特提到維根斯坦來找他，說他想到一個新方法，可以解決某個「符號邏輯領域的根本」問題。冰島渡假期間，這個問題讓他大傷腦筋，只想出了一個權宜之計。

他的最新方法跟之前的解法很不一樣，涵蓋更廣，要是證明為可靠，將大幅改寫符號邏輯。他說羅素認為這解法是可靠的，可是不會有人看得懂。但我覺得自己聽懂了（！）那個問題已經困擾羅素和弗雷格幾年了，如果這個解法沒錯，不僅能讓維根斯坦成為首位解決它的人，也會是最巧妙、最有說服力的解答。

從這段話讀不出問題是什麼，也猜不到解法，但很可能跟維根斯坦暑假時對羅素提到的「我們的問題都能回溯到**原子**命題」有關。學期末時，維根斯坦交了一篇論文給道德科學社（the Moral Science Club），或許可以視為那句話的擴充。道德科學社是劍橋大學的哲學社團，維根斯坦在那個學期大量參與討論，並且在摩爾的協助下，說服社團改採新規則，包括任命一名主席，以防止討論陷於空談，以及論文宣讀一律不得超過七分鐘。維根斯坦是新規則下的首批論文發表人之一，十一月二十九日的聚會紀錄寫道：

> 維根斯坦讀了一篇題為〈什麼是哲學？〉的論文，只花了約四分鐘，打破了先前由泰伊先生保持的紀錄，縮短了近兩分鐘。他將哲學定義為所有未經科學證明便預設為真的原始命題。這個定義得到了許多討論，但沒有太多人接受。由於討論非常切題，主席不覺得需要太過干預。

學期結束後，返回維也納前，維根斯坦到耶拿拜訪弗雷格。他告訴羅素，他們倆針對「我們的符號理論」談了很久，「我想他大致理解其中的要點」。據他一月寫給羅素的信件，他那時正在思考「複合問

10 譯註：原文 the Witter-Gitter man，詹姆士對維根斯坦的稱呼

題」，也就是當某一原子命題為真，與之對應的是什麼？例如，若「蘇格拉底會死」為真的原子命題，那與之對應的事實是由兩個「東西」(即「蘇格拉底」和「會死」)組成的「複合」嗎？這個觀點需要接受柏拉圖的主張，假定形式是客觀存在的。世界上不只個體存在，「會死」這類的抽象概念也存在。羅素的類型論當然預設了這一點，但維根斯坦對這個理論愈來愈不滿意。

放假期間，這份不滿意讓他提出了新邏輯論的一個核心理念：「我認為不可能有不同**類型**的東西！」他寫信給羅素道：

> ……任何一個類型論，都能找出一個符號論使它成為多餘。如果我將「蘇格拉底會死」這個命題分析為蘇格拉底、會死和 (Ex,y)el(x,y)[11]，就需要一個類型論證明「會死蘇格拉底」沒有意義，否則只要把「會死」當成專名（像我前面這樣），就沒有理由不能做出這種錯誤的代入。**然而**，現在只要將「蘇格拉底會死」分析為蘇格拉底和 (Ex) x會死，或進一步通則化為 x 和 (Ex) (x)[12]，就不可能發生錯誤代入，因為現在兩個符號本身變成了不同的**種類**。

維根斯坦告訴羅素，他不確定自己對「蘇格拉底會死」的分析是對的，但他非常確定一點：「只要有符號論能證明，**不同種東西**其實是由**不能**彼此代入的不同種符號所表徵，這個符號論就能去除所有的類型論。」

這主張徹底駁斥了羅素的理論，羅素照理應該極力辯駁，至少有力地反問：**少了**類型論，他為數學所設立的邏輯基礎要如何不產生矛盾？但他這時期對邏輯已經幾乎不感興趣，休假期間都在鑽研一個很不同的主題：物質的存在。他十一月時就曾交了一篇論文給道德科學社，重申他先前那篇（預定交給卡地夫大學）論文的論點：「對於物的存在，贊同或反對兩方迄今都未提出好的論證。」並且進而追問：「因此，我們能藉由個人感覺與料[13]來認識符合物理假說的對象嗎？」休假期間，他構思了一套處理這個問題的綱領：

> 物理學將感覺呈現為物理對象的函數。
> 但知識論要求物理對象應該呈現為感覺的函數。
> 因此，我們必須將物理對象的感覺方程式解為感覺的物理對象方程式。
> 就這樣。

「我有把握自己找到了真正有料的東西，」羅素告訴奧特琳：「未來幾年很可能都花在這上面。」這需要「結合物理學、心理學和數理邏輯」，甚至「創立一個全新的科學」。維根斯坦在一九一三年一月的信中對此略顯輕視，「我很難想像你從感覺與料要如何開始。」

於是，到了一九一三年初，羅素和維根斯坦開始分道揚鑣，羅素潛心創造「全新的科學」，維根斯坦專心邏輯分析。羅素這時已經完全準備接受邏輯是維根斯坦的地盤，而不是他的了。

---

11 譯註：(Ex,y) el (x,y) 是邏輯符號，(Ex,y) 表示「存在 x，y」，el 表示「基本命題」（elementary proposition）。

12 譯註：(Ex) (x) 表示「存在 x，使 (x) 成立」，這裡的 (x) 表示某個包含 x 的謂詞。

13 譯註：感覺與料（sense-data）指知覺經驗中我們直接察覺到的東西。

品生特察覺到了兩人關係的轉變。開學前，他提到有一次維根斯坦在他住處：

接著羅素來了，跟我說他改了上課時間，然後就和維根斯坦聊了起來。維根斯坦向他解釋自己在邏輯基本原則上的一個新發現，我猜應該是他今天早上想到的，感覺很重要也很有趣。羅素從頭到尾一聲不吭，默許了他說的東西。

兩週後，維根斯坦判定《數學原理》裡有些較早的證明非常不精確，羅素只淡淡對奧特琳說：「幸好修正證明是他的事，跟我無關。」

兩人的合作結束了。維根斯坦遠不再是羅素的邏輯學生，而是他的老師。

維根斯坦沒能趕上開學，因為他父親癌症纏身兩年多後終於過世了。這樣的結局算是一種解脫。一月二十一日，維根斯坦寫信給羅素：

我親愛的父親昨天下午過世了，離去前沒有絲毫痛苦，睡得像個孩子，我想不出還有比這更美的死了。父親臨終前那幾個小時，我心裡沒有半點哀傷，反而感到莫大的喜悅。我認為能這樣死去，這一生也就值得了。

他一月二十七日才回到劍橋，一抵達就直奔品生特的住處。大約一週後，品生特在日記裡提到一段爭論，點出了羅素和維根斯坦的另一點不同。一九〇七年，羅素曾經代表婦女選舉權黨參選議員。或許因為這件事，加上兩人剛從羅素的課堂上回來，維根斯坦和品生特開始吵起了婦女選舉權。維根斯坦「非常反對此事」：

> ……但除了「他認識的女人都很白痴」之外，並沒有提出什麼特別的理由。他說曼徹斯特大學的女學生整天只會跟教授打情罵俏，讓他深惡痛絕，因為他最討厭半吊子，嫌惡一切不夠真誠至極的東西。

維根斯坦在邏輯方面的研究，顯然對他思考政治議題時的嚴謹沒有幫助。或許正因為他無能（應該說無意）將分析能力用在公眾事務上，才使得羅素批評維根斯坦「恐怕會變得狹隘又野蠻」，並建議他讀點法國散文平衡一下。但這個建議卻引發「一場激烈的辯駁」：

> 他氣急敗壞大聲咆哮，而我只是面帶微笑，讓他更為光火。我們最後談和了，但他還是相當不服氣。我對他說的話，就是妳不怕我會火山爆發時對我說的話，而他爆發的樣子就是我會爆發的模樣！我感覺他缺乏教養，並且因此受苦。音樂對人這麼沒有教化力，實在令人費解。可能音樂太孤高、太激情、離語言太遠。他的好奇心不夠寬，廣泛探索世界的意願不夠強。這不會妨礙他鑽研邏輯，卻會使他永遠只是狹隘的專家，過度鶴立雞群——這是就最高標準來說。

羅素拿自己和奧特琳相比，顯示他發現自己站在推崇綜合而非分析的一方，心裡頗為困擾。但要記得，那時連他的哲學興趣也在朝那個方向移動——遠離「狹隘」的邏輯分析，轉向結合物理學、心理學和數學的更廣闊的綜合。因此，他和維根斯坦的討論成了單向道，令他非常沮喪：

我發覺我不再跟他談論**我的**研究，而只討論他的。一旦不涉及清晰的論證，只有欠缺結論有待商榷的想法，或不夠充分需要對照的觀點，他就幫不上忙。他對待尚在發展中的理論毫不留情，凶狠的程度只有成熟的理論才承受得住。結果就是我變得完全緘默，即使談的是研究。

維根斯坦繼承了羅素在邏輯學的衣缽（他的表現令人很難記得他才二十四歲，還是正在攻讀學士的大學生），因此受邀為《劍橋評論》（Cambridge Review）寫書評，對象是科菲執筆的教科書《邏輯科學》[14]。這是他唯一發表過的書評，也是他第一次留下白紙黑字的哲學意見。他在文中以羅素的立場駁斥了科菲提倡的亞里斯多德邏輯，措辭卻比羅素強硬許多，幾近刻薄：

沒有一門學科能像哲學和邏輯這樣，作者可以完全無視真誠研究的結果，卻絲毫不受懲罰。正是因為如此，科菲先生的《邏輯科學》這樣的書才得以出版。唯有將它當成今日許多邏輯著作的典型，這本書才值得一讀。作者信奉士林哲學家[15]的邏輯學，犯的錯也和他們一模一樣，想當然三句不離亞里斯多德（這些邏輯學家如此頻繁無益地提到他的大名，亞里斯多德要是地下有知，現在這麼多邏輯學家對邏輯的理解還和兩千年前的他一樣，肯定死不瞑目）。他對當代數理邏輯學家的偉大成果毫無所悉，不曉得這些成果對於邏輯的貢獻唯有從占星學到天文學、鍊金術到化學的進展差可比擬。

科菲先生和許多邏輯學家一樣，靠著表達不清得了許多好處。因為看不出他到底想說「對」或「錯」，所以也就很難反駁他。然而，就算他用語如此含糊，還是可以認出許多明顯的重大錯誤。我計畫列出幾個最驚人的錯誤，並建議學習邏輯的人在其他邏輯書裡留意這些錯誤，以及它們的影響。

接著他就列出了一些錯誤，大部分是羅素數理邏輯支持者常指出的傳統（亞里斯多德）邏輯的弱點。例如，傳統邏輯預設所有命題都是主謂句，其實混淆了作為繫詞的「是」（如「蘇格拉底是會死的」）和意味同一性的「是」（如「二加二是四」）等等。「這種書最糟的地方，」他在書評的結尾寫道：「就是讓明智者對學習邏輯產生偏見。」

維根斯坦所謂「明智者」大略是指受過一定邏輯或科學訓練的人，而非受過科菲及多數傳統邏輯學家所受的古典訓練。羅素於前一年十二月便曾在信中對奧特琳表達過同樣的觀點：

> 我認為某一類數學家的哲學才能遠高於大多數哲學研究者。之前受哲學吸引的人多半喜好宏大的普遍原則，但這些原則全是錯的，以致於講求精確的人很少從事哲學研究。我一直想創立一門學

14 譯註：彼得．科菲（Peter Coffey，1876-1943）是一位哲學家，著作《邏輯科學》（The Science of Logic）出版於一九一二年。

15 譯註：原文為 scholastic philosophers，又稱經院哲學家。

派，匯聚所有具備數學心智的哲學家，但不曉得自己能不能做到。我曾經寄望諾頓，但他體格不足。布洛德還不錯，但欠缺根本的原創性，維根斯坦自然是我的理想人選。

前面說過，羅素到了四旬齋學期（春季學期）[16]已經略微變了想法，認為維根斯坦雖然精確，但很狹隘，「廣泛探索世界的意願」**太弱**，對草創階段的理論太要求精確，對「欠缺結論的想法」和「不夠充分的觀點」太缺乏耐心。見到維根斯坦如此死腦筋，或許讓羅素覺得熱愛普遍原則終究不是那麼糟。對維根斯坦而言，邏輯問題就是一切，不是生活的一小塊，而是全部。因此當他在復活節假期時發現自己一時失去了靈感，整個人立刻陷入了絕望。三月二十五日他寫信給羅素，形容自己「完全貧瘠」，懷疑自己還能不能有新想法：

> 我一思考邏輯問題，腦中的想法就一片混沌，凝聚不出任何成果。這樣的感覺是所有半吊子天才的詛咒。就像有人提著燈火帶你走進一條黑暗的長廊，半路卻把燈火熄了，留你一人在長廊上。

「可憐的倒楣人，」羅素就此對奧特琳說：「我完全了解他的感受。擁有創造的衝動是個可怕的詛咒，除非具備足以實現衝動的天賦，莎士比亞或莫札特那樣的天賦。」

「哲學的下一步大躍進」是羅素賦予維根斯坦的責任，對他既是榮耀，也是痛苦的來源。他不僅以徹底嚴肅的態度接下這個棒子，也扛起了護衛羅素數理邏輯的重擔。因此，弗雷格寫信給約丹，說他打算研究無理數理論時，約丹才會藉維根斯坦之名責備他：

你是說你正在寫《算術基本法則》第三卷嗎？想到你或有此意，我和維根斯坦都頗為不安。因為無理數理論似乎要求預先排除矛盾，除非你有嶄新的見解，但在新的基礎上處理無理數，羅素和懷德海已經在《數學原理》裡出色解決這部份了。

據羅素說，維根斯坦休完復活節假期回來，狀況「很嚇人，總是一臉陰沉地來回踱步，有人跟他說話才如夢初醒」。他告訴羅素，邏輯快把他逼瘋了，羅素也有同感：「我認為有可能，便勸他暫時丟開邏輯，做點別的研究。」

沒有資料顯示維根斯坦那陣子做了別的研究，但他倒是意外多了一項娛樂，只是為期很短。四月二十九日，品生特寫道：「我和維根斯坦打了網球。他從來沒打過網球，需要我教他，所以打得很慢！」但一週後：「我到維根斯坦家喝茶，五點動身到『新球場』打網球。他打得很不順，最後不耐煩，打到一半就不打了。」這是網球最後一次出現。

維根斯坦進而覺得自己需要的不是消遣，而是更強的專注。為此，他什麼都願意嘗試，甚至催眠。他請一位羅傑斯醫師替他催眠。「道理是這樣的，」品生特於日記裡寫道：「在催眠的出神狀態下，若人的肌肉有辦法超常使力，那人的心靈又何嘗不可呢？」

16　譯註：四旬齋學期（Lent term），劍橋大學等英國大學稱呼一月至三月的春季學期之名。

因此，維根斯坦進入出神狀態後，羅傑斯問了他幾件事，全是他還沒想透的邏輯問題（尚未有人想透的特定的未定之論）。維希望催眠時自己能想透。這聽起來真是太瘋狂了！維接受催眠兩次，但到第二次見面快結束時，羅傑斯才成功讓他睡著。但他一睡就非常沉，事後花了半小時才完全醒來。維說他全程都有意識，聽得見羅傑斯在講話，但意志與力氣全無，無法理解羅傑斯說什麼，肌肉也無法使力，感覺就跟麻醉了一樣。離開後，他睏了一個小時。總之真的很神奇。

神奇歸神奇，但沒有用。

羅素顯然對此一無所知（他**要是**知道，肯定不會在多次回憶維根斯坦時漏掉這麼精彩的故事）。這時品生特是更受信任的傾訴對象。據說有一次在羅素的碎南瓜聚會上，維根斯坦和品生特「兩人聊到忘了其他人的存在」。品生特可能是**唯**一能讓維根斯坦自在相處，暫時拋開邏輯問題的人。有品生特作陪，維根斯坦發現自己還蠻能享受劍橋大學生常做的消遣：騎馬、打網球，甚至偶爾「在河上瞎玩閒晃」。

……跟維根斯坦去划小船，到上游格蘭切斯特的「果園」吃午餐。維根斯坦起初又是悶悶不樂，但午飯後突然清醒了（他老是這樣）。隨後我們去拜倫潭戲水，雖然沒帶毛巾和泳褲，但好玩極了。

不過，音樂才是兩人最強的連結。品生特在日記裡記述了無數次的劍橋音樂社的演奏會，還有他們倆一起彈奏音樂的時光。維根斯坦會用口哨吹出舒伯特樂曲的聲樂部份，品生特用鋼琴替他伴奏。兩人的音樂品味相同，都喜歡貝多芬、布拉姆斯和莫札特，更鍾愛舒伯特。維根斯坦似乎還想推廣拉博的音樂，品生特提到他曾試著讓劍橋音樂社演出拉博的一首五重奏。此外，兩人都討厭品生特口中的「現代音樂」，因此：

……我們去劍音社[17]，發現林德利在那裡……他和維根斯坦談起現代音樂，兩人吵了起來，爭執的內容很有意思。林德利原本不喜歡現代音樂，但後來墮落了！演奏家最後都是這樣。（一九一二年十一月三十日）

維根斯坦和林德利來喝茶，我們與高采烈談起現代音樂，聊了很久。林德利一個對我們兩個，替現代音樂辯護。（一九一三年二月二十八日）

我跟維根斯坦回到他的住處，不久就有一個叫麥克魯爾的人來了。他是唸音樂的大學生，我們激動大談現代音樂，我和維跟他不同立場。（一九一三年五月二十四日）

諸如此類。維根斯坦貶低的音樂不必**非常**現代，上面提的這些討論，談的可能是荀白克，也可能像是馬勒。就史料來看，除了拉博之外，維根斯坦和品生特從未讚賞過布拉姆斯之後的音樂。

維根斯坦再次邀品生特一起渡假，這回是西班牙，同樣由他出錢。品生特的母親告訴兒子這個邀約

17 譯註：C. U. M. C.，劍橋大學音樂社。

「好得難以拒絕」。兒子好友的慷慨顯然讓品生特的父母大感好奇，便應邀到維根斯坦的住處喝茶。維根斯坦超乎尋常的彬彬有禮對這種場合很有幫助。除了用燒杯喝茶（「因為他覺得普通陶杯太醜了！」）和「維根斯坦有點太執著於主人的角色外，他表現得很好」。

品生特的父母離開之後，維根斯坦就評論起好友的性格來。他說品生特「各方面都很完美」：

……只是他（指維根斯坦）擔心，我只有跟他在一起時才顯得大方。他特地指出，他很怕我除了他之外，對其他朋友都沒這麼慷慨。他說的「大方」不是一般粗淺的含意，而是指同情心之類。

這些話品生特都聽進去了。「他態度很好，說的方式完全不讓人生恨」。但他對維根斯坦的評論並不大贊同。畢竟維根斯坦幾乎不認識他的其他朋友，也不清楚他和朋友間的互動。但他承認自己對待維根斯坦確實不同，畢竟維根斯坦太異於常人（「有一點瘋。」）不得不用別的方式對待。

維根斯坦和品生特的友誼愈來愈濃，跟羅素的關係則是日益緊繃。羅素愈來愈在維根斯坦身上見到自己的缺點，而且放大了許多。他知道自己和維根斯坦相處的感覺，正是別人和他相處的感覺。「他影響我就和我影響妳一樣。」他對奧特琳說道：

看著他怎麼惹惱我，使我沮喪，我就明白自己是怎麼在大大小小的事上惹妳煩躁和灰心。可是我又很愛他、欣賞他。此外，我冷漠時對他的影響，就和妳冷漠時對我的影響一樣。兩相對照起來，真的像得出奇。他和我的差別就如同妳和我的差距。他更專精、更有創造力，也更熱情。我更寬廣、更有同情心，也更理智。我為了對稱所以誇大了對應的程度，但這樣的類比不無道理。

過度強調這份對應可能誤導了羅素，將維根斯坦的缺點視為「邏輯學家典型的」毛病：「他和我有一樣的缺點，隨時都在分析，將事物連根拔起，想搞清楚別人對他的感覺是怎麼回事。我覺得這很累人，而且對別人的感情太麻木。」不過，他舉的例子也可以做另一種解讀：不是維根斯坦太愛分析，而是他自己太淡漠：

昨天午茶到晚餐前的這段時間，我和維根斯坦處得糟透了。他分析起我和他之間到底哪裡出了差錯，我說這只是我們兩人都有點神經質，其實根本沒什麼。他說他不曉得我是講真話還是在客氣，我就生氣了，不想再說什麼。他還是繼續說呀說的，於是我坐到桌前拿起筆開始看書，但他還在講。最後我厲聲說：「你最好克制一點。」他就垂頭喪氣離開了。我們原本約好了晚上去聽演奏會，但他沒有出現，我開始擔心他是不是自殺了，結果（我放下演奏會，但一開始找不到他）他在自己房裡。我向他道歉，說我不該發脾氣，然後平心靜氣提醒他該如何改進自己。

或許羅素必須保持距離，才能避免自己陷得太深。不過，他可以對維根斯坦沒完沒了的自我剖析充耳不聞，卻抵擋不了對方的哲學砲轟。這年夏天，維根斯坦對羅素的哲學生涯產生了致命影響，主要是動搖了他對自己判斷力的信心。三年後他回顧過往，表示：「這是我生命中數一數二的大事……之後我做的每件事都深受影響。」

妳還記得嗎，妳常找維托茲〔奧特琳的醫師〕看診那段時間，我寫了不少知識論的東西，結果被維根斯坦批評得體無完膚……我看出他是對的，也看出自己再也無法在哲學領域從事基礎研究。我的衝動瓦解了，有如海水打在防波堤上碎成了浪花，整個人絕望到極點……當時我**必須**到美國講課，雖然我自始至終深信邏輯才是哲學的基礎，卻選了形上學作為題目，因為維根斯坦讓我相信自己無能處理待解的邏輯問題。於是我依然備課，但內心的哲學衝動並沒有得到真正的滿足，哲學也不再讓我廢寢忘食。在這一點上，維根斯坦對我的影響更勝於戰爭。

這裡提到的「知識論的東西」還在起頭階段，但羅素寄望甚高。這些研究衍生自他之前對物質的討論，而受邀到美國講課也是動力之一。他寫完第一章才讓維根斯坦知道。五月八日，他在信中開心地對奧特琳說：「我文思泉湧，全都在腦中醞釀好了，筆有多快就寫多快。我感覺跟國王一樣開心。」然而，他必須對維根斯坦三緘其口才能保有這份喜悅，這似乎表示他並不如信裡說的那麼確信這麼做有其價值。他彷彿憑直覺就知道，維根斯坦對形上學研究（而非邏輯研究）會有什麼反應。果然，維根斯坦非常反對。「他認為一定又會寫成另一本廉價小說，讓他深惡痛絕。**他**真的是個暴君。」

然而，羅素還是往下寫，五月底之前就寫了六章，顯然會成為一本大書。但打擊還是來了，不僅一舉粉碎了他的熱情，還讓他確信自己再也無法在哲學領域從事基礎研究。有一天在討論時，維根斯坦對他的判斷理論提出了反駁。這反駁乍看無關緊要，羅素有自信可以克服。「他的反駁是對的，但我認為不需要大幅修正我的看法」，羅素對奧特琳說。但才過一週，他就覺得自己所有論點的根本基礎動搖了：

天氣很熱，我們倆火氣都上來了。我把文章裡一個關鍵部份給他看，他說那部份完全不對，沒有意識到問題所在，還說他試了我的觀點，可是行不通。我聽不懂他的意思，事實上他說得很不清楚，但我骨子裡覺得他一定沒錯。我漏了什麼，而他看到了。要是我也有看到，那就無妨，但我沒看到，所以才令人憂心，而且也毀了我寫這些東西的樂趣。我只能繼續照我所見來寫，卻感覺寫出來可能全是錯的。這樣寫下去，維根斯坦肯定覺得我是不老實的無賴。唉，好吧，長江後浪推前浪。我得快點替他開路，否則就會成為人家的包袱了。但此時此刻，我實在很不好受。

羅素即使聽不懂維根斯坦的反對，仍然**覺得**維根斯坦是對的，他缺乏信心的程度可見一斑。「但即便他說得有道理，」他狀似平靜地寫道：「也無損於這本書的價值，因為他的批評總是環繞在我打算交給他解決的問題上。」換句話說，維根斯坦的批評只針對邏輯，跟形上學無關。然而，要是羅素的看法沒錯，所有哲學問題**基本上**都是邏輯的，那維根斯坦的批評怎麼能不減損這本書的價值？後來，維根斯坦將自己的反對意見寫成文字，羅素立刻舉白旗認輸。「聽說我反對你的判斷理論，讓你陷入僵局，我實在很遺憾，」維根斯坦寫道：「我想唯有正確的命題理論才能化解。」但這正是羅素想交給維根斯坦去做的事。他相信這是當務之急，但自己力有未逮，因此再也無法對最根本的哲學做出貢獻。

這件事讓他沮喪得想要自我了結。建構知識論這個大工程，他當初是抱著多大的熱情與希望開始，如今卻被迫捨棄。但他已經講好在美國開講座，因此就算確信自己寫的東西根本不對，還是硬著頭皮繼續準備。「我一定快完蛋了，」他寫信給奧特琳說：「我這輩子從來沒寫過違心之論，現在卻這麼做。我昨天覺得自己可以不用活了。」四個月前，他才說：「我腦袋裡這些想法，換作十年前我早就寫成一本書了，可惜我現在對精確的要求更高了。」這個新的高標準是維根斯坦設的，但羅素現在覺得自己不可能達到了。直到維根斯坦走出他的世界，他才對自己的研究恢復了信心。但即使如此，他仍然覺得必須跟自己說「要是維根斯坦讀到我最近的作品，應該也會喜歡」，他才能稍感放心。

從底下事情可以看見羅素的大度。即使維根斯坦的批評讓他信心大挫，但一九一三年夏末，他聽見維根斯坦**自己的**研究進展順利時，依然雀躍不已，寫信給奧特琳說：「妳一定無法想像我心頭卸下了多大的負擔，讓我開心得像個年輕小伙子。」

維根斯坦認為自己確實有了突破。八月底和品生特在倫敦會面時，他喜不自勝地跟好友分享他的「最新發現」。品生特回憶道，維根斯坦的發現「真的很驚人，徹底解決了他去年一直無法突破的問題」。根據這些發現建構出來的系統「精巧簡單到極點，感覺一切豁然開朗」：

> 的確，他動搖了羅素的許多研究（主要是羅素針對邏輯基礎概念的研究。純數學方面的研究，例如《數學原理》的大部分成果，就不受影響），但要說誰會對此深惡痛絕，那人絕不會是羅素。事實上，羅素的創見之偉大幾乎毫髮無傷，因為維根斯坦顯然以羅素為師，而且受惠良多。不過，維根斯坦的發現真的很驚人，讓我相信混沌的哲學泥淖裡終於冒出一個堅實的邏輯理論，而哲學裡人類有機會確實知道點什麼的領域只有邏輯，形上學等等都受制於完全缺乏與料（說真的，邏輯

就是哲學的全部，其餘籠統名為哲學的東西，不是因為缺乏與料而進展無望的形上學，就是諸如心理學之類的自然科學）。

但儘管維根斯坦顯然已經想出一套徹底顛覆既有哲學的邏輯理論，卻沒有留下文字紀錄，實在令人扼腕。說這套理論讓「一切豁然開朗」、「解決了所有問題」的人，是維根斯坦或品生特，我們無從得知。但幾週後，維根斯坦在給羅素的信裡說：「還有一些**非常**困難（以及非常根本）的問題有待解決。除非找到答案，否則我絕不會動筆。」

品生特和維根斯坦見面，因為兩人約好了一起去西班牙，但見面之後才得知計畫有變。西班牙不去了（原因不明），改成另外三個選項：安道爾[18]、亞速群島[19]或挪威的卑爾根[20]，品生特得選一個。維根斯坦「努力不透露自己的偏好，要我不受影響做選擇」，但他顯然想去挪威，因此品生特便選了挪威（其實他想去亞速爾群島，但維根斯坦害怕船上遇到大批美國遊客，「他會受不了！」）

所以我們要去挪威，而不是西班牙！維根斯坦為什麼最後一刻改變心意，我完全沒概念！但我想去挪威也一樣好玩！

18　譯註：安道爾（Andorra）是位於庇里牛斯山東部，鄰接法國與西班牙的微型國家。
19　譯註：亞速群島（Azores），或譯亞述群島、亞速爾群島。位於葡萄牙外海一三五〇公里處。
20　譯註：卑爾根（Bergen）是挪威第二大城市。

出發前，維根斯坦去了一趟劍橋，向羅素和懷德海說明自己的新進展。據品生特轉述，羅素和懷德海反應熱烈，一致認為《數學原理》的第一卷必須根據新發現來重寫（若是如此，懷德海就是後來變卦了）。也許由維根斯坦重寫前十一章，這真是「他的光榮勝利！」

羅素數理邏輯的未來愈來愈有賴於維根斯坦，至少看來如此，而這份重責大任則讓他變得更加神經質。從赫爾[21]啟航前往克里斯帝安尼亞（現奧斯陸）[22]途中，他的情緒焦慮到極點：

我們啟航不久，維根斯坦就突然大驚失色，說他把旅行皮箱忘在赫爾了，裡面有他的全部手稿……他驚惶的模樣非常嚇人。我正想發電報詢問這件事，皮箱就在某人艙位外的走道上找到了！

到了克里斯帝安尼亞，兩人在那裡過了一晚，預備隔日（九月一日）搭火車前往卑爾根。在旅館裡，維根斯坦顯然想起兩人去年在冰島時偶爾會意見相左，便對品生特說：「我們到目前為止處得棒極了，對吧？」品生特的反應是英國人慣有的保留：「我一直不曉得該如何回應他突如其來的真情流露。我覺得我這回只想輕巧打發他。我真的很不習慣在這類事上展露熱情。」他的寡言狠狠惹惱了維根斯坦，那晚沒再跟他說過半句話。

隔天早上，維根斯坦仍然「極度惱怒和暴躁」。上火車後，他們不得不臨時更換座位，因為維根斯坦堅持不靠近其他乘客：

這時來了一名非常親切的英國人，跟我閒聊一陣之後，堅持邀請我們去他的車廂抽煙，因為我們的車廂禁煙。維完全不肯動，於是我當然只好去了，至少待一小會兒，因為拒絕很不禮貌。我儘快回到維身邊，發現他情緒非常糟。我向他形容那個英國人是怪人，他轉頭說：「其實我可以跟他一起旅行。」我只好跟他把話攤開來，最後總算讓他恢復正常，重拾親切。

品生特補充道：「只要他惱怒一發，我就必須戰戰兢兢，特別包容。他只要極度神經質，就會變得跟《安娜・卡列尼那》裡的列文[23]一樣，情緒一發作就把我想得很壞，事後懊悔不已。」

我很擔心他現在比平常還要神經質，讓我很難避免跟他發生摩擦。在劍橋要避免很容易，因為見面時間不長，但他永遠無法理解，當我們像現在這樣膩在一起，要想避免摩擦簡直難如登天。這一點讓他怎麼也想不透。

火車上這次爭執似乎標誌了兩人關係的轉折。品生特在日記裡從此不再稱他維根斯坦，而是改稱「路德維希」。

21　譯註：赫爾（Hull），英國地名。

22　譯註：挪威首都奧斯陸（Oslo），於一九二五年前舊稱為克里斯帝安尼亞（Christiania）。

23　譯註：《安娜・卡列尼那》（Anna Karenina，1877）是俄國文豪托爾斯泰的作品，寫實主義小說經典。列文（Levin）是書中兩位主角之一，個性單純而認真、排斥虛偽，具有理想主義精。一般認為這個虛構角色有托爾斯泰強烈的自我投射。

一到卑爾根，他們就去遊客中心詢問，哪裡有維根斯坦想要的那種地方：怡人的鄉間，峽灣邊，小旅館，而且完全沒遊客。換句話說，一個他能不受打擾，專心思索邏輯的地方。事到如今應該很明顯了，這就是維根斯坦最後一刻改變主意的原因。他在卑爾根的旅館時就已經開始工作。「工作時，」品生特寫道：「他不停喃喃自語，英德文夾雜，並且一直在房裡來回踱步。」

遊客中心替他們找到了一個完美的地方：哈當厄峽灣[24]邊一個叫埃斯德敘（Öistesjo）的小鎮上的一間小旅館。旅館裡有十二名房客，就他們兩個外國遊客，其餘都是挪威人。兩人一到旅館就去附近繞了繞，品生特很喜歡拍照，因此帶著相機，結果「又讓路德維希生悶氣了」。

> 我們本來好好的，後來我停下來拍照，拍完再追上他，他就不說話了，一臉悶悶不樂。我們一言不發走了半小時，我終於問他怎麼回事。看來是我太愛拍照讓他非常反感，說我就像「散步時腦袋空空，只想著怎麼把這片地方變成高爾夫球場的人」。我跟他就這事談了很久，最後總算又和好了。他現在真的非常神經質。晚上時他強烈自責，自我嫌惡到極點，讓人看了於心不忍。

品生特接著做了一個很傳神的比喻：「不誇張地說，他神經質的程度就和貝多芬一樣糟。」諷刺的是，他可能不曉得維根斯坦認為貝多芬**正是**「有為者應若是」的典範。

這事之後，品生特開始小心翼翼不去觸犯或惹惱維根斯坦，直到旅程結束都沒有再發生過衝突。他們的作息很快便完全照著維根斯坦的意思走：早上工作，午後散步或坐船，接著繼續工作，晚上打西洋骨牌。品生特覺得很無趣，「只差沒到無聊而已」。這裡荒郊野外，其他旅客在他們抵達後不久就走了，完全不像冰島騎馬旅行那麼新鮮浪漫，逼得他只能在日記裡描述空蕩蕩旅館裡勉強找到的一點娛樂，一次次重述他們怎麼想盡辦法捅掉旅館屋頂上發現的黃蜂窩。

然而，對維根斯坦來說，一切都完美極了。他心滿意足地寫信給羅素：

我坐在美麗峽灣邊的一個小地方，思索那惱人的類型論……品生特在這裡對我是莫大的慰藉。我們僱了一艘小船，乘著它遊歷峽灣。應該說只有品生特在駕船，我始終坐在船艙裡工作。

有一個問題困擾著他：

我會生出什麼來嗎⁈!沒有的話就慘了，所有功夫都付諸流水。但我並沒有喪失勇氣，而是繼續思考……我最近常有一種難以形容的感覺，覺得自己的研究終將完全失敗，但我仍然抱著一絲希望。

一如既往，維根斯坦的情緒始終隨著思考進展而起伏。於是，在他沮喪時鼓舞他，就成了品生特的工作。比方說，我們在他九月十七日的日記裡讀到：

整個上午和大半個下午，路德維希都非常鬱悶，難以親近，一直埋頭思索著邏輯問題……我好

---

24 譯註：哈當厄峽灣（Hardanger fjorden）位於卑爾根南面，是世界第四長的峽灣，也是挪威第二長的峽灣。

不容易讓他振作起來，心情回復正常——喝完茶後，我們一起出門散步，因為天氣很好。我和他聊了起來，發現他心情會那麼低落，似乎是類型論某個大難題解不開，而他一直窮擔心，深怕自己還來不及搞定類型論就先死了，來不及將他其餘的成果以世人能懂的方式寫下來，對邏輯科學做出貢獻。他已經寫了不少，羅素也承諾若他死了會替他出版，但他仍然堅信自己寫的東西表達得不夠好，還不能徹底淺白地闡明他真正的思考方法等等——而他的思考方法當然比他做出的明確結論更有價值。他之前一直說自己活不過四年，今天卻改口變成兩個月了。

維根斯坦覺得自己可能來不及發表成果就死了，這種感覺在挪威之行的最後一週變得更加強烈，讓他急忙寫了一封信給羅素，問羅素能不能見他：「**愈快愈好**，並給我充裕的時間，讓我說明我到目前為止完成的一切，甚至讓我**當場**寫份筆記給你。」這就是《邏輯筆錄》(Notes on Logic)的由來，維根斯坦思想留存下來最早的紀錄。

心急如焚之下，維根斯坦覺得他會早死的念頭從**可能**變成了**確信**，使得他說什麼或做什麼都深受影響。他告訴品生特他**不怕**死，但「唯恐自己浪費了生命僅剩的短暫時光」。

這全出於他瘋狂地相信自己就快死了，執著到徹底病態的程度——我實在看不出什麼明顯的症狀，讓他沒辦法再活很久，但想用道理說服他放下執念，別再為此煩惱是不可能的。他阻止不了自己不去相信或擔心，因為他瘋了。

除此之外，他還擔心自己的邏輯研究成果到頭只是一場空，那麼「他因為神經質把自己搞得這麼悲慘，給別人那麼多麻煩，不就毫無意義了？」

品生特似乎具有通天的本領，很能振作維根斯坦的心情，在拖垮人的焦慮襲來時鼓勵他、安撫他，陪他打西洋骨牌、乘船出遊，更重要的或許是一起彈奏音樂。兩人這趟旅行將舒伯特的四十多首樂曲編成一套曲目，維根斯坦用口哨吹旋律，品生特伴奏。

不難想見，兩人對這次渡假感受截然不同。維根斯坦說他從來沒度過這麼愉快的假期，品生特的感覺平淡許多。「我自個兒是蠻開心的……但路德維希現在這麼神經質，跟他獨處有時真的很挑戰。」十月二日回程途中，他在日記裡發誓以後再也不跟維根斯坦出遊。

假期結束前，維根斯坦「忽然宣佈了一個駭人的計畫」：

就是他要流放自己，遠離所有認識的親友故舊生活幾年，例如在挪威。他要徹底隱匿起來，獨自一人離群索居，除了研究邏輯什麼都不做。我覺得他的理由荒誕不經，但他顯然覺得很切實。首先，他覺得在那樣的地方，他做出的研究肯定比在劍橋多出百倍，水準也好過百倍。劍橋有太多事物（例如演奏會）會打斷他，讓他分心，嚴重阻礙他的進展。其次，他覺得自己無權活在如此不同情他（同情的人當然很少）的世界裡。他發現自己在這世界總是輕蔑他人，卻沒資格（例如是個真正偉大的人，並且做出真正偉大的事）輕蔑，而他人總是被他的神經質所激怒。

這個說法有一部分很耳熟：如果他行為舉止像貝多芬，那麼應該也像貝多芬一樣寫出偉大的作品。跟之前不同的是，他相信在劍橋不可能做到。

話雖如此，但維根斯坦並未下定決心，仍然繼續為自己先前答應在倫敦工人學院開設的哲學課做準備，直到回程途經紐卡斯爾[25]時才塵埃落定。因為他收到葛蕾塔來信，說她和她的美國丈夫傑若米·史東巴羅（Jerome Stonborough）打算搬到倫敦。這似乎讓他拿定了主意。維根斯坦告訴品生特說，要是姊姊和姊夫隨時可能來找他，他就無法忍受住在英格蘭。

品生特原本覺得維根斯坦去挪威做邏輯很荒謬，但維根斯坦連他也說服了，讓他相信他終究**該去**，因為「他已經解決了不少難題，但仍有一些問題懸而未決」，而且「他研究的主題有個大麻煩，就是唯有徹底解決所有基礎問題，他做的一切才有價值」。因此，他「不是做出真正偉大的成果，就是徹底一場空」。

雖然這個說法跟葛蕾塔夫婦定居英格蘭毫無關聯，也沒有解釋維根斯坦為何需要獨居，而且跟品生特自己一週前才認可的觀點（維根斯坦的研究**方法**比研究**成果**更有價值）大相逕庭，但他似乎被說動了。事實上，魏寧格曾經提出一個極端的二分，人不是偉大就是無物，而維根斯坦的說法似乎就是這個二分的翻版。不過這套說法要能當成離開劍橋的理由，或許還得加上魏寧格的另兩個主張：愛通向偉大，而性慾是偉大之敵。「身體親近會加強性吸引力，但愛唯有愛人不在才最熾烈。愛**需要**分離，需要保持距離才能維繫。」

因此，唯有離開所愛之人，才能企及偉大。

25 譯註：紐卡斯爾（Newcastle），又名新堡，英國地名。

五、挪威

不難想見，羅素覺得維根斯坦瘋了、精神錯亂，才會想去挪威獨居兩年。他提出各種反對意見，想說服維根斯坦打消念頭，卻都被當成了耳邊風：

> 我說那裡天色昏暗，他說他討厭日光。我說那裡很孤單，他說跟人講話等於濫用心智。我說他瘋了，他說神讓他不必神智健全（神顯然會這麼做）。

維根斯坦和羅素都認為他應該先寫下目前的研究成果，然後再去卑爾根。對維根斯坦來說，這是因為他確信自己只剩幾年（甚至幾個月）可活，而羅素則是希望赴美擔任講座時能引用維根斯坦的發現，而且他也覺得現在不做，之後或許就來不及了（他強烈感覺維根斯坦隻身待在挪威會徹底發瘋，甚至自殺）。

問題是維根斯坦的（套用羅素的說法）「藝術良知」作祟，沒找到完美的表達形式之前不想發表自己的研究，但由於還找不到，便什麼也不想寫，只想用說的解釋給羅素聽。羅素認為維根斯坦的發現「和過往的邏輯研究相比毫不遜色」，但他極力跟上維根斯坦的解釋，還是覺得太過精妙，怎麼也記不住，只好求維根斯坦寫下來：

> 他嘀咕了好一陣子之後，說他做不到。我狠狠罵了他，兩人大吵一架，最後他說他會把我認為有價值的部份說完、寫下來，於是我們便那麼做了，效果很不錯，只不過兩人都精疲力竭，而且進展很慢。

但羅素沒有放棄，只因為他決心「將維的想法用鉗子拽出來，就算他痛得尖叫也不管」。最後，他總算弄到了維根斯坦思想的文字紀錄。約丹的秘書來他住處借書，羅素要他用速記抄下他和維根斯坦的對話。羅素問，維根斯坦答。幾天後，維根斯坦到伯明罕跟品生特道別時又講了一些，留下了打字稿。速記和打字稿一起構成了維根斯坦第一個哲學作品：《邏輯筆錄》。

那年夏天，他曾告訴羅素「只要找到恰當的符號論，就能去除」類型論。《邏輯筆錄》可以說是這個主張的延伸，也是朝此目標邁進的初步嘗試。就其細節以及對羅素的批評來說，這本書確實非常精妙，但它的基本想法卻簡單得令人錯愕，亦即「A和A是同一個字母」（約丹的秘書聽到這句話時，忍不住評論道：「本來就是這樣。」）這個想當然耳的真理區分了「顯示」與「言說」，而這個區分正是《邏輯哲學論》的核心。維根斯坦的想法（這時還是雛型）是，類型論說的東西無法**言說**，必須以符號論來**顯示**（亦即我們能**看出**A和A是同一個字母，和B是同一**類**字母，和x、y、z是不同類的字母。）

除了這個符號論的雛形，《邏輯筆錄》還包含一系列對哲學的談論，明確地呈現出維根斯坦對哲學的看法，且絕大多數看法他終其一生都沒有改變：

哲學沒有演繹：**哲學**純粹是描述。
哲學不提供現實〔reality〕的圖像。
哲學既不確證、也不反駁科學研究。
哲學由邏輯和形上學構成：邏輯是其根基。
認識論是心理學的哲學。
不信任語法，是做哲學的第一要務。

十月八日，維根斯坦告別品生特，離開了伯明罕。「真難過他離開了，」品生特寫道：

……但他明年夏天可能會來英格蘭稍作停留（之前他會一直待在挪威，之後也會回去）我或許能再見到他。我們的相處雖然亂了套，但我打心底感激，我敢說他也一樣。

然而，隔年夏天戰爭爆發，兩人再也沒有見面。

一九一三年，維根斯坦需要（或覺得需要）獨處，也找到了一個好地方：卑爾根北方松恩峽灣[1]旁

1 譯註：松恩峽灣（Sognefjord）為挪威第一長、世界第二長的峽灣，位於挪威西部。

一個名叫斯寇爾登（Skjolden）的村子。他寄宿在郵局經理漢斯・克林恩柏格（Hans Klingenberg）家。「這裡幾乎碰不到人，」他寫信給羅素說：「讓我的挪威語進步很慢。」這兩點都不全對。他其實結交了幾位村民朋友，除了克林恩柏格一家，還有木箱廠老闆哈瓦德・德拉格尼（Halvard Draegni）、農婦安娜・瑞布尼（Anna Rebni）和十三歲的學生艾恩納・伯斯塔德（Arne Bolstad）。他的挪威語也進步神速，不到一年就能用挪威語和這些朋友通信。的確，他信裡寫的挪威文既不複雜，也不高深，但這主要出於友誼的特質，而不是他挪威語欠佳。事實上這種風格正是他喜歡的，簡單、直接而扼要，通常像這樣：「親愛的路德維希，你好嗎？我們常常想到你。」

因此，維根斯坦並未完全離群索居，但他確實遠離了**社會**，這或許才是最重要的一點。他擺脫了劍橋和維也納的布爾喬亞生活，以及那種生活強加於他的義務與期待。他對布爾喬亞生活的恐懼，除了人際關係的膚淺，還來自面對這種生活時他的本性帶給**他**的內心衝突。一方面需要抵抗，一方面又需要順服，這樣的衝突讓他難以承受。

在斯寇爾登他可以遠離衝突，能做自己而不用擔心惹惱或觸怒他人。這對維根斯坦是巨大的解脫，可以完全專注於自己，或不如說專注於邏輯——在他看來，這兩者其實是同一回事。這一點，加上鄉間的美非常適合長途獨自散步，既能放鬆又能沉思，讓他怡然自得，更為他的思考提供了完美的環境。這可能是他一生中唯一一次如此確定，自己在正確的地方做著正確的事，而斯寇爾登這一年也可能是他此生最多產的時光。多年後，他常回顧這段歲月，覺得自己生出了完全原創的思想，甚至「孕育了思考的新浪潮」。他總是說：「我**那時**心智火燙。」

才到斯寇爾登幾週，他就寫信告訴羅素自己有了新的重要想法，這些想法將帶來驚人的結果，讓

「整個邏輯只由一個P.P.〔按：原始命題〕就能導出！」

羅素當時正竭力消化《邏輯筆錄》，替自己在哈佛大學的講座做準備。他在後來出版的講座集前言寫道：

這次講座只會簡略提到純邏輯，不過內容得力於我好友維根斯坦先生發現甚多。這些發現雖然尚未發表，但極為重要。

然而，筆錄裡有些要點他還是搞不懂，便寫信問了維根斯坦一堆問題，希望他能指點迷津。維根斯坦答得相當簡略，但大多數都很有幫助。但他滿腦子都是新的想法，實在不覺得老在舊地方打轉很有趣。「你要我說明一般不可定義項（general indefinables）？喔，天哪！**太**無聊了!!!改天吧！」

真的——如果你一直沒有搞懂，我**會**寫信跟你解釋（因為我覺得手稿裡已經寫得很清楚了。）但我現在被同一性〔identity〕的問題搞得**好**煩，實在沒辦法跟你閒聊。我心裡不斷冒出各種新的邏輯想法，只是現在還不能談。

處於智性創造的頂峰令他興奮，卻也使得解釋自己先前的發現格外惱人。他認為那些發現都搞清楚了，並且得到確證，不值得多講。他十一月寫了一封信，試著解釋他為何認為整個邏輯必須由單一原始命題導出。但羅素還是不懂，他的耐心就用完了：

我求你自己想。我之前把解釋寫出來就已經**厭惡至極**，絕對**無法忍受**再寫一次。

儘管如此，他還是試著說明得更清楚一點。他之所以如此主張，是因為他確信只要找到正確的方法列出命題真值的所有可能，就能判斷一個**邏輯**命題的真假，無須知道構成該命題的各部份的真假。因此，「要嘛在下雨，要嘛沒下雨」是真的，無論「在下雨」是真是假。同理，我們無須知道天氣如何，也能判斷「此時既在下雨又沒下雨」絕對為假。這類陳述都是**邏輯**命題，第一個是重言（tautology），永遠為真，第二個是矛盾，永遠為假。現在，給定任何命題，只要我們有方法判斷它是重言或矛盾或兩者皆非，就有一條規則可以判斷**所有**邏輯命題的真假。將這一條規則表達成命題，就能證明整個邏輯是從單一（原始）命題導出的。

這個論證要能成立，必須接受所有邏輯命題都是重言式。這就是為什麼維根斯坦寫信給羅素，劈頭就是一句有如神諭的話：

所有邏輯命題都是通則化的重言，所有通則化的重言都是邏輯命題，除此外沒有別的邏輯命題（我認為定是如此）。

「但有一個大問題，」他告訴羅素：「就是如何建立一套符號系統，以確保所有重言都能以**同一種方式**辨認出來？這是邏輯的根本問題！」

維根斯坦後來用所謂的真值表方法（大學修邏輯課的學生都知道這是什麼）處理這個問題。但在他寫信時，有如樂曲般**漸強的**亢奮過去了。隨著耶誕節的接近，怡然自得被抑鬱所取代，維根斯坦再度陷入病態的執念，覺得他將不久於人世，有生之年什麼也發表不了。「我死後，」他去信要求羅素：「你一定要親自監督我的手記付印，一頁都不能少。」

他在信末寫道：「我常覺得自己快要瘋了。」其實都是瘋狂，只是方向不一樣：從頭幾個月的狂喜轉為耶誕節來臨時的沮喪，因為屆時「我**不幸**得去維也納」，而且非去不可——

> 其實，我母親很希望我回去，非常想。要是我不去她會難過得發脾氣。她對去年此時的記憶太糟了，我不忍心賴在外面。

然而，維根斯坦「一想到回家我就害怕。」唯一安慰的是他不用停留太久，很快就能返回斯寇爾登。「在這裡獨居帶給我無盡的好處，我覺得自己現在無法忍受和人群相處。」動身前一週他寫道：「我每天就在鑽研邏輯、吹口哨、散步和沮喪中度過。」

> 我向上帝許願，希望自己更聰明，最終能搞清楚一切，不然就別讓我活太久！

不是徹底明晰，就是死亡，沒有第三條路。如果不能解決「**整個**邏輯體系最根本的問題」，他就沒有資格（至少沒有意願）活著，沒有妥協的餘地。

答應耶誕節回家就是在妥協，為了滿足他自覺對母親的責任而違背己願，而回家只會有更多妥協。他好不容易才灌注在邏輯裡的精力，又將在緊繃的人際關係裡消耗殆盡，必須將真正關注的事情掃到地毯底下，在母親和家人面前扮演盡責的乖兒子。最慘的是，他無力也無決心不這麼做。他**不敢**冒險做出讓母親難過生氣的事。這個感受讓他陷入迷惘而動彈不得。他被迫承認一件事，就算他在邏輯裡無比接近徹底地、不妥協地明晰，他在自己和自己的人生裡卻離明晰無比遙遠。他不停在反抗和順從、激動和漠然間拉扯。「然而，」他告訴羅素：

> ……我內心深處宛如溫泉的底部，始終有一股熱流。我一直希望這股熱流能一次徹底爆發，將我變成不同的人。

處在這種狀態，他當然做不了邏輯研究。但維根斯坦在煎熬之中，不也正在對付另一組同樣重要，而且相關的問題嗎?「邏輯和道德，」魏寧格寫道：「基本上並無二致，無非是人對自己的責任。」維根斯坦寫信給羅素，在信裡應和了這個觀點，但他根據兩人在劍橋的談話，知道羅素不大可能認同他：

> 你可能覺得這種自我探索是浪費時間，但我怎麼能不先是一個人，然後才是邏輯學家！**最**最重要的是我該怎麼清算自己！

跟邏輯一樣，這種自我探索唯有獨處才能做到最好，因此他儘快回了挪威。他在信裡告訴羅素：「**很遺憾**，關於邏輯，我這回還是沒有新想法給你。」

多虧了我的維也納「假期」，過去幾週我過得很糟，每天輪流受到沮喪和恐怖的焦慣折磨，即使稍有喘息，整個人也是精疲力竭，完全提不起工作的念頭。那種精神折磨可怕到筆墨無法形容。直到兩天前，我才在地獄的哀號之外聽見理智的聲音，再次開始工作。**也許**我會好轉，做出一點像樣的成果，但我之前**從不**曉得感覺自己離瘋癲只有**一步**是這種感受。讓我們期望最好的結果吧！

回到挪威，維根斯坦決定一勞永逸，擺脫生命中所有卑劣的妥協，而且像是打人不成、打狗出氣似地，竟然先拿羅素開刀。他第一刀還算客氣，迂迴婉轉批評了羅素的妥協性格：

衷**心**祝福你在美國講座順利！也許它能讓你更有機會分享你的**思想**，而不**僅僅是**修剪過的乾枯成果。對聽眾來說，**這**才是他們所能想像最有價值的東西。去了解真正有價值的是**思想**，而非修剪過的乾枯成果。

羅素幾乎措手不及。他後來告訴奧特琳自己的回信「太過尖銳」。我們不曉得他到底說了什麼，但可以合理推測他對維根斯坦的刺耳評論感到不耐，同時（一如以往）批評了維根斯坦的完美主義，並且為自己辯護，願意出版未臻完善的作品並沒有錯。

不管他說了什麼，都是壓垮駱駝的最後一根稻草，讓（處於當時心境下的）維根斯坦相信自己該和羅素徹底決裂了。他寫信給羅素，顯然視之為告別信，說自己對他們倆的關係想了很久，最後「得出結論，我們實在不適合對方」：

這麼說**不是想責怪誰**，對你對我都是，只是陳述事實。我們聊到某些話題，總是談得很不愉快；不愉快不是因為哪一方脾氣不好，而是我們的性格相差太遠。我真心希望你別認為我有責怪你的意思，也不要覺得我想對你說教。我只是想把我們的關係說清楚，**以便做出結論**。我們上回起爭執，也絕不是因為你太敏感或我太不知體諒，而是源自更深的差異。從我信裡，你一定能看出我們的觀念完全不同，科學研究的價值就是其中之一。當然，是我太遲鈍，才會在信裡長篇大論探討那個問題。我本該告訴自己，這麼根本的差異不可能靠一封信化解。這樣的例子**很多**，這只是其中之一。

維根斯坦承認，羅素的價值判斷跟他一樣好、一樣根深蒂固，但正因如此，兩人不可能有**真正的**友誼：

我這一生都會全心全意感激你，忠誠於你，但我不會再給你寫信，你也不會再見到我。現在我既然再次與你和解，我便想**和平地**跟你分開，這樣我們就不會再有機會惹惱對方，最後反目成仇。我衷心祝福你一切都好，求你別忘了我，並常常**懷著友好的感情**想起我。再見！

你**永遠的**

路德維希·維根斯坦

羅素將信拿給奧特琳看，對她說：「我敢說他過一陣子就會改變心意了。我發現自己在意不是為了他，而是為了邏輯，如此而已。」不過，「我確實在意得看不下去。是我的錯，我對他太尖銳了。」

羅素不僅回了信，而且軟化了維根斯坦不再寫信給他的決心。維根斯坦三月三日寫信給羅素，說他的回信「是**那麼**和善、**那麼**友好，我覺得自己**無權**置之不理，毫無回應」。儘管如此，維根斯坦對自己的主要觀點還是很堅持：「我們的爭執**不只**出於外在的理由，例如神經質或太疲累，而是**非常**根深蒂固的，至少我這方是如此。」

> 你說我們**本身**沒有那麼不同，或許沒錯，但我們的**理想**就不是那麼相近了。正是因為如此，我們始終無法談論，也**不該再**談論價值判斷的事，否而只會流於虛偽或不歡而散。我認為這很明顯，**無可爭辯**，我很久以前就注意到了。這讓我非常惶恐，因為它玷污了我和你的關係。我們像是並肩站在沼澤裡。

他們倆如果還要維持關係，就必須建立在其他的基礎上，讓「兩人都能徹底坦誠而不會傷害對方」。但是由於雙方的理想根本無法調和，因此沒有這種可能。兩人要避免虛偽和爭執，**只能**「將關係侷限於交流客觀確立的事實，頂多還能提一點對彼此的好感」。

> 你可能會說，我們之前不是處得不錯，何不繼續下去呢？但我**實在**受夠了，不想再繼續這沒完

沒了的卑劣妥協。我的人生到今天是一團糟，難道真要永無止盡地繼續下去嗎？

因此，維根斯坦提了一個建議，他認為可以讓兩人的關係「在更真實的基礎上」繼續下去：

讓我們寫信給對方，談工作或健康等等都行，但就是不要討論任何的價值判斷。

維根斯坦從此一直奉行這一點。他寫信給羅素依然署名「你忠實的朋友」，並在信裡談論工作進展，描述自己的健康，但之前那種讓他們可以談論「音樂、道德和一堆邏輯之外的事情」的親密感消失了。而智性上的同感雖然在**這次的**決裂中倖免於難，卻在第一次世界大戰爆發後也隨之瓦解了。因為大戰改變了他們倆，進而加深、加重了他們本性的差異。

正如維根斯坦在信中一再強調的，他和羅素的差異已經讓兩人的友誼緊張了一年有餘，而羅素完全搞錯方向，以為問題出在兩人**很相似**。就連他們的哲學討論，也早在維根斯坦去挪威之前就失去了合作的性質。其實，維根斯坦在劍橋的最後一年根本沒有真正和羅素討論過自己的想法，只是報告給對方聽，算是給了一份邏輯簡報。早在前一年的十一月，維根斯坦寫信敦請摩爾來挪威時，就已經表明劍橋沒人能和他討論他的研究，沒有「尚未腐化又對這個主題**真正**感興趣的人」存在。

就連羅素，以他那個年紀算是絕頂活躍的心靈，也不再適合**這件事**了。

維根斯坦先是切斷羅素的關係，隨後維持不大親近的往來，於是對摩爾就更殷殷相盼了。對於預定的挪威行，摩爾有些勉強，可能後悔自己竟然答應了。但維根斯坦不容對方拒絕，「**你務必學期一結束就過來**。」他於二月十八日寫道：

我很企盼你的到來，期望得無法形容！邏輯（Logik）和其他事情把我煩死了，但我希望自己能活到你來，否則就沒辦法跟你**多談**了。

這裡提到的「邏輯」可能是他正在寫的一份稿子，打算先給摩爾看，再用來申請學士學位。三月他寫道：「我**認為**邏輯就算還沒完成，也差不多了。」雖然摩爾這時找了一個新藉口，說他得待在劍橋寫論文，但維根斯坦毫不接受：

你到底為什麼不能來**這裡**寫呢？我會替你備好**起居室**，不僅窗景美不勝收，而且**完全不受人打擾**，你自個兒想待多久就待多久（**必要的話，一整天也行**）。與此同時，我們想見面又隨時**見得到**，甚至能討論你的研究（**可能**很有趣）。還是你真的需要那麼多書？你知道，我自己也有**很多事**要做，所以一點都不會妨礙你。請你**務必**搭上十七日從紐卡斯爾出發的船，十九日抵達卑爾根，來這裡繼續你的研究（我甚至能幫上一點忙，防止你論文裡有太多重複）。

儘管旅途艱苦，和維根斯坦獨處更令人心生畏懼，但摩爾最終還是摁下了心中的不情願，同意前往。他三月二十四日動身，兩天後在卑爾根見到了維根斯坦。他在挪威停留了兩週，每晚都進行「討論」——維根斯坦說、摩爾聽。（摩爾在日記裡抱怨道：「就**他**在討論。」）

四月一日，維根斯坦開始向摩爾摘述自己的邏輯見解。無論這些摘要是《邏輯》的全部或部份內容，至少應該是核心部份。摘要明確主張**說出**和**顯示**是不同的。一年前維根斯坦向羅素口述自己的發現時，這一點還沒有說得很明白，但這一回他開頭就說：

> 邏輯的所謂命題**顯示**語言的邏輯性質，因而顯示宇宙的邏輯性質，但什麼都沒有**說出**。

維根斯坦之前告訴羅素，必須建立一套符號論讓類型論成為多餘，而他認為區分說出和顯示能做到這一點。這份摘要便是他勾勒出的大要。宇宙存在著不同類型的東西（對象、事實和關係等等），但這件事無法**言說**，只能藉由「存在著不同類型的符號」來**顯示**，並且這些不同類型的符號一眼就能**看出**其差別。

維根斯坦認為比起之前口述給羅素的筆記，這份摘要前進了一大步，並且是他對這議題的最終定論，至少暫時如此。他寫信敦促羅素閱讀摩爾的筆記。「我再次陷入了枯竭狀態，既不能做新的研究，也無法解釋之前的見解。」

> 不過，摩爾在我這裡時，我已經跟他**詳細**解釋過了，他也做了不少筆記，你可以從他那裡盡量

發掘。當中許多見解都是新的。想徹底了解，最好的方法就是親自讀摩爾的筆記。我可能得過一陣子才能再生出新的想法了。

摩爾回到劍橋後，便照維根斯坦的請託，詢問《邏輯》能否當作學士論文。他去請教維根斯坦在三一學院的助教弗萊徹（W. M. Fletcher），弗萊徹表示根據相關規定，這樣的摘要不符規格。論文除了要有序言，還需要註明資料來源，並指出論文裡哪些部份是原創，哪些參考了他人的研究成果。

於是，摩爾寫信給維根斯坦說明情況。維根斯坦勃然大怒，他的研究能讓「哲學邁一大步」，竟然沒資格拿到學士學位？而且只是因為缺了論文裡的枝微末節？這完全超過了底限。明珠暗投已經夠糟了，對方竟然認為不值一睬，這簡直無法忍受。五月七日，按耐不住情緒的維根斯坦寫了一封諷刺滿滿的信給摩爾，不僅斬斷了他和摩爾的友誼，也暫時葬送了他取得劍橋學位的希望：

親愛的摩爾：

你的信讓我惱火。**我寫《邏輯》時沒有查規定**，因此我想須學位給我應該也不用查規定才對！至於序言和註釋，我想審查委員應該一眼就看出我的論點幾乎都是抄鮑桑葵[2]的。如果**連一些愚蠢的細節**我都不值得你為我破例，那我活該下地獄；但若我**值得**破例，你卻不肯做，那老天有眼，**你**就下地獄吧。

2 譯註：Bernard Bosanquet，1848-1932。英國哲學家、政治理論家，並參與社會改革等。

這件事實在太蠢、太可惡，實在寫不下去了，所以——

路・維

維根斯坦痛責摩爾根本站不住腳。規定不是他立的，執行也不關他的事，他只是告知維根斯坦摘要還少了什麼。而且他沒遇過這樣的回信方式，信裡的口氣讓他大受打擊，不公平的指控更令他深感震驚，甚至導致身體不適。從他五月十一日至十五日的日記看來，這封信在他心裡餘波盪漾了好幾天。他沒有回信。

將近兩個月後的七月三日，摩爾又收到維根斯坦的來信，是維根斯坦從挪威前往維也納過夏天之前寫的。信裡的口氣友好許多，甚至帶著歉意，但摩爾依然沒有回信。

親愛的摩爾：

離開斯寇爾登前我整理文件時，瞥見了你那封令我震怒的信。重讀之後，我發現自己寫那樣的信給你可能有些理虧（但不代表我**現在**喜歡那封信了。）不過至少我的火氣已經消了，還是情願和你再做朋友。我覺得這麼做已經夠累人了，因為讓我願意寫這些的人**不多**。若你沒有回信，我就不會再寫了。

摩爾在日記裡寫道：「我想我不會回信，因為我真的不想再見到他了。」接下來幾年，他數度軟了心腸，和羅素或戴斯蒙德．麥卡錫[3]談話時偶爾會提到維根斯坦，每次都讓他猶豫不回信是否正確。雖然維根斯坦（間接透過品生特）求他恢復聯繫，他還是沒那麼做，直到一九二九年維根斯坦回到劍橋，兩人碰巧搭上同一班火車才又見面。不過，那些年維根斯坦一直盤據在他心裡，甚至讓他考慮寫一本日記專門紀錄「我對維根斯坦的感受」。

如前所述，維根斯坦在摩爾來訪後陷入了枯竭，一時無法繼續思考邏輯。於是他便決定在松恩峽灣邊、村外兩公里處蓋一間小屋。他應該打算長住在那裡，至少待到解決了所有邏輯基本問題為止。但七月房子還沒蓋完，他就先回維也納了，避開挪威的旅遊旺季。他原本只想待完暑假，先在奧地利陪家人，然後和品生特去渡假，結果直到一九二一年夏天才回到挪威，而那時邏輯基本問題已經（至少暫時）解決了。

3 譯註：Desmond MacCarthy，1877-1952。英國文學及戲劇評論家。亦是劍橋使徒的一員。

六、火線之後

維根斯坦一九一四年六月底回到了霍赫海特，原本打算在那裡度過夏天，八月底和品生特去渡假，接著到英國探望埃克萊斯等老友，秋天再回挪威的新房子，把書寫完。

那年七月，斐迪南大公遇刺在歐洲掀起波瀾，列強積極備戰，維根斯坦和品生特則書信往返，討論他們倆的渡假計畫。是照預定行程去西班牙呢，還是改去較遠的地方？最後他們約好八月二十四日在英國特拉法加廣場的豪華飯店碰面，再決定要去哪裡。埃克萊斯六月底寫信給維根斯坦，提到他搬新家，妻子預計八月臨盆，家裡將多位「小陌生人」。維根斯坦於大公遇刺當天（六月二十八日）回信給他，信心滿滿保證無論他和品生特最後去哪裡渡假，都會在九月十日左右到曼徹斯特拜訪他。「我希望小陌生人健健康康，」維根斯坦在信裡寫道：「而且最好是個男孩。」

埃克萊斯之前設計了一套臥室家具，包括衣櫥、藥櫃和梳妝台，打算請人做好擺在家裡。他寫信徵詢維根斯坦的意見，因為他非常信任老友在這類事情上的判斷。他新家起居室裡的裝潢更和維根斯坦在劍橋的住處一模一樣：藍地毯、黑油漆和黃牆面。「佈置完成，」他告訴維根斯坦：「所有人都讚不絕口。」

埃克萊斯在信裡提到自己的設計理念，就是講求最大效用、最容易的工法和絕對的簡單，其他一律免談。這些原則，維根斯坦想必欣然同意。他給埃克萊斯的評語是**太棒了**，只有針對衣櫥的設計做了一些改動，純粹出於功能的考量。「我沒看到床的圖樣，」他說：

……還是你打算到家具行挑現成的款式？如果這樣，**務必**要他們去掉那些華麗的贅飾。還有，他們為何要在床腳上裝輪子？你又不會躺在床上在家裡溜來溜去！無論如何，都要按**你的**設計製作其他家具。

雖然維根斯坦和埃克萊斯設計家具都強調功能至上，去除一切裝飾，但我想這件事對埃克萊斯僅此而已，對維根斯坦卻還有文化上，甚至道德上的重要性。對「青年維也納」知識份子而言，不必要的裝飾只是冰山一角，是哈布斯堡帝國文化衰敗的象徵。他們憎恨贅飾，因為他們對社會集體的浮誇深惡痛絕。克勞斯向報紙的藝文版面（feuilleton）開戰，魯斯在米歇爾廣場建造了那棟知名的無裝飾樓房[1]，不過是同一場戰爭的不同戰場。維根斯坦相當讚賞這兩位要角的作品，顯然表示他或多或少站在同一陣線。

寄居挪威期間，維根斯坦曾經託人寄來克勞斯創辦的《火炬》雜誌，並在雜誌裡讀到克勞斯介紹作

1 譯註：指位於維也納米歇爾廣場（Michaelerplatz）的魯斯建築（Looshaus）。

家路德維希．馮費克（Ludwig von Ficker）的文章。馮費克非常仰慕克勞斯，在因斯布魯克[2]負責編輯一份克勞斯風格的刊物，刊名叫《火爐》（Der Brenner）。維根斯坦七月十四日寫信給馮費克，表示願意資助十萬克朗，分送給「生活拮据的奧地利藝術家」。他在信裡解釋道：「我請你幫忙這件事，是因為我想你認識不少最有天賦的人，知道他們當中誰最需要資助。」

可想而知，馮費克被這封信嚇呆了。他從來沒見過維根斯坦，也沒聽過他，對方卻一口氣要給他這麼大一筆錢（十萬克朗在一九一四年相當於四千英鎊，也就是現在的四萬到五萬英鎊）。他覺得有必要確定真假，於是便回信請問是不是真有其事，抑或只是玩笑。「我想可能只有當你拿到錢，」維根斯坦回覆道：「才會相信我是當真的了。我下回到維也納就會這麼辦。」他接著解釋，父親死後留了鉅額遺產給他，「捐一筆錢用作慈善是家族的慣例」。而他選擇馮費克是「因為克勞斯在《火炬》提到了你的作為和刊物，還有你對克勞斯的評論」。[3]

馮費克收到信後，跟維根斯坦約好七月二十六、二十七日到新瓦德格街[4]碰面，接著便開始向他在維也納的朋友打聽維根斯坦這個人。畫家馬克思．馮艾斯特勒（Max von Esterle）告訴馮費克，維根斯坦的父親是哈布斯堡帝國首屈一指的猶太富豪，也是視覺藝術的慷慨贊助者。馮費克確認維根斯坦所言不虛之後，便動身前往維也納和他見面，討論錢的分配。他在維根斯坦位於新瓦德格街的住處停留了兩天。根據他一九五四年出版的回憶錄，維根斯坦讓他想起了《卡拉馬助夫兄弟們》裡的牧師阿利歐沙和《白痴》裡的公爵梅什金[5]，「乍看寂寞得令人心頭為之一震。」

沒想到他們共處的那個週末幾乎沒談到捐款的事，直到第二天才提起，讓馮費克有些意外。維根斯坦起初似乎更急著讓他多了解一點自己，不只提到了他的邏輯研究，這些研究跟羅素和弗雷格的著作有什麼關聯，還提到了挪威的小屋，他和當地農民的相處，以及他想回挪威完成研究工作。這很難不讓人感覺，維根斯坦資助馮費克不只出於慈善，還希望藉此和奧地利的知識圈維持一定的聯繫。畢竟他出於絕望，覺得劍橋的朋友羅素和摩爾無法理解他的理念與感受，已經切斷了他和劍橋的交流。或許奧地利人比較能了解他。

停留維也納期間，馮費克向魯斯引薦了維根斯坦。對維根斯坦來說，這是馮費克此行的最大貢獻。「能見到魯斯我**非常**高興」，他在八月一日寫給馮費克的信裡說道。的確，維根斯坦和魯斯當時關切的事物和態度是那麼接近，據說魯斯本人見到維根斯坦時更直呼：「你就是我！」

後來，維根斯坦和馮費克終於談到了錢，維根斯坦要求其中一萬克朗必須分配給《火爐》，其餘則由馮費克自行裁決。

---

2 譯註：因斯布魯克（Innsbruck）為奧地利西方的城市。

3 克勞斯如此評論馮費克的刊物：「奧地利唯一誠實的評論刊物是在因斯布魯克出版的，這一點就算奧地利人不知道，德國人也應當知道。德國唯一誠實的評論刊物也是在因斯布魯克出版的。」《火爐》創辦於一九一〇年，名稱和克勞斯的刊物《火炬》遙相呼應，公開表示要延續克勞斯的精神。克勞斯大力諷刺盛行於奧地利的劣質思想和著作，馮費克則努力挖掘不劣質的作品。他最出色的成就，或許也是最著名的一件事，就是他率先發現了葛奧格・特拉克爾〔Georg Trakl，1887-1914〕的詩才。從一九一二年十月到一九一四年七月，《火爐》每期必定刊登特拉克爾的詩作。此外，他還刊登過作家赫爾曼・布洛赫〔Hermann Broch，1886-1951〕、女詩人艾爾莎・斯拉克—舒勒〔Else Lasker-Schuler 1869-1945〕、詩人卡爾・達拉戈〔Carl Dallago，1869-1949〕和作家提奧多・黑克爾〔Theodor Haecker，1879-1945〕的作品。維根斯坦寫信給馮費克當時，《火爐》已經成為日耳曼前衛派的首要文學刊物，確立了名聲。（原註）

4 譯註：維根斯坦家另一棟房子的所在地。見第一章。

5 譯註：《卡拉馬助夫兄弟們》（The Brothers Karamazov）與《白癡》（The Idiot）都是俄國文豪杜斯妥也夫斯基的小說作品。

來訪之前，馮費克已經選定了三位受益人，分別是萊納・瑪利亞・里爾克[6]、特拉克爾和達拉戈，每人各分得兩萬克朗。維根斯坦欣賞的現代詩人不多，里爾克是其中之一，因此他欣然同意了這項提議。特拉克爾他同樣樂見其成，至於達拉戈他沒說什麼。達拉戈走的是波希米亞路線，是當時知名的作家和哲學家，定期為《火爐》撰稿，宣揚反物質主義、反科學思想，擁抱東方神秘主義，讚揚人性中情感的、「女性化」的那一面。

剩下的三萬克朗，作家卡爾・豪爾（Karl Hauer）（特拉克爾的朋友，曾經為《火炬》撰稿）和畫家奧斯卡・科克西卡各得五千克朗；詩人艾爾莎・拉斯克—舒勒（定期有作品刊登在《火爐》）四千克朗，魯斯、黑克爾、作家提奧多・多布勒（Theodor Däubler）、路德維希・艾利克・特薩（Ludwig Erik Tesar）、理查德・衛斯（Richard Weiss）和法蘭茲・克朗維特（Franz Kranewitter）各兩千克朗，赫曼・華格納（Hermann Wagner）、約瑟夫・歐柏寇夫勒（Josef Oberkofler）、卡爾・海因里希（Karl Heinrich）和雨果・諾伊格鮑爾（Hugo Neugebauer）各一千克朗。

表現主義作家艾伯特・埃倫斯坦（Albert Ehrenstein）也在《火爐》發表過作品，馮費克似乎也分了他一點錢，起碼維根斯坦如此認為。「我曾經在偶然的狀況下金援過他」，他後來這樣告訴保羅・恩格曼。埃倫斯坦寄了兩本作品《圖布茲》（Tubutsch）和《尖叫者》（Man Screams）給維根斯坦以示感謝，維根斯坦表示：「除非我看走眼，否則這兩本書根本是垃圾。」

他資助過的這些藝術家，大多數人的作品他應該都沒看過，就算看過也應該不會欣賞。收到馮費克轉來的致謝信，他雖然回覆了，但信中看不到他對這些藝術家有任何欣賞，甚至對資助一事顯露了幾許不屑。他收到的第一封致謝信是達拉戈寫的。維根斯坦直接將信寄還給馮費克。「我不曉得你會不會用到，但還是退還給你。」後來費斯克又寄了一批致謝信給他，他統統寄還了，表示自己並不需要留存這些信件，還說：「老實講，信裡的感謝多半讓我極其生厭。低聲下氣、**近乎**哄騙的語氣，還有其他。」

維根斯坦對這些「窮」藝術家的淡漠，並不是沒有人感受到。黑克爾曾將齊克果[7]的作品譯成德文，刊登在《火爐》上，大大激起了一戰前奧地利知識份子對這位丹麥哲學家的興趣。他起先並不想接受資助，因為維根斯坦向馮費克開出的條件是錢要給「有需要」的藝術家，而他認為自己並不符合。若有富人欣賞他翻譯的齊克果，願意出錢買下，自然另當別論，但若「純出於饋贈，並且明白要求對象必須亟需援助，那我便不能接受這筆錢，也無意接受」。然而馮費克回信力勸，說這筆錢講好了有一部分要給他，也符合資助者的意願，黑克爾這才打消疑慮，收下了款項。不過，沒有跡象顯示維根斯坦對自己資助過黑克爾比他資助過艾倫斯坦更感到自豪。

只有三名受益人可以稍微肯定地說，維根斯坦不僅知道他們的作品，而且還相當欣賞，那就是魯斯、里爾克和特拉克爾。儘管如此，我們還是得補上一句：維根斯坦雖然很欣賞特拉克爾作品的調性，但坦言自己讀不懂；而里爾克後期的作品他並不喜歡，戰後更斥責魯斯為冒牌貨。

不過，他說里爾克的致謝信是「友善」和「高貴」的：

> 他的信感動了我，也讓我深感喜悅。在我搖擺不穩的生活中，任何高貴者的友愛於我都是一份

6　譯註：Rainer Maria Rilke，1875-1926。極為重要的德語詩人，發掘出德語的音樂性與可塑性，深深影響了現代德語詩歌的發展。

7　譯註：Søren Aabye Kierkegaard，1813-1855。丹麥神學家、哲學家，被視為存在主義之鼻祖。

支持。我完全配不上這份出色的禮物。我將它存在心中，作為這份友善的象徵與回憶。可以的話，請代我向里爾克表達最深的感謝和全然的**忠心**。

至於特拉克爾的詩，維根斯坦可能直到馮費克寄了詩集給他才頭一回讀到。他在回信中寫道：「我讀不懂，但**調子**我很喜歡。那是真正天才的調子。」

那個週末，不僅維根斯坦和馮費克討論了十萬克朗該如何分配，奧匈帝國的命運也在那兩天寫下了定局。七月二十三日，奧匈帝國向塞爾維亞下了最後通牒，接受條款的期限是七月二十五日（週六）傍晚六點，但塞爾維亞沒有回應，於是二十八日奧地利正式宣戰。

儘管事已至此，歐洲一週之內將陷入大戰，也沒有多少人認為奧匈帝國和英國的關係會受影響。英國輿論在這件事上更偏向哈布斯堡，而非塞爾維亞，各報幾乎都和奧地利報紙一樣嚴詞譴責大公遇刺。因此，品生特七月二十九日寫信給維根斯坦，很有把握地重提兩人八月二十四日要在豪華飯店碰面，似乎也就不足為怪了。他唯一擔心的是渡假地點，是法羅群島[8]或安道爾，還是其他地方？「我覺得馬德拉島[9]不適合你，」他樂觀提議道，接著不帶熱衷地說：「當然，不列顛群島也是有一些偏僻的地方，」不過「我想我們最好別去愛爾蘭，因為那裡很快就會有叛亂或內戰之類的事！」蘇格蘭可能不錯（這顯然是維根斯坦的建議），例如那裡的奧克尼群島（Orkney）、昔德蘭群島（Shetland）或赫布里底群島（Hebrides），也許確實比去歐洲大陸好，因為——

考慮到歐戰這檔事，我們或許最好別去安道爾，因為可能很難回來。

維根斯坦收到信後沒幾天，「歐戰這檔事」，這場英國史學家泰勒（A. J. P. Taylor）稱之為「照表操課的戰爭」的荒謬戰事，就讓他和品生特成了一次大戰的敵對方。

維根斯坦起先似乎打算離開奧地利，或許前往英國或挪威，但沒走成。得知自己無法出國後，他便決定入伍，只不過是志願兵，因為他前一年才由於疝氣而判定免役。「我覺得他入伍很了不起，」品生特在日記裡寫道：「不過實在令人感到悲傷與不幸。」

維根斯坦雖然愛國，但他從軍的動機並不只是保家衛國那麼簡單。赫爾敏便認為弟弟此舉肯定「出於一股強烈的渴望，想讓自己受點折磨，做一些純粹動腦以外的事」。這跟他一月以來就強烈感受到的渴望有關，他想「成為不同的人」。

他當時用來形容自己內心狀態的比喻，正好也適合用來描述一九一四年夏天歐洲瀰漫的氣氛：蠢蠢欲動，希望「乾脆一次爆發開來」。因此宣戰之後，交戰各國反而歡欣鼓舞，彷彿全世界都和那年的維根斯坦一樣陷入了瘋狂。羅素在自傳裡提到自己走在特拉法加廣場歡呼的人群之間，看見「一般人不分男女，全都為了開戰而欣喜，」心裡簡直難以置信。就連他的摯友，包括懷德海和歷史學家特維廉（George Trevelyan），也被捲入這股狂熱當中，變得「像野人般好戰」。

8 譯註：法羅群島（Faroe Islands）為丹麥王國的海外自治領地，位於挪威海與北大西洋中間。
9 譯註：馬德拉島（Madeira）為葡萄牙在北大西洋中央管轄的群島，也是其主島的島名。

要說維根斯坦帶著解放般的喜悅迎接對俄宣戰的消息，或和歐洲各國一起陷入了歇斯底里的仇外情緒，那是毫無根據，但說他**歡迎**戰爭似乎毋庸置疑，即使主要出於個人而非國族的情緒。他和許多同代人一樣（例如同在劍橋的詩人魯珀特．布魯克、法蘭克．布里斯和弗倫克．貝克什），覺得面對死亡可以**提昇**自己，因此他從軍與其說是為了國家，不如說是為了自己。

美國心理學家威廉．詹姆斯撰有《宗教經驗之種種》。他曾在書裡提到英勇面對死亡的精神價值，而維根斯坦一九一二年告訴羅素，他一直很想提昇自己的某個方面，這本書應該很有幫助。詹姆斯在書裡寫道：「無論一個人在其他方面如何脆弱」——

> 只要他願意冒死亡的危險，甚至肯在自己選擇的事上英勇面對死亡，他就將一舉成為聖人。

根據維根斯坦一戰期間日記裡（其中私人部分是用很簡單的暗語寫成的）的跡象顯示，他正有此打算。「我終於有望成為像樣的人了，」他在頭一回撞見敵軍時寫道：「因為我和死亡四目相對。」開戰兩年後，他才真正踏上火線，而他當下想到的就是其中的精神價值。「或許，」他說：「接近死亡能為生命帶來曙光。神照耀我。」因此，維根斯坦期望戰爭能徹底轉變他的個性，帶給他「一種宗教體驗」，永遠改變他的生命。如此一來，這場戰爭來得正是時候，因為當時的他更想「成為不同的人」，遠勝過解決邏輯的基本問題。

奧地利八月六日向俄國宣戰，維根斯坦八月七日入伍，被派到東邊克拉科夫[10]戰線的炮兵團服役，並且立刻就因為維也納軍事高層的親切而備受鼓舞。「每天都有千百人向他們徵詢意見，但他們總是親切回覆，而且言無不盡」，他寫道。這是好徵兆，讓他想起英國人的做事方法。他八月九日抵達克拉科夫，心裡既興奮又期待。「現在就可以開始了嗎？我真想知道會遇到什麼。」

大戰頭幾個月發生了幾場極其荒謬無稽的戰役，由於維根斯坦所屬的炮兵團編在奧地利第一軍麾下，因此參與了其中一場。俄國和奧地利的司令部完全依據幻想制定戰略：俄方以為奧地利會將大軍集結在倫貝格（今利沃夫）[11]附近，奧方以為俄軍會在更北方集結，也就是盧布林[12]附近。因此，奧地利部隊輕輕鬆鬆就挺進了俄屬波蘭，而俄軍則是順利殺入奧地利加利西亞[13]第一大城倫貝格，雙方都很意外幾乎沒有遭遇抵抗。等到奧地利司令官康拉德（Conrad）察覺事情真相，倫貝格已經被俄軍攻陷，而他的第一軍更是岌岌可危，因為南方的補給線很可能被俄軍切斷。於是他只好下令撤退。原本長驅直入俄羅斯領土的大膽行動，瞬間變成退回奧匈帝國**境內**兩百二十五公里處的丟臉撤退。不過要是沒有回防，第一軍可能被人數佔優的俄國大軍徹底殲滅。這場混亂徒勞的加利西亞戰役，讓康拉德麾下的九十萬大軍折損了整整三十五萬。

戰役期間，維根斯坦幾乎都待在維斯瓦河[14]的戰艦上。這艘**戈普拉納號**（Goplana）是奧軍最初推進

10　譯註：克拉科夫（Kraków）為波蘭第二大城市，位於波蘭南部。
11　譯註：倫貝格（Lemberg）／利沃夫（Lwów）是今烏克蘭西部主要城市。歷來曾為波蘭、奧匈帝國、俄國等統治。
12　譯註：盧布林（Lublin）為波蘭東部邊界的城市。
13　譯註：加利西亞（Galicia）是中歐歷史上的一個地區名，現在分別屬於烏克蘭和波蘭。
14　譯註：維斯瓦河（Vistula river）為波蘭最長的河流。

時從俄國人手上搶來的。就算維根斯坦在這頭幾個月裡曾經目睹實戰，也沒寫在日記裡，反而全是關於聽來的慘烈戰役，以及「俄國人緊追在後」的傳言。或許是維根斯坦的悲觀性格作祟（至少這回是如此），他很快就相信了俄軍佔領倫貝格的說法，卻轉眼否認德國人佔領巴黎的傳言。這兩則傳言讓他得出同一個結論：「這下我知道我們戰敗了！」尤其是巴黎淪陷的傳聞，讓他在十月二十五日鬱鬱思考起同盟國的局勢：

這些傳聞雖然離譜，卻是壞徵兆。要是我方進展順利，**一定會**被報導，這些荒謬的傳言就不會有人相信。因此，今天我比之前都更強烈感覺到我們日耳曼民族的處境悲慘。英國人（世界上最優秀的種族）**不可能**戰敗，但我們卻有可能，而且註定會落敗，不是今年就是明年。想到我們會輸，我就沮喪不已，因為我是百分之百的日耳曼人。

維根斯坦傾向從民族的角度來看這場戰爭，或許可以解釋他為何覺得自己跟其他同袍很難相處。奧匈帝國部隊的種族組成，是歐洲各國最多樣的。雖然軍官多是日耳曼或馬扎爾人，但士兵多半來自帝國轄下的斯拉夫民族。維根斯坦覺得他的直屬長官「為人和善，有時非常好」，但一見到同伍士兵，就直言他們是「一群罪犯……對任何事都沒有熱情，粗魯、愚蠢和惡毒得不可思議」。他幾乎無法將他們看成人類：

聽中國人說話，我們會覺得他在胡亂出聲，但聽得懂中文的人就能辨別出**語言**。同樣的道理，

> 我常常沒辦法在人身上辨別出**人性**。

他被外星人圍著，而他們眼中的他也像是外星人，讓他感覺自己彷彿回到了林茲的中學。八月十日，領到軍服隔天，維根斯坦忽然意識到這一點，壓抑著的焦慮瞬間浮上了檯面。「今早醒來，我感覺自己彷彿身在夢裡，意外又荒謬地回到了學校。」在船上被同袍譏弄之後，他又寫道：「感覺真糟。要說我有什麼發現，就是整艘船上沒有一個像樣的人。」

> 接下來的日子會很難熬，因為我被出賣、被背叛，就像很久以前在林茲一樣。

想到自己離開林茲之後，協助他克服生命裡的寂寞感的那些人（羅素、凱因斯和品生特）如今都屬於「敵對的一方」，他的疏離感更深了。「這幾天，我常想起羅素，」他在十月五日寫道：「他還會想起我嗎？」凱因斯曾寫信給他，但內容純屬公事，問他開戰之後原本說好要給詹森的那筆錢該怎麼處置。[15]「一位過去信賴的人來了信，信裡卻只談公事，尤其在這種時候，實在令人傷心。」不過，維根斯坦心裡最記掛的還是品生特。「大衛毫無音訊。我徹底被拋棄了。我想過自殺。」

他寫了幾封軍用明信片，寄給為數不多的德國和奧地利朋友，也收到不少鼓勵與支持。尤其是柏林的約勒斯夫婦，跟他書信往返得熱切而頻繁。這對老夫妻愛國心切，讀到「小維根斯坦」從前線捎來

15 維根斯坦在戰前跟凱因斯說好了，每年捐贈兩百英鎊給國王學院的研究基金，資助詹森繼續邏輯研究。（原註）

的消息，總能得到一種身歷其境的愉快，因此戰爭期間一直纏著要他細細描述戰果。「我從來不曾像現在這樣，這麼經常而愉快地想著你，」史丹尼士勞斯．約勒斯（Stanislaus Jolles）在十月二十五日寫道：「讓我們更常、更快收到你的消息吧。」而他們「回報」的方式，就是定期寄給他巧克力、麵包和香煙。

弗雷格也懷著愛國之心寄給他幾份祝福。「你志願入伍，」他十月十一日寫道：

> 我得知之後心裡特別高興，而且你還能繼續投入科學工作，更是不可思議。願我有福，能看你平安從戰場歸來，再次和你討論問題。我很有把握，我們最終一定能更接近彼此，更了解對方。

然而，將維根斯坦從自殺邊緣拯救出來的不是約勒斯或弗雷格，而是他當初投身戰場所追尋的生命轉變與宗教皈依。他是被神的話語拯救的。駐紮在加利西亞的頭一個月，他有天到書店裡只找到一本書，托爾斯泰的《福音書摘要》（The Gospel in Brief）。這本書徹底迷住了他，甚至成了他的護身符，走到哪兒都帶著它，而且反覆地讀，所有段落都背得滾瓜爛熟。同袍開始稱呼他「帶著福音書的人」。羅素戰前曾經感嘆維根斯坦比他「更不喜歡基督徒」，但《福音書摘要》不僅讓維根斯坦一度成為信徒，更成為宣教士，向每位痛苦中人推薦這本書。「不熟悉這本書，」他後來告訴馮費克：「就無法想像它能對人產生多大的效果。」

對維根斯坦而言，邏輯和反省自身其實是一體兩面，都出於**對自己的責任**。這個熱忱的信念必然會對他的研究產生影響，後來也果真如此，讓他跳脫了弗雷格和羅素一脈的邏輯符號分析，將邏輯理論和宗教神秘主義融合為一，成為我們今日所知的奇特混合。

不過，這份影響還要幾年才會浮現。開戰後的頭幾個月，閱讀《福音書摘要》讓維根斯坦得到了精神的養分而「活了下來」。照他的說法，就是讓他外在愉快了許多，「使得內在得以不受打擾」。

換言之，由於這本書，讓他兩三年前欣賞〈畫十字的人〉時得到的想法終於付諸實現了：無論「外在」發生什麼，都不會加之於**他**，不會加之於他最深的內在。於是，我們可以在他日記裡一再看到他向神祈求，不要讓他「失去自己」。這點對他比活下去還重要得多。加諸他身體上的一切是無關緊要的，至少他感覺應當如此。「倘若我此刻就來到了生命的盡頭，」他於九月十三日（據傳俄國人正在逼近他們）寫道：「願我死得其所，做我自己，自始至終都不失去自己。」

對維根斯坦而言，身體只屬於「外在世界」，那些「粗魯、愚蠢又惡毒的」罪犯也存在的世界。但他的**靈魂**必然活在完全不同的時空裡。十一月時，他這麼告訴自己：

> 別依賴外在世界，就不會恐懼外在世界發生的一切……獨立於事物要比獨立於人容易n倍，但還是必須能做到。

維根斯坦在船艦上負責夜間操控探照燈。這是一份孤獨的工作，讓他更容易做到獨立於人，而他認為要捱過船上的處境，就必須做到這一點。「藉著它，」維根斯坦寫道：「我成功遠離了同袍們的邪惡。」或許正是由於他強烈渴望疏離外在環境，使得他更容易重拾邏輯研究。八月二十一日，他還在擔心自己可能永遠無法思考邏輯了：

我研究過的那些概念都變得好「陌生」，我什麼都**看**不到!!!

但接下來兩週，他卻寫了很多。這段期間他晚上負責探照燈，白天則是捧起托爾斯泰的《福音書摘要》，從中得到了慰藉。兩週後他寫道：「我正朝一項偉大的發現前進，但我會走到嗎？」

然而，身心的分離並不徹底。怎麼可能徹底呢？他可以遠離周遭，甚至避開他的同袍，卻無法和自己的身體分離。事實上，隨著他拾回了邏輯研究的能力，一股血氣也重新注入了他體內。緊接著上一段引述的歡喜之言，他又寫道：「我感覺比之前更肉慾，於是今天又自慰了。」兩天前他才寫道自己三週來頭一回自慰，在那之前幾乎完全沒有性慾。他記下自慰的事顯然不以為傲，卻也沒有自我勸戒的意思，只是單純做個紀錄，記述事實，有如紀錄健康狀況一般。從日記的描述似乎可以看出，他的性慾和研究能力其實互為徵兆，顯示他活生生地**活著**。我們甚至能這麼說，肉慾和哲學思考在他身上難分難解，都是激情勃發的展現，只是分別展現在身體和精神方面。

九月下半，奧地利大軍撤退期間，維根斯坦沒有再寫加密札記，不過正是在這段時期，他做出了自己一直覺得即將達成的大發現，包括現在稱為「語言圖像論」(Picture Theory of language) 的構想，亦即「命題就是其所描述的現實的圖像」。後來他向朋友馮．賴特 (Georg Henrik von Wright) 提起自己當時如何得出這個想法，故事便就此流傳開來。維根斯坦是這麼說的：他在東線服役時，有天在雜誌上讀到一篇報導，巴黎有一起車禍訴訟，律師在法庭上展示了事故模型。他忽然想到模型之所以能代表事故，是因為模型各部份（迷你房子、車子和人）對應了實際事物（房子、車子和人）。他進而想到，依照同樣的類比，命題或許可以說是一個模型或**圖像**，藉由其各部份和世界之間的對應，呈現出某個事態。而命題各部份的組成方式（即命題的**結構**），則描繪了現實中各元素的可能組成，也就是可能的事態。

根據維根斯坦的筆記，我們可以推斷語言圖像論大約誕生於九月二十九日。他那天寫道：

> 在命題中，世界是實驗地拼出來的（就像在巴黎的法庭上，車禍是用玩偶等東西拼出來的一樣）。

整個十月，維根斯坦都在推衍這套他稱之為「邏輯描繪論」（Theory of Logical Portrayal）的理論。就像素描或圖畫以圖像的方式描繪事物，命題則是以**邏輯的**方式描繪事物。換句話說，命題（「草是綠的」）和事態（草是綠的）之間有共同的邏輯結構，而且非有不可。正是由於這個共同的結構，語言才能描述現實：

> 我們可以直接用「這命題描述這樣的事態」取代「這命題表達這個意思」。命題邏輯地描繪事態。唯有如此，**這命題**才有真或假可言。唯有命題是事態的**圖像**，才能符應或不符應現實。

維根斯坦認為這個想法是一大突破。可以說，如果要征服邏輯，它就是一個必須攻下的關鍵堡壘。他在十月三十一日寫道：「今天工作了一天」——

猛攻這個問題，可是沒用！但我寧可血濺城下，也不願空手而歸。最難的是確保已經攻下的堡壘。只要**整座城**還沒攻陷，就不能待在其中一個堡壘裡而感到徹底安全。

不過，他在邏輯問題上攻城掠地，奧地利軍隊卻是慌亂撤退。戈普拉納號正掉頭返回克拉科夫，部隊預計在這個深入國土的地方駐紮過冬。抵達克拉科夫之前，維根斯坦收到了詩人特拉克爾的短箋。特拉克爾當時因為精神疾病，正在軍醫院療養。馮費克之前曾到克拉科夫探視特拉克爾，不僅跟維根斯坦說了他的狀況，還在當地寫信請他有空去看看這位詩人。他說特拉克爾覺得很孤單，在克拉科夫沒有熟人能去探望他。「如果有幸得到你的探望，」特拉克爾寫道：「我將感激不盡……再過幾天，我或許就能出院重回戰場。但在確定之前，我很希望能跟你聊聊。」置身在那樣的同袍之間，維根斯坦自然開心地接受了邀約。「能認識他真是太棒了！到了克拉科夫我想見見他！他可能給我許多啟發。」十一月五日，戈普拉納號終於抵達了克拉科夫，維根斯坦「興奮得發抖，滿心期盼跟特拉克爾見面」：

> 我好懷念有人可以跟我交流……那將大大鼓舞我……我到克拉科夫了，不過今天去看特拉克爾太晚了。

最後這句話宛如最無情又無知的嘲弄，因為維根斯坦一語成讖，隔天早上他趕到醫院時，發現自己果然去得太晚，詩人已於十一月三日服用過量古柯鹼自殺了。維根斯坦大受打擊，「**多麼悲慘，多麼悲慘**!!!」（wie traurig, wie traurig!!!）是他唯一能有的反應。

接下來幾天，維根斯坦的日記裡全是自己生活的困境、環境的殘酷，以及想找個像樣的人幫他熬過死亡的念頭卻屢遭失敗。他在特拉克爾身上找到這樣一個人的希望被奪走了，只好重新寄望品生特。「我好常想起他！心想他想我會不會有我想他一半多。」他發現可以經由瑞士將信寄到英國，便立刻寄了封信給「**親愛的**大衛」，隨後幾週殷殷盼著回音。十二月一日，品生特的回信終於寄來了。維根斯坦心中的石頭總算落了下來，忍不住吻了那封信。

品生特在信裡告訴維根斯坦他想從軍，但士兵體檢沒過（「我太瘦了」），也沒得到軍官委任，因此只能繼續唸書，準備律師考試。「戰爭結束後，」他寫道：「我們就能再次見面了。希望那天快點到來！」接著又說：「我覺得你自願入伍真的**很了不起**，雖然必須這麼做實在很可悲。」

維根斯坦立刻回了信，接著比之前更加焦急地等待回音。就這樣週而復始，整個冬天，「**沒有大衛的消息**」(Keine Nachricht von David）和「**收到大衛可愛的來信**」(Lieben Brief von David）之類的句子在他日記裡反覆出現。

在克拉科夫過冬，維根斯坦最擔心的不是天寒地凍（雖然他頻頻抱怨此事），而是必須跟其他人同睡在一間寢室，讓他不停禱告「願神豁免我這件事」。結果禱告應驗了，上級承諾給他一個房間，讓他如釋重負。更棒的還在後頭。十二月他被調到新的職位，總算有機會徹底擺脫忍受了四個月之久的「那群惡棍」。他原本想加入軍用氣球分隊，但上級發現他有數學背景，便改派他到砲兵工場工作。

結果，維根斯坦在砲兵工場只是負責普通的文書工作，替軍營的車輛造冊，完全用不到數學專長。有好一陣子，他日記裡就只有「**整天都在辦公室**」(Ganzer Tag Kanzlei）三個字。由於出現得太頻繁了，他後來甚至直接縮寫成「**G. T. K.**」。不過，這份工作也有好處，其中一項就是他得到了像樣的房間。「等了四個月，我總算能獨自佔用一個像樣的房間了！我好**享受**。」更重要的是，他身邊開始出現他能喜歡、尊敬和交流的人，尤其是他的直屬上司古爾特中尉（Oberleutnant Gürth）。兩人的情誼，是他從軍以來最接近友誼的關係了。

或許因為有人可以說話，那段期間他的日記變得簡短了、制式化了。除了**G.T.K.**之外，另一個常見的詞是「**沒工作**」（Nicht gearbeitet）。矛盾的是（不過想想也許並不奇怪）比起戰火威脅下在夜裡操控探照燈，跟他討厭的人在一起，在辦公室跟意氣相投的同事相處一整天，反而更讓他難以專注於邏輯研究。他在工場既沒機會，也不渴望徹底獨處，可以全心思考哲學問題。

不過，他還是設法讀了點東西。十一月他開始讀愛默生[16]《隨筆集》，心想「這些文章或許能帶給我好的影響」。但他沒有說結果如何，也沒有在日記裡再提起過愛默生，而愛默生對他那個時期（事實上是所有時期）的研究顯然毫無影響。

更吸引他的反而是另一位作家，其立場跟維根斯坦信奉的托爾斯泰式基督教精神簡直南轅北轍。這個人就是尼采。維根斯坦在克拉科夫買了八卷本的尼采文集，其中包括《反基督》（The Anti-Christ）。尼采在書裡尖刻攻擊基督信仰，斥之為墮落腐敗的宗教，指責它「對現實抱有不共戴天的仇視，無人能出其右。」尼采認為，基督教信仰源自人心最脆弱、最低劣的部份，只不過是面對殘酷世界一種懦弱的逃避：

> 我們觀察**觸覺**就會發現一種病態的敏感，生物只要一碰到東西、一抓到硬物就會驚惶退縮。這種生理特質如果用最終的邏輯來解釋，就是一種本能的厭惡，厭惡**所有**現實，想逃進「不可把握」

> 和「不可想像」的事物裡，憎惡所有形式、所有時空概念、所有堅實的事物……只想安逸待在不受任何現實打擾的世界裡，待在純粹的「內在世界」，「真正的」「永恆的」世界……「上帝之國在**你們中間**」……

在尼采眼中，憎恨現實，以及這股憎恨所引出的「渴望憑著神的愛得救」，都源自於「對痛苦和刺激的極度敏感，以致於完全不想被**碰**，因為任何觸碰感覺都太強烈……唯有在**愛的宗教**裡，對痛苦（再小的痛苦皆然）的恐懼**才能**終止。」 122

雖然尼采對基督教信仰的敵意「深深震撼了」維根斯坦，而他不得不承認尼采的分析有幾分道理，但他的信念並沒有因此而動搖：「基督教確實是通往快樂唯一**可靠**的路」——

> ……但若有人蔑視這種快樂呢？和外在世界做困獸之鬥，最後鬱鬱而逝，會不會更好？但這樣的人生沒有意義。可是為何不能過沒意義的人生呢？那樣真的沒有價值嗎？

光從這一小段就能看出，維根斯坦雖然沒有動搖，卻只差那麼一點就要接受尼采的觀點。他喜歡尼采從心理角度探討這些問題，也不認為重點在基督教信仰是否為**真**，而在它能否幫助我們面對無法承受、無意義的人生。用威廉．詹姆斯的話來說，問題在它是否能醫治「生病的靈魂」。這裡的「它」

---

16 譯註：Ralph Waldo Emerson，1803-1882。美國思想家、文學家。

不是信仰，而是一套做法、一種生活方式。尼采說得好：

想從「信仰」、從因神得救的信念裡找出基督徒的獨特處，根本錯得離譜。唯有照著基督徒的樣式**去做**，為了死於十字架上**而活**，才是基督徒……即使在今日，**這樣**活著依然可能，**某些人**甚至必須這樣活著。純正而原始的基督教在一切時代都是可能的……不是**信仰**，而是作為，更精確說是**不做**許多事，成為不同的**存在**……所有心理學家都曉得，所有意識狀態、所有信仰（例如認為某事為真）比起本能都等而下之，毫無價值……將身為基督徒（基督徒性）簡化為相信某些事情為真，簡化為單純的意識狀態，其實就是否定了基督徒性。

我們應該可以說，維根斯坦就是讀了《反基督》的這一段，讓他相信尼采的分析確實有幾分道理。宗教的本質在於感受（或照尼采的說法，「本能」）與實踐，而非信念，這個觀點在維根斯坦此後思索信仰問題時，是始終不變的主題。對（這個時候的）他而言，基督教信仰是「通往快樂唯一**可靠**的路」，不是因為它應許了永生，而是因為基督憑著祂的言行和形象，提供了一個足堪效法的典範與態度，讓人明白如何承受人世的苦痛。

一九一四年底到隔年初的冬天，維根斯坦的日記裡沒再多談到信仰。他不再求神賜他力量，日記的結尾也不再寫著「願祢的旨意行在地上」。在工場裡生活似乎無須神的協助。除了幾乎沒時間鑽研哲學，他的生活幾乎可以說是愉悅的，至少比起前四個月舒服多了。

總之，這裡的生活怎麼都比維也納愜意，耶誕節無法回家看望家人更是一點也不讓他煩心。耶誕夜當天他晉升為「軍官」（Militärbeamter），隔日受邀到軍官食堂用餐。節禮日[17]晚上，他和一位曾在倫貝格唸大學的年輕人去了咖啡館。他和這位年輕人在某個場合結識了，很喜歡他。耶誕假期就這麼過去了，過得平淡無奇，而維根斯坦顯然壓根不想回家和家人共度。他從軍事郵局收到了幾張賀卡，包括約勒斯（當然沒忘了附上一包巧克力）、挪威的克林恩柏格家和弗雷格。弗雷格在賀卡上寫道：「但願我方戰士凱旋歸來，來年贏得長久的和平。」

然而，新年夜當天，維根斯坦突然得知必須陪同上司去一趟維也納，因為古爾特中尉有公務要辦。這趟意外之行自然讓維根斯坦的母親大為高興，但從他的日記看來，維根斯坦非常冷漠而疏離。對於家人團聚，他只說因為元旦整天都和家人一起，他什麼事都做不了，同時冷淡加上一句（顯然是另起話題）：「我想說，我現在的道德水準比之前（如復活節時）低得多。」他在維也納待了十天，其中兩天和當時年事已高的作曲家拉博一起，其餘大部份時間都陪著古爾特。回到克拉科夫，他對此行的看法只有「我和古爾特度過了不少愉快的時光」。

維根斯坦對家人的冷淡，顯示他決意不讓家人打擾他的內在，可能也是害怕失去自己好不容易從戰爭經歷中得到的自我覺察與自我把持。不過，冷淡也可能出於他整體上的倦怠。這段期間他常提到自己筋疲力竭，尤其在研究方面。例如一月十三日，他提到自己想事情沒什麼勁：

17　譯註：節禮日（Boxing Day）即十二月二十六日，聖誕節次日或是聖誕節後的第一個星期日。

> 我的腦袋累了，看事情犀利不起來，愣愣的，毫無生氣，感覺就像熄火了，而我只能等待，等火自己再燒起來。

他覺得自己需要外來的激勵。「**唯有**靠著奇蹟，研究才能成功。我只能等眼前的面紗被掀開，只能完全聽從命運擺佈。過去就是如此，未來依然。我在命運的掌心裡。」

維根斯坦再次想起英國的朋友。於是他又寫信給品生特，急切等候回信。「什麼時候才有大衛的消息？」他在一月十九日的日記裡哀求道。他收到凱因斯的信，但稱那封信「不是很好」。其實那封信相當友好，只是可能太過輕挑，無法真的安慰到他。「我希望你已經平安當了俘虜，」凱因斯寫道：

> 我和羅素暫時放棄了哲學，我為政府財政部門效力，羅素為和平奔走，只有摩爾和詹森一如既往。順帶說一句，羅素在開戰之前出了一本好書。
>
> 品生特直到十月中都還沒入伍，但後來我就沒他的消息了。
>
> 你的好友貝克什在你們軍隊裡，摯友布里斯是我們軍隊裡的**士兵**。
>
> 參加戰爭一定比在挪威思考命題愉快多了，但我希望你快點停止這種自我放縱。

到了二月六日，維根斯坦總算能說「大衛可愛的來信！」信是一月十四日寫的，品生特說他能講的不多，「只能向神祈求我們戰後能夠再見」。比起凱因斯信裡親熱但疏離的「機智」，如此坦率表達友誼才是維根斯坦渴望及需要的。

同樣符合維根斯坦脾胃的，或許還有斯寇爾登的農民寄來的短箴，像是哈瓦德·德拉格尼、艾恩納·伯斯塔德和克林恩柏格一家都有寫信給他。德拉格尼的卡片經常這麼寫著：「謝謝你的卡片，我們都很健康，常聊到你。」維根斯坦的回覆顯然同樣簡短，也同樣親切。從挪威傳來的消息是他的小屋完工了。「現在房子蓋好了，」克林恩柏格寫道：「我們都希望你很快回到新家。」維根斯坦託德拉格尼付錢給工人，德拉格尼收到工錢非常意外，寫信給維根斯坦，說他以為維根斯坦回來才會付錢。他還為價格道歉：「要是有人房子想蓋得和你一樣穩當，」他解釋道：「總是會比原先估的價錢高一截。」

二月初，上級指派維根斯坦負責工場的鍛造間，新增的任務讓他更難專注於哲學之上。除了必須多花時間在鍛造間，擔任主管也讓他和同事的相處變得更麻煩。他被選上這個職務，應該是他工程技術卓越的緣故，但即使如此，擔任工頭對他還是相當困難。他紀錄了許多自己和手下相處的麻煩，其中有些鬧得很不愉快，有一回還差點和一名年輕軍官決鬥。那人應該是不喜歡被軍階比他小的人指揮。維根斯坦努力使喚這群不聽話的手下，他們既不尊重他的軍階，也不認可他出眾的知識，讓他筋疲力竭，神經緊張得近乎崩潰。他只當了一個月（這個月他幾乎沒寫出半點哲學）就想自殺，覺得自己再也沒辦法研究哲學。

「不能再這樣下去」，他在二月十七日寫道。他勢必做出改變，不是晉升，就是換別的職位。他開始遊說古爾特改善他的處境，但不曉得是出於無效率或無視，很長一段時間什麼也沒發生。那陣子他的日記除了「沒工作」外，又多了一個新句子：「**情況照舊**」（Lage unverändert）。赫爾敏談到弟弟的戰爭經歷時，心裡想到的肯定是這段時期。她提到維根斯坦不斷要求派往前線，還有「那可笑的誤解：和他打交道的上級一直以為他想換到輕鬆的崗位，其實他是想去危險的地方」。

我想可能是這樣：與其說上級誤解了維根斯坦加入步兵的請求，不如說他們沒有理睬。而且他們認為他擔任專業工程師主管修理庫，比當步兵對軍隊更有用處。整個三月，雖然他不斷向古爾特請求，但情況照舊。

在哲學研究方面，一九一五年頭三個月近乎荒廢，而其他方面他同樣覺得死寂與遲鈍。但令他困惑的是，這段時期他對任何事情都提不起勁，卻仍有性慾，常想自慰。二月時，馮費克寄來了特拉克爾死後出版的作品集，維根斯坦的評論異常無趣：「大概不錯。」他感謝馮費克寄書來，接著解釋自己正處於枯涸期，絲毫沒有「吸取外來思想的慾望」。不過，就算如此鈍感的時期，依然有一件事值得盼望：

> 我這樣子只有生產力下滑才會發生，而非生產力**瓦解**。只是**很不巧**，我現在覺得自己燃燒殆盡了，只能保持耐心。

他覺得自己只能等待神，等待聖靈幫助他，給他啟示。

由於無話可說，他便沉默了。他收到約勒斯夫人的來信，含蓄指責他傳回的戰地消息太過簡略。顯然，她告訴維根斯坦，他做不了好的戰地記者或電報通訊員。他就不能好好寫封信，讓他們知道他在哪裡，過得如何，在做什麼，對義大利人又有什麼看法？難道不是一群無賴，就這樣背棄了三國同盟？「要是我把對他們的看法寫下來，」她說：「這封信肯定過不了審查。」她繼續寄來麵包、巧克力和水果蛋糕，顯然為她的「小維根斯坦」在戰場上的功用而自豪。「你志願入伍這件事，」她告訴他：「我每回想到都很開心。」

而她先生則是為了維根斯坦終於得以發揮工程所長而驕傲。「無論如何，」他在信裡說：「你的技能終於擺對了地方。加利西亞的路況那麼糟，肯定有許多車輛需要修理！」維根斯坦顯然回信告訴約勒斯，他寧可在前線當兵，也不想在後方修車。約勒斯非常吃驚：「你難道不覺得在工場更能發揮工程長才嗎？」他太太雖然愛國心切，卻也同樣擔憂：「希望你想派往前線的願望不會實現，」她懷著母親般的焦慮寫道：「在前線你只是眾人之一，而且不是最強壯的，在工場才能更安全地發揮作用。」

這些關心當然令人開懷，甚至是必要的，對維根斯坦卻遠遠不夠。直到品生特的回信寄來，他才擺脫了了無生趣的狀態。三月十六日，他總算又能在日記裡寫道「大衛可愛的來信」，以及「回信給大衛。**很有**性慾。」當時回信的草稿被保留下來，內文如下：

> **親愛的**衛：
>
> 今天收到你一月二十七日寄的信。谷底到了，我的創造力開始回來了。

維根斯坦之前託品生特帶話給摩爾，說明如何把信寄來。品生特照辦了，「希望他會給你寫信」。但這希望落空了。「很遺憾摩爾沒有基督徒的樣子，」品生特四月時寫道：「事實上，他連有沒有收到我的信都沒說。」

然而，維根斯坦並未從摩爾的世界中離開。一九一五年十月十二日，摩爾在日記裡寫道：「我夢見維根斯坦」——

> ……他看著我，彷彿在問我還好嗎？我不禁笑了，彷彿在說我很好，雖然我知道其實不然。接著他在海裡游泳，後來又成了拚命脫逃的敵軍。

四月二十二日，上級指派維根斯坦掌管整座工場，但他在日記裡寫道，這差事只是讓他有更多不快的事要應付。為了緩和局面，古爾特允許他穿工程師制服，並且給了他相應的軍銜。[18]

四月三十日，維根斯坦又在日記裡提到「大衛可愛的來信」，信裡提到一則可能頗令人驚訝的消息。「我在寫一篇哲學論文，」品生特告訴他：「可能只是通篇胡說八道！」他說自己試著解釋「邏輯本身是在**討論什麼**，還有什麼是『真』和『知識』」。雖然論文主題跟維根斯坦的一樣，但成果（目前尚存）卻和《邏輯哲學論》或更早的《邏輯筆錄》幾乎沒有相似之處。品生特用「一致性」(consistency）來定義邏輯，而非「重言式」，而且要旨大多源自於英國經驗主義傳統（尤其是摩爾和羅素）而非維根斯坦。儘管如此，品生特明顯認為自己是在研究維根斯坦關切的問題。「真希望你在這裡，能跟我一起討論」，他寫道。信末他說：

> 願神早日結束這場可怕的悲劇。我很渴望再見到你。

值得一提的是，無論是否受到品生特來信的激勵，維根斯坦待在克拉科夫的最後那幾個月，雖然由於轉調不成而鬱鬱寡歡、滿心挫折，卻又突然活力充沛，可以繼續做研究了。從五月到六月，他哲思泉湧，《戰時筆記：一九一四—一九一六》（Notebooks: 1914-1916）有一大部分論述（約三分之一）便是在這時寫下的。

這段期間，維根斯坦主要思考的問題是語言**如何**描繪世界。語言和世界到底有何特徵，讓描繪成為可能：

> 我所寫的一切都圍繞著一個大問題：這世界有一個**先驗的**秩序嗎？如果有，它的構成為何？

雖然不喜歡，但維根斯坦被迫做出結論，先驗秩序確實存在：如同他之前向羅素強調的，這世界是由**事實**（facts）構成，而非事物（things）。換句話說，世界由一群彼此具有某種關係的事物（對象）組成，而命題中諸符號之間的關係則如鏡子一般映現出對象之間的關係，描繪出這些事實。然而，要是如他之前堅持的，語言能解析為**原子**命題，那麼就必須存在**原子**事實，跟原子命題相對應。既然原子命題是無法再行分析的命題，原子事實就是**簡單**對象而非複合對象之間的關係。維根斯坦舉不出原子命題或原子事實的例子，也說不出**簡單對象**是什麼，但他覺得單憑「分析是可能的」這一點，就必須認定這些東西存在。這些東西給出語言和世界的結構，好讓前者可以反映後者。

18　一九一五年夏末，同盟國突破東線後，整座工場再往北遷，移到了倫貝格以北的索卡爾〔Sokal〕，當時維根斯坦的軍銜還沒有正式獲得確認。（原註）

我們感覺世界必定由元素組成，就算**我們**無法將**命題**分析到可以指稱其中元素的程度，也不違反這個感覺。對於「世界必定如其所是，必定是確定的」這個命題也是如此。

我們或許不確定也不可靠，但世界不可能如此：「世界有固定的結構」。這一點讓「語言有明確的意義」成為可能。「簡單事物存在之必然，**即是**明確意義存在之必然。」

在這段多產期間，維根斯坦收到一封羅素的德文信，信上日期是五月十日。羅素告訴維根斯坦，他看了他在挪威口述給摩爾的筆記，但覺得很難理解。「我衷心希望，」他寫道：「戰後你能親口解釋給我聽。」接著又補充道：「因為開戰後我就無法思考哲學了。」

「很遺憾你無法理解摩爾做的筆記，」維根斯坦寫道：

> 我想沒有進一步解釋確實很難懂，但我認為它們基本上是底定了的。我最近寫的東西恐怕更難懂，因此我得做好準備，若是沒能活到戰爭結束，我的研究就完全徒勞了。到時你務必出版我的手稿，無論有沒有人能讀懂它。

「問題正變得愈來愈精純、愈普遍，」他告訴羅素：「方法也變了很多。」隨後兩年，維根斯坦的作品經歷了極大的改動，而奇特的是，這改變竟然事先便出現在品生特的論文走向裡。品生特在四月六日寄出（維根斯坦可能五月才收到）的信中提到，他的論文已經從邏輯拓展到了「道德，甚至是哲學整體」。隔年維根斯坦的作品也出現了類似的走向。

維根斯坦的邏輯研究火力再開的同時，同盟國在東線也大有斬獲。三月時，奧匈帝國部隊處境還岌岌可危，俄軍逼得他們更往喀爾巴阡山脈退卻，眼看就要侵入奧地利本土。三月二十二日，要塞城鎮普熱梅希爾[19]淪陷，奧軍若要避免潰敗，顯然需要德國盟友給予高效率的強力支援。因此，德奧兩國整個四月都在為加利西亞的聯合作戰做準備，並於五月一日發起攻擊。指揮官是德國將軍馮馬肯森（von Mackensen），攻擊發起處則選在波蘭的戈爾利采（Gorlice）和塔爾努夫（Tarnów）之間。結果作戰空前成功，取得了關鍵性的突破，連計畫制定者都大感意外。一九一五年夏季，德奧聯軍輕而易舉地剷平了俄國的抵抗，最後陣地往前推進了四百八十多公里，不僅收復了普熱梅希爾和倫貝格，還奪取了盧布林、華沙及布列斯特—立陶夫斯克[20]。

戈爾利采—塔爾努夫大突破是否讓維根斯坦歡欣鼓舞，在他日記裡見不到端倪。進軍期間，維根斯坦都待在克拉科夫的工場，愈來愈痛恨自己只能待在那裡。不過他有位筆友，你知道只要戰事告捷他一定興高采烈，那就是約勒斯。三月二十五日，約勒斯在信裡惋惜普熱梅西爾（「在奮勇抵抗之後」）淪陷，並期盼春天時能從俄國人手裡討回加利西亞。戰役期間，約勒斯的信簡直像東線戰事的愛國戰報。四月十六日他寫道：「看來俄國人在喀爾巴阡山的攻勢陷於停頓，而加利西亞的淪陷區或許終於能解放了！」五月四日他在信裡寫道，聽說馮馬肯森的勝利可望變成一場大勝仗，「願可憐的加利西亞很

19 譯註：普熱梅希爾（Przemyśl）位於波蘭東南部，是僅次於克拉科夫古老的城市。

20 譯註：布列斯特—立陶夫斯克（Brest Litovsk）或稱布列斯特，今為白俄羅斯鄰近波蘭邊境的城市。一九一八年蘇俄與同盟國在此簽訂《布列斯特—立陶夫斯克條約》，退出第一次世界大戰。

快能從俄國人手中重獲自由！」

奧軍取得突破之後，約勒斯五月十七日寫信給維根斯坦，說他完全能理解他想去前線的渴望。他妻子則是關心維根斯坦的安危，和他有沒有吃飽。「我很少提筆寫信，」她四月八日在信裡解釋：「因為你很少寫信，而且內容一成不變，總是同樣幾個字，讓人感覺你對要寫什麼根本不大感興趣。」接著又說：「我很高興你不去前線，會繼續待在原處。」她每封信都會問部隊食物是否短缺，他有沒有需要什麼？維根斯坦在回信裡隱約談到他不得不面對的「不愉快」。約勒斯夫人回信問道：「什麼樣的不愉快？聽到你得應付那麼多事，我們很難過，但你那麼勇敢地承擔下來，真了不起，讓我打心底高興。」

七月，維根斯坦收到馮費克的來信。他也進了奧地利軍隊，在阿爾卑斯山區布雷薩諾內（Brixen）的步兵團服役。他抱怨部隊裡的生活品質極差，三十六個人擠在一間寢室，白天或晚上都無法獨處，而且到九月前可能都不會改善。他抱怨自己失眠，精神疲乏，累得幾乎無法閱讀和寫作。「親愛的朋友，」他寫道：「我有時覺得自己整個存在都耗盡了……這裡的環境已經徹底瓦解了我的抵抗力。」這語氣似曾相識。維根斯坦依著自己類似的絕望經驗給出了建議。「你說的不幸消息我完全了解」——

你就像活在黑暗裡，聽不見救贖的話語。我本性和你如此不同，硬是要給你建議可能很蠢，但我仍然決定試一試。你熟悉托爾斯泰的《福音書摘要》嗎？這本書真的及時救了我一命。你可以買來讀嗎?!不熟悉它，就無法想像它能對人產生多大的效果。

說來或許出人意料，馮費克竟然熱切採納了這個建議。「上帝保佑你！」馮費克回信寫道。沒錯，維根斯坦說得對，他**是**活在黑暗裡，「因為沒人給我話語。」而維根斯坦不只給了他話語，還用他永難忘懷的方式：「上帝保佑你！」

維根斯坦是在醫院裡回信給馮費克的。工場發生爆炸讓他精神受到打擊，並受了幾處輕傷。他在醫院待了一週左右，之後返回維也納休假三週。這休假來得正是時候。「休假三週，」約勒斯夫人嘖嘖道：「以你服役一年多，受傷又生了病，三週實在太少了。」不過，三週對維根斯坦來說可能太多了。

等他重返崗位，修理場已經搬離克拉科夫了。戈爾利采—塔爾努夫大突破後，修理場就遷到了倫貝格以北的索卡爾，安置在當地火車站的一列砲兵工場火車裡。

索卡爾時期的日記沒有留存下來，但我們有理由認為，這是維根斯坦軍旅生活中相對愉快的一段時光。他至少有一位相當親密的朋友，馬克斯．比勒醫師（Dr. Max Bieler）。比勒醫師掌管工場火車邊上的紅十字醫院火車，有一回受邀到工場火車上和軍官一起用餐，就這麼認識了維根斯坦。他回憶道：

> 頭一回到工場用餐，在座的全是軍官，我很快就注意到一位削瘦敏捷的人，年約二十五歲，沒有軍銜。其他人狼吞虎嚥大吵大鬧，他卻吃少喝少，也不抽煙。我向鄰座打探，得知那人名叫路德維希．維根斯坦。在那群腦袋空空的年輕職業軍官當中，我很高興發現一位有大學素養的人，而且那麼稱心。我感覺他在那氛圍中格格不入，只是不得不待著。我想稱心的感覺是互相的，因為飯後他邀我去他在火車上的小房間。我們的友誼就這樣開始，持續了好幾個月（將近一年）。每天長談好幾小時，不喝威士忌也不抽菸。認識幾天後，他就要我別再稱「您」。

一九一五年的秋冬兩季，前線幾乎所有物資都陷入短缺，環境惡劣，維根斯坦和比勒從彼此的友誼裡得到了莫大的慰藉。他們經常熱烈長談哲學和形上學問題，只是（也許不難料到）兩人交談的地位並不對等。維根斯坦曾經告訴比勒，他會是個好信徒，但不是先知。「對於他，我能說的是，」比勒寫道：「他具有先知的一切特質，但沒有信徒的半點樣子。」

那幾個月，戰場上風平浪靜。夏天的慘敗逼得俄國人必須重新集結，同盟國則是樂於維持現狀，將重心擺在西線上，因此修理場自然也很清閒。維根斯坦很滿意自己最近的邏輯研究成果，這段空檔正好讓他有時間開始試著把它寫成書。可惜的是，這份《邏輯哲學論》的初稿未能留存下來。我們是因為維根斯坦在他十月二十二日寫給羅素的信裡提到，才曉得有這份書稿。他告訴羅素，自己正在將研究成果寫成文章。「不管結果如何，」他說：「我都會先讓你看過才出版。」換句話說，戰後才有可能。

> 但誰曉得我能不能活到那時候？要是我沒活下來，記得叫我朋友把我的手稿統統寄給你，裡頭有我用鉛筆寫在散頁上的最後摘要。要全部了解它，對你可能有些困難，但請不要因此而放棄。

羅素十一月二十五日回了信。「聽到你正在寫書準備出版，」他信裡寫道：「我真高興。」他很想快點一睹究竟，覺得沒什麼必要等到戰爭結束，便告訴維根斯坦可以把書稿寄給哈佛大學的拉夫．佩里（Ralph Perry）。佩里之前就從羅素那裡得知了維根斯坦初期的邏輯理論，他會將稿子寄給羅素，再由羅素出版。「我們重逢那天，感覺肯定棒透了！」羅素在信末寫道。

弗雷格也聽說了維根斯坦在寫東西。十一月二十八日他寫信給他，口氣跟羅素如出一轍：「很高興你在軍中仍有時間和精力從事科學研究。」要是維根斯坦聽從了羅素的建議，於一九一六年出版他的研究，那麼書裡有許多內容都會和我們現在所知的《邏輯哲學論》相去不遠，像是意義圖像論、「邏輯原子主義」形上學、用重言和矛盾這對概念分析邏輯、區別說出和顯示（以便消解類型論）和真值表方法（用以顯示邏輯命題不是重言，就是矛盾）。換句話說，《邏輯哲學論》的大部分內容都會涵蓋其中，只有結尾關於道德、美、靈魂和生命意義的討論**不在裡頭**。

意思是，它和《邏輯哲學論》完全是兩本書。

《邏輯哲學論》經歷最終轉變（也是最重要的轉變）的那幾年，維根斯坦和羅素完全沒有聯繫。一九一五年十月二十二日那封信之後，羅素就沒再收到維根斯坦的消息，直到一九一九年二月維根斯坦成為義大利戰俘，他才又有了對方的音訊。大戰最後一年，羅素寫了《數理哲學導論》（Introduction to Mathematical Philosophy）。當時他被控危害英美兩國的關係，正在獄裡服刑。他在書裡提出了「重言式」如何定義的問題，並加上以下的註腳：

> 「重言式」對定義數學很重要，這是我過去的學生路德維希．維根斯坦指點我的。當時他正在鑽研這個問題。我不知道他解決了沒有，甚至不曉得他是死是活。

大戰最後兩年，維根斯坦和品生特的通信也斷了。一九一五年九月二日，品生特寫信說他「放棄了該死的法律學業」，正在政府裡工作。一九一六年，他想辦法寄了三封信，都是用德語寫的，其中第一封強調「戰爭不會動搖個人關係，兩者毫不相干」。品生特在這三封信裡告訴維根斯坦，自己受了一些機械訓練，受雇成了工程師。維根斯坦收到品生特的最後一封信，日期是同年九月十四日。

《邏輯哲學論》在構想上的轉變，以及維根斯坦本人同時期的變化，都發生在他和英國朋友斷了聯繫的時候。因此，戰後他擔心英國的朋友能不能理解他，也就不奇怪了。促成他轉變的種種條件，他們知道多少？又能了解多少？

那到底是怎樣的一種轉變，或許從維根斯坦在索卡爾和比勒的談話中可以看出一些端倪。比勒說，他們的討論「有時會到忘我的程度，不知今夕何夕」：

> 我記得一件好笑的事。一九一五年的新年夜，當地司令官邀請所有人到軍官餐廳跨年。晚餐結束時快十點，我們倆回到維根斯坦的房間，繼續討論昨天的話題。十一點左右，火車上的軍官提醒我們，若要趕上跨年就該出發了。維根斯坦要他們先走，我們隨後就到，但說完我們就忘了這件事，也忘了時間，兩人繼續討論，直到聽見外頭傳來喧嘩聲。是我們的同事，凌晨四點開開心心從派對上回來了。但我們以為還沒半夜呢。隔天早上，我們不得不去向司令官賠罪，向他致上遲到的新年祝賀。

兩人討論得如此帶勁，表示維根斯坦完全投入其中。然而，他們討論的主題不是邏輯。維根斯坦無意教導比勒，像他之前對品生特那樣，解釋自己的研究成果。兩人談的《福音書摘要》和杜斯妥也夫斯基的《卡拉馬助夫兄弟們》。維根斯坦常讀《卡拉馬助夫兄弟們》，對書裡內容瞭若指掌，尤其是佐西馬（Zossima）長老的談話。對他而言，佐西馬長老是強大的基督徒理型，是「能看透別人靈魂」的聖人。

維根斯坦和比勒共度的那幾個月，是東線戰事最平靜的時期，也是維根斯坦過得相對平穩的時光。雖然不是軍官，卻享有不少同等待遇，上級甚至配了一名僕人給他。這位來自附近戰俘營的俄國少年名叫康士坦丁，比勒回憶道：「康士坦丁是個好孩子，非常盡心照顧維根斯坦。而維根斯坦也待他很好，沒多久就讓這個骯髒瘦弱的戰俘變成了部隊裡最圓潤、最乾淨的士兵。」

一九一六年三月，平靜的日子結束了。為了解除法國的壓力，俄國人在波羅的海側翼發動攻擊，而奧國軍方高層也在一年多後針對維根斯坦的軍銜做出了裁決，宣佈他不能保留「工程師」的軍銜和制服，但宿願可償，准他以普通士兵的身份派駐前方。比勒說，這項裁決「對我們兩人都是沈重的打擊」，而維根斯坦和他道別時，就像不指望自己會活著回來的人：

> 他只帶了絕對必要的物品，其餘都要我分給部隊其他弟兄，同時跟我說他在挪威一個峽灣邊蓋了一間房子，以便不時蝸居平靜做研究。他要把那間房子送給我，但我拒絕了，只收下了一支威迪文鋼筆。

維根斯坦的行李寥寥無幾，《卡拉馬助夫兄弟們》是其中之一。

如果他覺得自己不會活著從前線回來，就更不可能認為自己會毫無改變地回來。對他來說，這場戰爭從一九一六年三月才真正開始。

七、在前線

毫無疑問，對世界進行哲學反思和形上學解釋，其最強烈的衝動來自人對死亡的認識，以及隨之而來對生命苦難的關切。

——叔本華《意志與表象的世界》

如果維根斯坦始終待在後方，那麼《邏輯哲學論》就幾乎會是它一九一五年剛成形時的模樣，只是一本探討邏輯本質的專書。書中關於道德、美學、靈魂和生命意義的討論，全是源於叔本華所謂的「哲學反思的衝動」，來自對於死亡和苦難的認識。

一九一六年三月底，維根斯坦終於得償宿願，被派到對俄前線的戰鬥部隊，成為奧地利第七軍炮兵團的一員，駐紮在東線最南端，靠近羅馬尼亞邊界。部隊推向火線前的那幾週裡，維根斯坦努力在心理和屬靈方面做好死亡的準備。「神啊，照亮我。神啊，照亮我，照亮我的靈魂。」他三月二十九日寫道，隔天則是「全力以赴，再多也不可能了，要快活」——

盡全力幫助自己，也幫助別人，同時要快活！但自己需要多少力氣，別人又需要多少？很難好好活！！但好好活是好的。無論如何，願祢的旨意行在地上，而非我的。

然而，當等待已久的時刻到來，他卻病倒了。指揮官說可能得把他留下。「如果那樣，」維根斯坦寫道：「我會了結自己。」四月十五日，他得知自己還是會和部隊同行，便禱告道：「願他們派給我艱困的任務，讓我冒險。」他數著日子，計算還有多久會上火線，並祈求神到時賜給他勇氣。他注意到，抵達前線後自己完全沒了性慾。

一到前線，他就請求派到最危險的地方，也就是觀察哨，以確保自己成為敵方的攻擊目標。「敵方朝我開火，」他四月二十九日紀錄道：「想到上帝。願祢的旨意得行，願祢的旨意得行。上帝與我同在。」他覺得這份經歷讓自己更接近光照。五月四日，他被指派在觀察哨值夜班，由於砲擊晚上最猛，因此是前線最危險的崗位。「到時候，」他寫道：「戰爭於我才真正開始。」

> 生命（或許）也是。或許接近死亡將帶給我生命的光。願神照亮我。我是蟲豸，但經由神而成為人。上帝與我同在，阿門

隔天在觀察哨，他滿心期待夜間炮襲，覺得自己「就像魔法城堡裡的王子」。

> 現在，白天時一切都很安靜，但晚上一定很**可怕**。我受得了嗎？今晚就知道了，上帝與我同在！

隔天他記述自己不斷遭受生命危險，但靠著上帝的恩典活了下來。「我不時感到害怕，那是誤解了生命的錯。」他幾乎每晚值勤都預備赴死，求神不要拋棄他，賜予他勇氣，讓他無畏面對死亡，唯有那時他才能肯定自己像樣地活著。「唯有死能給生以意義。」

和在戈普拉納號上一樣，維根斯坦寧可選擇孤獨危險的職務，也不想跟同袍成天廝混在一起。對他來說，應付同袍就和面對敵人一樣需要上帝之力，甚至更多。那些傢伙「全是一群醉鬼、惡人和蠢蛋」。

> 他們都討厭我，只有少數人例外。因為我是志願兵，所以幾乎人見人厭。這一點我到現在還是無法忍受。這裡的人既惡毒又無情，幾乎找不到半點人性。

努力不憎惡這些人，就和面對死亡而不畏懼一樣，是對他信仰的試煉。「真信者的心理解一切。」因此他勉勵自己：「只要發現自己憎惡這些人，就試著去理解他們。」只是試的感覺顯然很吃力：

> 我身邊這些人與其說卑劣，不如說狹隘得**可怕**，因此幾乎無法和他們共事，因為他們永遠會誤解我。他們不笨，只是狹隘，在他們的圈子裡算是聰明，可是缺乏人品，因此欠缺識見。

最後，他認定自己並不**憎惡**他們，只是他們還是很討人厭。

剛到前線的頭幾個月（三月至五月）維根斯坦還能做一些邏輯研究。他繼續思考函式和命題的本質，以及簡單對象存在的必要與否，不過加上了一個題外的有趣看法。這個關於「現代的世界觀」的思考，後來原封不動出現在《邏輯哲學論》裡頭（6.371和6.372）：

現代的世界觀完全建立在一個錯覺之上，即自然法則是對自然現象的解釋。

於是現代人就停在自然法則上，認為自然法則不可違背，就像前人看待神和命運那般。

其實，兩者都對也不對：現代系統努力佯裝自己能解釋**一切**，古人的觀點則坦白一些，明確承認有一個清楚的極限〔terminus〕。

弗雷格寄了一張明信片來，鼓勵維根斯坦繼續研究邏輯。「你不想讓自己的思考工作停擺，」他寫道：「這我很能理解。」他感謝維根斯坦邀他到維也納討論，但不確定能不能去成。不過，他仍然希望兩人能繼續討論邏輯科學。然而，維根斯坦接下來直到大戰結束，幾乎不再對邏輯有所著墨，而當弗雷格總算找到機會讀了《邏輯哲學論》，維根斯坦卻覺得他一個字也沒讀懂。

東線四五兩個月沒什麼戰事，但六月俄軍果然發起了大規模攻擊。這次作戰以策劃和指揮進攻的布魯西洛夫將軍命名，稱為「布魯西洛夫攻勢」（Brusilov Offensive）。一次世界大戰最慘烈的一場戰役就此展開。維根斯坦此時所屬的奧地利第十一軍首當其衝，死傷慘重。維根斯坦的作品就是在這段時間產生了質變。

六月十一日，他在思考「邏輯的基礎」時被一個問題打斷：「我對上帝和生命的目的知道什麼？」

他將答案列成一張表：

我知道世界存在，也知道——

自己置身其中，如同我的眼置於它的視域之中。

關於世界有一個問題，就是它的意義。

這意義不在世界之內，而在它之外。

生活就是世界。

我的意志滲入世界。

意志非善即惡。

因此，善與惡跟世界的意義有某種關聯。

生命的意義即世界的意義，我們可以稱之為神。

與此有關的是：將神比作父親。

禱告就是思考生命的意義。

我無法令世界服膺我的意志，完全無能為力。

我只能讓自己獨立於世界，不對發生的事施加任何影響，從而駕馭世界。

這些話不是用暗語寫的，格式看來就跟這些話出現前的邏輯論述沒有兩樣。自此之後，他的筆記就被這類思考佔據了，彷彿個人的事和哲學的事合而為一，道德與邏輯（「對自己的責任」的一體兩面）

終於走到了一起，不再只是個人使命的兩個面向，也是同一項哲學研究的兩個部份。

例如，我們在他七月八日的札記裡讀到：「面對死亡而恐懼，是活得虛假（亦即活得壞）的最佳標記。」這話不再是陳述個人信條，而是哲學思考。

大戰之初，當他得知哥哥保羅受了重傷，恐怕無法再當鋼琴家，他寫道：「太不幸了！什麼樣的哲學才能幫助人克服這種事？」而今當他自己經歷了戰爭的所有恐怖，似乎不僅需要宗教信仰，還需要一套哲學。

換句話說，他不只需要**相信**神，求神賜給他力量與光照，還需要**理解**自己相信的是什麼。當他向神禱告，他是在做什麼？在對誰禱告？自己嗎？這個世界？還是命運？他的答案似乎是：三者都是。

> 相信神意味著理解生命的意義。
> 相信神意味著看出世界不是事情的全部。
> 相信神意味著看出生活有其意義。
> 世界是**加給**我的，意思是：我的意志完全由外進入世界，猶如進入某個已經存在的東西。
> （至於我的意志是什麼，我還不曉得。）
> **無論如何**，我們在某個意義上**就是**有所依賴，而我們所依賴的，可以稱之為神。
> 在這意義上，神就是命運，或世界，兩者是一回事。而世界獨立於我們的意志。
> 我可以讓自己獨立於命運。
> 有兩個神：世界和獨立的我。

> ……當良心破壞了我的平衡，我就和某樣東西不一致，但那是什麼？**世界**嗎？
> 這麼說必然是對的：良心是神的聲音。

稍後我們又讀到：「事物如此這般，是神。神是，事物如此這般。」（How things stand, is God. God is, how things stand.）——「事物如此這般」在此既指事物在**世界中**如此這般，也指事物在**自身中**如此這般。因為就如魏寧格和叔本華說的，自身（the self）就是微世界。

這些想法像是塞入他腦中似的，幾乎讓他措手不及。七月七日他寫道：「上個月著力甚深，所有可能的議題都想了許多。怪的是，我無法跟自己的數學思考模式連結起來。」八月二日他提到自己的研究，彷彿它有生命似的，從「邏輯的基礎拓展到了世界的本質」。

維根斯坦思考邏輯，反省生命的意義，這兩者的關聯隱藏在他先前做的一個區別之中，也就是**說出**和**顯示**的不同。他之前提到，邏輯形式無法在語言**之內**表達，因為它是語言本身的形式。它會在語言裡現身——它必須被**顯示**。同理，道德和宗教真理雖然無法說出，但會顯現在生命裡：

> 生命問題消失，生命問題的解答就會出現。
> 這不正是人在多年猶疑之後忽然明白了生命的意義卻說不上來的原因嗎？

於是：「道德不涉及世界，而必須是世界的前提，一如邏輯。」要理解邏輯形式就必須把語言看成整體；同樣的，要理解道德就必須將世界看成整體。試圖描述從這角度看到的東西，只會變成無意義的話語。

維根斯坦提到自己曾經嘗試過，結果「發現我講的句子完全不清楚。」然而，人能獲得這樣的視角，這一點毋庸置疑。「確實有東西無法訴諸言語。它們**顯現自身**，它們就是那神秘的。」

提到這種視角（將世界看成一個有限的整體）時，維根斯坦採用了史賓諾莎用過的拉丁文片語：*sub specie aeternitatis*，意思是**以永恆的形式**。這不僅是道德的視角，也是美學的：

> 藝術作品是**以永恆的形式**觀看的對象，善的生活則是**以永恆的形式**觀看的世界。這就是藝術和道德的關聯。
>
> 平常的視角可以說是從對象之中看對象，「以永恆的形式看」是從外面。如此，世界就成了對象的背景。

這些說法顯然出於叔本華的影響。叔本華在《意志與表象的世界》提到一種沉思方式，跟維根斯坦剛才提到的視角驚人相似。他說這種沉思需要放棄「平常看待事物的方式……不再考慮事物的何處、何時、何故和何從，只考慮**何為**」：

> 再來我們更進一步，不讓抽象思想和理性概念佔據自己的意識，而是將心靈全部力量投注於感知〔perception〕，讓自己完全沉入，平靜地沉思實際在場的自然對象，無論是風景、樹木、岩石、懸崖、建築還是別的東西，讓意識完全被這樣的沉思佔滿。講得意味深遠一點，就是在對象中完全**失去**自己……

當史賓諾莎寫下 *Mens aeterna est, quatenus res sub specie aeternitatis concipit*[1]（當心靈以永恆的形式構想事物，心靈即為永恆）這句話時，就是這個意思。

無論維根斯坦是戰時重讀了叔本華，還是記起年少時令他印象深刻的段落，總之他在一九一六年寫下的這些話帶著濃濃的叔本華味。他甚至沿用了叔本華的兩個術語，意志（Wille）和表象（Vorstellung，有時譯成觀念），例如：

我的表象是世界，一如我的意志是世界──意志〔world-will〕。

維根斯坦對意志和自身的說法，在許多方面只是叔本華**超驗觀念論**的重述，沿著叔本華對**表象世界**（時空世界）和**意志世界**（**本體的**無時間的自我世界）的二分而展開。這套理論可以說是尼采嘲弄的宗教心態的哲學版，同樣是對苦難的病態敏感，只想逃避現實遁入「純粹**內在的**世界，**真正的**、**永恆的**世界」。一旦這種心態成為哲學的基礎，就會變成唯我論，認為**這個**世界和**我的**世界是同一回事。於是我們看到維根斯坦寫道：

的確：人**是**微宇宙：

我是我的世界。

維根斯坦和叔本華兩人的說法，差別在於維根斯坦加了一個限制，亦即這個說法付諸言詞時，嚴格來說是無意義的。「唯我論的**意思**是對的，只是無法被**說出**，只能顯現自身。」

維根斯坦認為自己走到了一個交會點，將叔本華的唯我論和弗雷格的實在論合在同一個觀點裡：

這是我走過的路：觀念論將人單獨從世界抽出來，唯我論將我單獨抽出，最後我發現自己跟世界是一起的，於是一邊什麼也**沒有**，另一邊獨有**世界**。由此觀之，觀念論推到徹底就走向了實在論。

維根斯坦曾經提到，是弗雷格將他從叔本華的觀念論解放出來，但他顯然不曉得維根斯坦又走上回頭路。六月二十四日，他在明信片上再度表達很高興維根斯坦能繼續邏輯研究。「我對自己就很難這麼說了」，他寫道，因為他的心思全被戰爭所佔據，心繫著捲入戰爭的朋友的苦難，其中一人最近二次負傷，另一人在波蘭殞命。他沒提到布魯西洛夫攻勢，只說他很高興收復了倫貝格。七月二日，他在另一張明信片上對維根斯坦無法進行研究表示同情。他說自己也是如此，但希望戰後兩人都能再次鑽研邏輯問題。七月二十九日，他再次提到維根斯坦近來在信裡透露的低落情緒，希望很快能收到他振作起來的消息，但「無論收到什麼，只要說明你還活著，我都很高興」。

從這些明信片完全看不出弗雷格有察覺到，維根斯坦的思想在這個階段有了天翻地覆的轉變，關切的視野已經從邏輯的基礎拓展到世界的本質，也不曉得他深信自己已經找到了唯我論和實在論的結

1 譯註：原書此句寫為 *Mens aeterna est quatenus res sub specie aeternitatis*，應為雷伊．孟克引用時之誤。

合點。

維根斯坦寫書期間，心裡始終沒有忘懷品生特。七月二十六日，他又在札記裡註明收到了品生特的信。信是用德文寫的，告訴維根斯坦他哥哥死了，在法國死的。但他仍然相信：「戰爭不會動搖個人關係，兩者毫不相干。」維根斯坦在札記裡寫道：「這封友善美好的信讓我開了眼，見到自己活在**流放**當中。這趟流放或許對我有益，但我現在覺得它就是流放。」

收到這封信時，奧軍已經被趕回喀爾巴阡山，而俄軍乘勝追擊，緊咬不放。部隊處境非常惡劣，「天寒地凍，又是雨又是霧，」維根斯坦記道，「日子非常艱難」：

> 很難不失去自己，因為我很軟弱。但聖靈會幫助我。最好我病了，這樣至少能有些許安寧。

但俄軍節節進逼，為了不被俘虜或戰死沙場，他不能停住不動。「遭到槍襲，」他七月二十四日寫道：「每一槍打來，我的整個存在就縮成一團，只想活下去。」

在這種處境下，**哲學的我**（作為道德價值所有者的自我）究竟為何的問題就變得格外強烈。退守喀爾巴阡山時，維根斯坦意識到一件事，而且可能是他有生以來頭一回發現，被動物本能般的求生意志佔據而失去那樣的自我，以致於道德變得無關緊要是什麼感覺：

> 昨天遭遇槍襲。我嚇壞了！害怕自己會死。我現在一心只想活著。愈是享受生命就愈難放棄生

> 命。這就是「罪」的意義，不經思考地活著，抱著錯誤的人生觀。我不時變成**動物**，腦袋空空，只想著吃喝拉撒睡。可怕！此外，我也像動物一樣受苦，看不到內在得救的可能，完全受慾望和恐懼左右，想要本真地活著根本是天方夜譚。

隨後三週，他在日記裡勸阻自己不要墮入罪的生活。「你明知道怎麼做才能活得幸福，」他八月十二日告訴自己：「為什麼不做？因為你不思考。不思考的生活是壞的。」他求神賜給他力量，對抗自己的軟弱本性。

雖然不斷自責，但維根斯坦在戰役期間始終展現了卓越的勇氣。布魯西洛夫攻勢的頭幾天，同袍數度要他尋找掩護，但他從頭到尾堅守崗位，上級因此為他申請勳章。「他的非凡行為，」報告裡寫道：「大大穩定了同袍的軍心。」他晉升得很快，先是升為「無委任狀的砲兵」（Vormeister，類似英國砲兵的准下士），隨後升為「下士」（Korporal），到了八月底俄軍攻勢停止時，他已經調回奧爾穆茲（今奧洛穆茨）[2]的軍團總部，接受軍官訓練。

受訓前，維根斯坦回維也納休了一次假。他在日記裡寫道，待在維也納讓他感到寂寞又沮喪，但好消息是魯斯還健在。魯斯將他在奧爾穆茲的熟人的名字和地址給了維根斯坦。那人曾是魯斯的學生，此前因為肺結核而從軍中退伍，正在家裡休養。

2 譯註：奧爾穆茲（Olmütz，德語）或奧洛穆茨（Olomouc，捷克語），位於今捷克共和國東部的摩拉維亞（Moravia）。

八月二十八日，維根斯坦收到弗雷格來信，建議他們倆就邏輯問題書信往來。他問維根斯坦，有空的時候能不能將想法寫下來寄給他？他會試著用信回覆，「這樣的話，」他寫道：「我們或許能進行一點科學交流，多少可以代替當面討論。」但維根斯坦似乎直到書寫完了才有所回應。也許這個提議來遲了一步，因為那年秋天，維根斯坦找到了可以協助他釐清新思路的討論夥伴。

魯斯提到的學生名叫保羅．恩格曼，他和一群年輕人組成了共學會，在奧匈帝國境內這塊文化貧瘠的沙漠裡創造了一小片綠洲。這個團體裡有法蘭茲．茨威格（Fritz Zweig），一位才華洋溢的鋼琴家，後來成為柏林國家歌劇院首席指揮；有他堂兄馬克士．茨威格（Max Zweig），當時是法律系學生，也是劇作家；有海里希．葛羅格（Heinrich Groag），綽號海尼，同樣是法律系學生，後來成了大律師，恩格曼說他是「我見過最機智的人」。恩格曼的弟弟同樣機智過人，後來成了維也納家喻戶曉的漫畫家「彼得．恩」(Peter Eng)，但當時他和維根斯坦彼此看不順眼。保羅是魯斯和克勞斯兩人的忠實信徒。從軍中退伍之後，他就全力協助克勞斯宣揚反戰，並且蒐集剪報，作為克勞斯挖苦戰爭藉此反戰的材料。

維根斯坦一九一六年十月多抵達奧爾穆茲，一直待到了耶誕節前。他原本想住在市政廳的塔樓裡，但門房告訴他那裡不租人，於是他就在鎮郊的一棟廉價公寓裡找了個房間。搬進去不久，他就得了腸胃炎。恩格曼照顧他直到痊癒，恩格曼的母親也有幫忙，替維根斯坦煮便餐，再讓兒子拿給病人。恩格曼頭一回送便餐給維根斯坦時，不小心打翻了湯。一進門，維根斯坦就說道：「親愛的朋友，你的好意真燙啊。」外套濺濕了的恩格曼回答：「我想我是在給自己沖澡。」維根斯坦喜歡的就是這種單純的善意與幽默，這一幕就這樣烙印在他心裡。回到前線後，他寫信給恩格曼：「我常想起你……還有你送湯來給我。都是你害的，但你母親也有錯！我也不會忘了她。」

多虧有恩格曼那群朋友，維根斯坦在奧爾穆茲度過了一段快樂的時光。他參與表演莫里哀[3]的《無病呻吟》（Malade Imaginaire），聽了法蘭茲・茨威格的鋼琴獨奏會，覺得很不錯，最重要的是他還參與了他們的討論，談文學、音樂和宗教。尤其是恩格曼，兩人志趣相投，維根斯坦有了絕佳的聽眾，可以分享自己在前線六個月來萌發的各種想法。恩格曼回憶道，有時談話會在路上進行，在他陪維根斯坦從他家回到鎮郊公寓的途中。要是到了公寓還沒談完，兩人就會掉頭繼續談，換成維根斯坦陪他回家。

恩格曼是維根斯坦離開英國之後最親的朋友。這段友誼能成立，主要歸功於兩人當時都處於信仰覺醒的階段，而且對自己覺醒的理解和分析很接近。恩格曼底下這段話形容得很好，他提到，自己的屬靈（spiritual）困境——

> ……讓我彷彿從骨子裡就能理解他那些令旁人不解的言論。正因為我當時如此理解他，所以對他來說是不可或缺的人。

維根斯坦當時常說：「我如果有話卡在了腦子裡，恩格曼就會連拖帶拉幫我把它扯出來。」

這話讓人想起羅素也說過要用鉗子將維根斯坦的想法拽出來。事實上，我們很難不將恩格曼和羅素相提並論。兩人在《邏輯哲學論》孕育階段對維根斯坦的影響可說不相上下。恩格曼底下這段話似乎就有此意：

3 譯註：Molière，1622-1673。法國喜劇作家。

維根斯坦意外遇到我這樣的一個人，這人跟許多年輕世代一樣，深深苦惱於世界實際的樣子和他認為應該是的樣子之間的落差，並且傾向朝自己的內在而非外在去尋求落差的根源。維根斯坦不曾在別處見過這種態度，但想真正了解他的屬靈處境，有意義地討論，就必須具備這種態度。

談到羅素為《邏輯哲學論》所寫的序言時，他說：

這本書時至今日普遍被看成邏輯領域的關鍵鉅作，而不被視為主旨更宏大的哲學作品，（這篇序言）或許是主因之一。維根斯坦肯定倍感哀傷，這麼傑出的人，而且全是有助於他的朋友，竟然無法理解他撰寫《邏輯哲學論》的用意。

恩格曼這話有點本末倒置，同時顯示他幾乎完全沒察覺，自己一九一六年遇到的維根斯坦跟五年前羅素認識的維根斯坦並不相同，撰寫《邏輯哲學論》的用意也不一樣。維根斯坦的研究「從邏輯的基礎拓展到世界的本質」時，羅素和他並無聯繫，因此就羅素所知，維根斯坦寫這本書就是為了闡明邏輯的性質。可以說，恩格曼對一九一一年正在蛻變成哲學家的維根斯坦不會有什麼用，因為那時維根斯坦的心思都擺在羅素悖論引起的問題上。

然而，有一點不會改變，那就是維根斯坦一九一六年和一一年時同樣幸運，可以和一個幾乎完全傾心於他的知音每天交談。

值得一提的是，維根斯坦這段期間完全沒用暗語寫日記。有了恩格曼就不必那麼做了。不過倒是有一些哲學札記，內容大致延續了他在前線開始的叔本華思想。我想，維根斯坦和恩格曼的漫長交談可能幫他理清了《邏輯哲學論》裡神秘主義和邏輯兩部份之間的關聯。他肯定跟恩格曼深談了這本書，而從後者回憶錄裡的〈雜談《邏輯哲學論》〉（Observations on the *Tractatus*）也可以清楚看出，這本書給恩格曼的強烈印象就是「邏輯和神秘主義根出同源」。將邏輯和神秘主義串在一起的關鍵，也就是真理不可言說只會顯現，是恩格曼自然就有的想法。事實上，他後來舉過一個例子，維根斯坦和他都覺得很棒：烏蘭德的作品〈艾伯哈德伯爵的山楂樹〉[4]。

在維也納過完耶誕之後，維根斯坦一九一七年元月回到了對俄前線，軍銜是砲兵軍官，附屬於奧地利第三軍野戰師，駐守喀爾巴阡山北端。這時俄軍亂成一團，前線相對平靜。他寫信給恩格曼，說自己又能做研究了。可惜這時期的手稿未能留存下來，但十有八九是在探討道德和審美真理的不可說。四月四日，恩格曼在信裡附上了烏蘭德的〈艾伯哈德伯爵的山楂樹〉。詩中講述一名士兵參加十字軍東征時折了一小根山楂樹枝，戰後回家種在土裡，長成了一棵大樹。士兵年邁時坐在樹蔭下，年少往事又活生生回到了眼前。故事很簡單，沒有雕琢也沒說教，但用恩格曼的話來說，「這首詩用二十八行便描繪了一個人的一生」。他告訴維根斯坦，這是「客觀性的奇蹟」。

4 譯註：烏蘭德（Johann Ludwig Uhland，1787-1862），德國詩人、哲學家、文學史學家。〈艾伯哈德伯爵的山楂樹〉（Count Eberhard's Hawthorn）是他的詩作，詳見後述。

> 大多數的詩（包括好詩）都試圖述說那不可言說之物，這首詩卻不打算這麼做。恰是因為如此，它反而做到了。

維根斯坦看法相同，寫信告訴恩格曼說這首詩的確「非常出色」：

> 就是這樣：只要不去說那不可說的，就**什麼也不會**喪失。但那不可說的卻會不可說地**包含**在說出的東西裡！

這時，大戰看來很快就要以同盟國戰勝而告終了。俄國政府垮台了，德軍在西線對抗法國取得了突破，與英國的潛艇戰感覺也快贏了。至少弗雷格是這麼想的。他四月二十六日寫信給維根斯坦，列出這些理由，「讓我們樂觀以待吧！」

俄國革命後的那段平靜時期裡，維根斯坦回維也納休了一個短假。他邀請弗雷格過來討論他的研究，但弗雷格回信道歉，說他無法成行。「以我目前的狀況，」他解釋道：「去一趟維也納再回來實在太疲累了。」因此，維根斯坦想和弗雷格討論自己的研究，顯然就得去耶拿。

沙皇垮台之後，東線起初出現了一點動靜。俄國新任戰爭部長（七月起成為新任首相）亞歷山大·克倫斯基（Alexander Kerensky）鐵了心繼續抵抗，於是俄軍七月時發動了以他為名的困獸之鬥，但士兵撐下去的意志早已潰散，因此攻勢很快停頓了下來。奧匈軍隊守住了茨亞尼[5]，維根斯坦則因此役中的表現獲頒了銀質勇士勳章。在隨後的反擊戰裡，他隨部隊沿著普魯特河進攻，於八月奪取了烏克蘭的切諾維茲（今切爾諾夫茨）[6]。

俄軍的反撲至此完全瓦解，克倫斯基政府也隨之垮台，同盟國在東線戰場取得了勝利。布爾什維克政府（Bolsheviks government）喊著「麵包與和平」的口號上台，只能盡量從不可避免的投降裡減少一點損失。其後的談判非常漫長，維根斯坦一直駐紮在烏克蘭，直到一九一八年列寧和托洛茨基總算在苛刻的布列斯特—立陶夫斯克條約上簽了字，他才隨著大軍移師到義大利戰線。

在這東線無戰事的六個月裡，維根斯坦似乎已經開始整理手上的哲學札記，弄成接近《邏輯哲學論》定稿的模樣了。該書一份早期的版本（後來以《邏輯哲學論初稿》（Prototractatus）之名出版）就出現在這個時期，而且根據恩格曼的說法，維根斯坦調派到義大利**之前**就已經有打字版存在。這份打字版不可能是最後的定稿，但我們可以肯定地說，《邏輯哲學論》於一九一七年底到一八年初已經開始底定了。

這段期間，維根斯坦跟弗雷格和恩格曼都有通信。弗雷格在明信片裡期望戰後能和他見面討論邏輯（這話已經講成習慣了），恩格曼則受維根斯坦家族之託，正在改造新瓦德格街的房子，因此信裡多半談些雜事。一九一八年一月，他大膽地提到了維根斯坦的屬靈狀態。他說耶誕節假期兩人在維也納見面時他就想說了，只是忘了講。「我說這些話如果對你不公，還請包涵」：

5 譯註：茨亞尼（Ldziany）為烏克蘭的村莊。該地區應位於現在的韋爾夫比卡的羅日尼亞紀夫地區（Verbivka, Rozhniativ Raion）。

6 譯註：切諾維茲（Czernowitz，德語）或稱切爾諾夫茨（Chernovtsy，俄語）位於烏克蘭東南部，是重要的教育語文化中心。

跟你在奧爾穆茲時相比，我覺得你似乎沒有信仰。那時我沒這種感覺。我寫這些不是想影響你，但我希望你想想我說的話，並祝福你做**真正**有益於你的事。

維根斯坦的回覆非常寬和。「的確，」他寫道：「現在的我和你在奧爾穆茲認識的我有所不同。就我所知，差別在於現在的我**稍微**像樣一點了。不過，我這話的意思只是說，我心裡對自己的不像樣稍微清楚了一點」：

你說我現在沒有信仰，這話**完全正確**，只是我之前也沒有信仰。這不是明擺著的事嗎，想發明一種機器來讓自己像個樣的人是沒有信仰的。但我要怎麼做？**有一件事我很明白**，就是我太壞了，以致無法為「自己」提出一套理論。事實上，我要嘛仍是豬玀，要嘛有所長進，如此而已！只是，當一件事像一記耳光那麼直白，就扔掉那些超驗的廢話吧。

維根斯坦在信末說道：「我確信你說的這些完全正確。」看來，恩格曼同時說了廢話和真理。維根斯坦認為自己在《邏輯哲學論》裡說的一切也是如此。但羅素作為邏輯學家，卻深感不足。一九一八年二月一日，維根斯坦晉升少尉，三月十日調往義大利戰線一個山區砲兵團，這時他書已經差不多寫完了。三月二十五日他寫信給弗雷格，表示自己的作品要大大歸功於這位年事已高卻依然默默無聞的邏輯學家。弗雷格回信表示，讀到這麼熱誠的致謝讓他很意外：

我想，你我在智性研究的過程中，都從對方那裡有所學習。如果我對你的研究的幫助比我以為的更多，那我真的十分欣喜。

維根斯坦在《邏輯哲學論》定版的序言裡，再次提到自己受益於「弗雷格的大作和我朋友羅素的著作，我的思想受他們激發甚多」。

調到義大利沒一個月，維根斯坦就病倒了，跟在奧爾穆茲一樣得了腸胃炎。他請恩格曼寄來當時的藥，因為「那是**唯**一對我有效的藥」。但恩格曼遲遲沒回覆，直到五月二十八日才提筆寫信，卻是回問維根斯坦知不知道什麼能醫治意志薄弱！同一時間，維根斯坦才寄了一包書給恩格曼，並且寫道：「你不配得到這些書，因為你太懶了，連緊急求助都不回覆。」

那時，維根斯坦已經在波爾札諾（Bolzano）的軍醫院住了一陣子，應該有空繼續寫書。六月一日弗雷格在來信裡寫道，他很高興維根斯坦的研究就要完成了，希望很快就能變成白紙黑字，「免得消失了」。

同一天，約勒斯夫人也寫信給維根斯坦，語氣有些傷心，為自己又寫信來打擾他而道歉，因為她知道他瞧不起寫信，不想多做表面的交流。戰爭經歷改變了維根斯坦，約勒斯夫婦可能是第一個（但絕非最後一個）嚐到這變化的苦果的。

六月十五日奧地利發起進攻，維根斯坦已經身體無礙，可以作戰了。他被指派為觀察官，隨砲兵團攻擊特倫蒂諾（Trentino）山區的法國、英國和義大利部隊，並且再次因為勇敢而受到表彰。「他那無比英勇的行動、鎮定、沉著與氣概，」報告中寫道：「贏得了全體官兵的敬佩。」部隊建請上級頒發金質勇士勳章給他，相當於英國的維多利亞十字勳章，但上級只頒給維根斯坦帶劍軍事勳章，理由是他行為雖然英勇，但戰功還配不上最高榮譽。進攻很快就被敵軍擊退了。這是維根斯坦參與的最後一次戰役，也是奧軍有能力發動的最後一次攻擊。七月部隊撤退後，維根斯坦獲准休了一次長假，一直休到九月底。

我們現在知道的《邏輯哲學論》不是在維也納定稿，而是在薩爾斯堡近郊的哈萊因[7]，維根斯坦叔叔保羅的寓所裡。一九一八年夏天，保羅．維根斯坦在火車站和姪子不期而遇，發現對方鬱鬱寡歡，想自殺，但總算說服姪子去一趟哈萊因。維根斯坦在那裡寫完了《邏輯哲學論》。

他那時一心求死，最主要可能是愛倫．品生特夫人的來信。她在七月六日的信裡告訴維根斯坦，她兒子大衛遇難了，五月八日死於飛機失事。他在做氣體力學的研究，死時正在調查之前的一次空難。「我想告訴你，」她寫道：「大衛是多麼愛你，重視你的友誼，直到生命最後。」維根斯坦將完成的書獻給品生特，以誌懷念，並寫信給品生特夫人，說大衛是「我第一和唯一的朋友」。

的確，我認識不少同齡的年輕人，也和其中一些人處得不錯，但只有在大衛那裡覓得了一位真正的朋友。和他相處的時光是我一生最美好的片刻。他是我的弟弟和朋友。我每天都想到他，期盼再見到他。上帝將賜福給他。若是我能活著見到戰爭結束，我就會去見您，跟您一起回憶大衛。

「還有一件事，」他又說：「我剛剛完成了我從劍橋就開始做的哲學研究。」

我一直期望有機會拿給他看，在我心裡它將永遠和大衛連在一起。我會將它獻給大衛，作為紀念。因為他一直對它深感興趣，而我研究時能有必要的快樂情緒，幾乎都要歸功於他。

如前所見，最後這句話指的不僅是他倆在劍橋、冰島和挪威共度的時光，還包括品生特戰時寫的信。有時唯一能振作維根斯坦精神，使他還能專注於哲學的就是這些信。

如今他寫完了書，解決了最初決心處理的問題，最強烈的感覺卻是這件事比起來根本無足輕重。「書裡呈現的想法，」他在序言裡寫道：「在我看來絕對**正確**，而且無懈可擊」，同時自認「在所有關鍵點上」找到了哲學問題的解答，可是：

……如果上頭說的都沒錯，那麼這本書的第二個價值在於，它顯示了解決了這些問題是多麼沒有用處。

他引了奧地利作家庫恩伯格[8]的話作為書的題詞：「……所有事情，只要屬於人之所知，而不僅是咆哮吼叫，都能用三個詞說完。」克勞斯之前引過這句話，維根斯坦可能從他那裡借來的，但也可能直接引自庫恩伯格（維根斯坦寄給恩格曼的包裹裡就有庫恩伯格的書）。無論如何，這句話都非常貼切。他在序言裡寫道，這本書的意義「總結成一句話就是：能說的就能清楚說出，不能說的就必須保持沉默。」

7　譯註：薩爾斯堡（Salzburg）為奧地利西部的地名，哈萊因（Hallein）則是薩爾斯堡的第二大城市。

8　譯註：Ferdinand Kürnberger，1821-1879。十九世紀六、七〇年代最有影響力的維也納作家之一，以參與德意志一八四八革命而聞名。

《邏輯哲學論》自維根斯坦一九一一年初到劍橋時開始動筆，最終成品是高度濃縮後的精華。書中論述從一系列手稿裡（可能有七卷）挑選出來，並且逐條編號以示從屬，如2.151是2.15的闡述，而2.15又是2.1的闡述，依此類推。這些論述少有論證，照羅素的說法，每道命題就那樣寫出來，「彷彿凱撒的論旨」。戰前在挪威完成的邏輯論、大戰頭幾個月想出來的命題圖像論，以及戰爭後期服膺的叔本華式神秘主義，統統在結晶般的書本構造裡佔有一席之地，而且語氣是那麼果斷確鑿，彷彿暗示它們都屬於顛撲不破的真理。

書中不管哪一部份，核心都是**顯示**與**說出**的區別。要理解類型論在邏輯裡為什麼純屬多餘，道德真理為何不可表達，這個區別都是關鍵。類型論所要說的，只能用正確的符號系統來顯示；道德所要談的，只能**以永恆的形式**思考世界來顯示，因此「確實有東西無法訴諸言語。它們**顯現自身**，它們就是那神秘的」。

書裡著名的結語「不能說的就必須保持沉默」既是邏輯—哲學的真理，也是道德訓示。在這一點上，正如恩格曼指出的，這本書的要旨和克勞斯捍衛語言的純潔是系出同門。克勞斯揭示語言誤用所導致的思想混亂，藉此突顯其荒謬。若想說出「只能被顯示的東西」只會帶來無意義，不只在邏輯上站不住腳，道德上也不可取。

書寫到最後，維根斯坦顯然認為書裡的道德意含，其重要性絕不下於書裡的邏輯意含。他希望自己的書能搭配克勞斯的作品出版，因此一寫完就立刻寄給克勞斯的出版商亞霍達（Jahoda），似乎認為兩者的關聯一目了然。同時他還寫信給弗雷格，表示要送他一本。弗雷格九月十二日回信說他樂於拜讀，還說他能理解維根斯坦覺得自己的書可能徒勞無益的感覺：當你在一座未曾有人攀登過的陡峭山上開出一條小路，自然會懷疑後繼無人。他自己就經歷過這種疑慮，但相信維根斯坦的研究不至於完全無用。後來在十月十五日的信裡他又寫道：「願你能見到自己的心血付印，並願我讀到它！」

維根斯坦也承諾送恩格曼一本。九月下旬，維根斯坦在返回義大利之前去了一趟奧爾穆茲，恩格曼這才頭一回讀到這本書。十一月七日他寫信給維根斯坦，提到自己經常研讀它：「我理解得愈多，得到的喜悅也愈多。」

九月底，維根斯坦回到義大利戰線，其後一個月他焦急等待書商的回音。「還是沒有出版社的消息！」他十月二十二日寫信給恩格曼說：

> 我很不想寫信去問，心裡止不住厭惡。鬼才知道他拿了我的稿子做什麼！你哪天到維也納的時候，麻煩**大發慈悲**去找那個該死的傢伙，再告訴我結果！

幾天後，他得知亞霍達「由於技術原因」無法出版他的書。「我真想知道克勞斯怎麼說，」他寫信告訴恩格曼：「你要是有機會弄清楚，我會很高興。也許魯斯知道一點。」

維根斯坦回到義大利時，奧匈帝國已經開始瓦解了。來自捷克、波蘭、克羅地亞和匈牙利的軍人是部隊主幹，無論過去對哈布斯堡帝國有多少忠誠，如今都轉而效忠自己未來的國家。不只協約國承諾創立這些國家，哈布斯堡帝國也有相同的許諾。十月三十日，協約國取得了最後突破。協約還沒簽定，大批士兵就以民族為單位退出了戰爭，打算回家協助同胞建國。奧國軍官發現這些士兵雖然名義上還是屬下，卻往往完全不聽指揮。維根斯坦的哥哥庫爾特便身受其害。同年十月或十一月，他因為部下不服從命令而舉槍自盡。

奧地利人除了謀和之外別無他法，而義大利人手握搜刮戰利品和贏回領土的絕佳良機，一點也不心急。十月二十九日，奧地利代表團舉著和談的旗子去找義大利，卻因未帶國書而吃了閉門羹，直到五天後才簽了停戰協定。就在這短短五天內，義大利人擄獲了約七千枝槍和五十萬名戰俘，維根斯坦也在其中。

維根斯坦被俘之後進了位於柯莫（Como）的戰俘營，在那裡遇見兩名軍官同袍，教師路德維希・亨澤爾（Ludwig Hänsel）和雕刻家米埃爾・德羅比爾（Michael Drobil），兩人日後都成了他的貴人好友。維根斯坦的姊姊赫爾敏提過一個故事，由於維根斯坦衣衫襤褸又不修邊幅，德羅比爾一開始以為他出身低微，有一天兩人談到畫家克林姆曾為某位維根斯坦小姐畫過肖像，維根斯坦說那是「我姊姊的畫像」，德羅比爾大吃一驚，不敢置信地瞪大眼睛說：「所以你是維根斯坦家的人？」

維根斯坦和亨澤爾是在課堂上遇到的，因為他去上了亨澤爾的課，那是開給穫釋後想當老師的戰俘們的邏輯課。結識之後，兩人開始經常討論，維根斯坦逐步講解符號邏輯的原理給亨澤爾聽，闡述《邏輯哲學論》的想法，兩人還一起讀了康德的《純粹理性批判》。

一九一九年一月，維根斯坦被送往位於卡西諾（Cassino）的戰俘營，亨澤爾和德羅比爾也被轉到同一個地方。作為義大利的談判籌碼，他們在那裡待到了八月。

就是在卡西諾這段時間，維根斯坦決定回維也納之後要受訓成為小學老師，不過在戰俘營跟他有過短暫友誼的作家弗朗茲・帕拉克（Franz Parak）說，維根斯坦更想當個神父，「和孩子們一起讀聖經。」[9]

維根斯坦二月寫了一張明信片給羅素。「我從十一月就在義大利當戰俘，」他對羅素說：「心裡一直希望停了三年之後能再度跟你取得聯繫。我完成了不少邏輯研究，很想在出版前讓你看一眼。」

明信片還真的寄到了羅素手裡。當時他正接受奧特琳招待，在加辛頓莊園（Garsington Manor）作客，努力完成他去年在布里克斯頓監獄裡動筆的《心的分析》（The Analysis of Mind）。

過去這段期間，羅素和維根斯坦一樣不好過。四十二歲的他打仗太老了，但以他堅決反戰的立場，也不可能志願從軍就是了。反戰讓他丟了三一學院的講師職，而跟作家勞倫斯[10]的短暫合作也不平順，讓他心力交瘁，從此更加堅決憎惡人性裡衝動非理性的那一面。

他孜孜矻矻反對強制徵兵，發表了無數的政治評論，其中一篇還讓他被控損害了英美關係，因而入獄六個月。在大眾眼中，他更多是個政治運動家，而非哲學—數學家。《社會改造原理》（Principles of Social Reconstruction）和《通往自由之路》（Roads to Freedom）的讀者數量遠高於《數學的原則》和《數學原理》。但在獄中他又重拾哲學研究，寫了《數理哲學導論》，並動筆撰寫《心的分析》。如今他暫時不問世事煩擾，借助加辛頓莊園的寧靜重啟哲學思考，能和維根斯坦恢復交流實在令他大喜過望，兩天內就連寫了兩張明信片：

---

9 對帕拉克來說，這段友誼太短暫了。他比維根斯坦年輕七歲，對後者有著近乎崇拜似的敬佩。他在回憶錄裡說，維根斯坦說過的每一個字他都牢牢記在心裡，想盡量吸收對方的卓越知識與智慧，但維根斯坦不久就厭煩了，開始「像含羞草一樣」躲避帕拉克的依附，說他讓他想起自己的母親。（原註）

10 譯註：D. H. Lawrence，1885-1930。英國作家，著有《查泰萊夫人的情人》等。

得知你還活著真是謝天謝地。有機會請多寫邏輯。希望我們很快就能見面討論，我也有很多想說，關於哲學等等。（一九一九年三月二日）

擔心了很久，很高興有你的消息。我很有興趣了解你完成的邏輯研究，希望很快就能聽見全貌。期盼更多消息，關於你的健康等等。（三月三日）

維根斯坦回信道：「你無法想像收到你的明信片我有多開心！」接著說除非羅素願意到卡西諾來，否則兩人不可能「很快」見面。他沒辦法談邏輯，因為他每週只准寫兩張明信片，但他沒有忘記重點：「我寫了一本書，我一回家就會出版，我認為自己總算解決了困擾我們的問題。」幾天後，戰俘營裡一名學生獲准返回奧地利，維根斯坦終於有機會寄一封長信詳述這一點。「我寫了一本題為《邏輯哲學論》的書，涵蓋了我過去六年的研究」，他說明道：

我認為自己已經解決了困擾我們的問題。這麼說或許妄自尊大，但我忍不住這麼覺得。一九一八年八月我寫完書，兩個月後成了戰俘〔Prigioniere〕。書稿我帶在身邊，很想抄一份給你，但書很長，而且我找不到安全的寄送方法。事實上，書是由短論組成的，沒有先作解釋你不可能讀懂（當然，我是說**沒有人**能讀懂，雖然我認為它如水晶般清晰，但它挑戰了我們在真理、類、數和所有其他方面的理論。）我一回家就會出版。

接著他又說自己可能還會在戰俘營待一陣子，但還是試探地問：「我想你不可能來這裡看我吧？」

> ……還是你覺得這種事我連想想都太過份了？但如果我走得開，就算你在世界的另一頭，我也會去的。

事實上，羅素不可能去卡西諾，倒是維根斯坦自己後來有機會離開戰俘營。他的家人透過一名親戚在梵蒂岡的人脈，安排了維根斯坦接受體檢，準備以身體狀況不適合長期監禁為由，讓義大利人釋放他。但維根斯坦拒絕了這項特權，並且在體檢時激烈堅持自己完全健康。

羅素也在暗中斡旋。他透過當時正陪同英國代表團出席凡爾賽和平會議的凱因斯牽線，讓義軍准許外人寄書給維根斯坦，並免除他一週兩張明信片的限制，讓他可以在信裡討論學問。維根斯坦沒有拒絕這些特權。他開始寄書稿給羅素，也收到了對方的新書《數理哲學導論》。羅素認為這本書受到他閱讀維根斯坦《邏輯筆錄》的影響。[11]

然而，對維根斯坦來說，這本書印證了他心底的疑慮，羅素不可能理解他剛完成的著作。讀完書後，他告訴羅素：「我真不敢相信，你竟然完全無視了我六年前口述給摩爾的想法，見不著半點痕跡。」

11 羅素在註腳裡提到維根斯坦的貢獻，註腳內容見此書第一百三十四頁。（原註）

> 簡單地說，我現在覺得自己恐怕很難跟你相互理解了，而我期盼自己的手稿對你有所意義，這僅存的一點希望也破滅了……**現在**我比之前更急著讓書付印。看著自己完成的作品身陷囹圄動彈不得，無意義的東西卻在外頭逍遙自在，簡直令人惱怒！想到就算書付印了也沒人讀得懂，這也一樣氣人！

羅素回覆得很友善。「的確，」他寫道：「我看不懂你口述給摩爾的東西，而他也愛莫能助。」至於自己的書，羅素解釋道：

> 戰爭期間我都沒碰哲學，直到去年夏天我進了監獄，才寫了一本通俗教科書打發時間。處在那種地方，我也只能寫那樣的東西。現在我又回到哲學的懷抱，比較有理解心了。

「別氣餒，」他鼓勵道：「你最後還是會為人所理解的。」

恩格曼、羅素和弗雷格是維根斯坦最希望能理解他作品的人，也是他覺得最可能理解他作品的人。一九一九年夏天，三人各收到了一份書稿。就算我們假定維根斯坦自己沒有留備份（他後來寫信給羅素證實了這件事），還是有點猜不透他是怎麼生出三份副本來的。

四月六日，恩格曼寫信給維根斯坦，刻意戲仿了書裡的編號系統，以表達內心的敬佩：

別在行間寫字！

1. 親愛的維根斯坦先生，我很高興聽到
2. 你家人說你很好，我
3. 這麼長時間沒寫信，希望
4. 你別往壞處想，但我有
5. 太多想寫，所以我寧願留到
6. 見面時再說，希望很快。但我現在
7. 必須全心全意向你道謝，因為你的
8. 書稿。前陣子，我從你姊姊那兒
9. 拿到了一份，我想我現在
10. 大體了解它，至少在我身上你已經
11. 完全實現了你的目的，藉這本書
12. 讓某人得到了一點樂趣。我很
13. 確信你的想法為真，並且
14. 辨明了那些想法的意思。祝好，
15. 你忠實的朋友，保羅．恩格曼

恩格曼顯然樂在其中，因為下一封八月十五日的信裡他又故技重施，向維根斯坦解釋自己為何有負所託，遲遲沒有弄到弗雷格的《算術基本法則》寄過去。

有跡象表明，維根斯坦最期待的是弗雷格的反應。若是如此，那他得知弗雷格的反應時肯定大失所望。

弗雷格在六月二十八日的信裡提到了他的第一印象。他首先向維根斯坦道歉，因為自己回信遲了，而且事情太多，沒什麼時間詳讀書稿，故而給不出確切的評斷。他整封信幾乎都在關切維根斯坦用語的精確性：

> 我開頭就讀到**實際情況**〔is the case〕和**事實**〔fact〕兩個詞，覺得兩者是同一回事。世界是所有實際情況，世界是事實的總和[12]。每個事實不都是實際情況嗎？我說 a 是事實，跟我說 a 是實際情況，難道不一樣嗎？那為何要兩種表達？……再來是第三句：「實際情況，事實，是 Sachverhalte（諸基本事態）的存在。」我覺得這話的意思是，一個事實是一個 Sachverhalt 的存在，因此另一個事實是另一個 Sachverhalt 的存在。難道我不能去掉「的存在」，直接說「一個事實是一個 Sachverhalt，另一個事實是另一個 Sachverhalt」嗎？又或者可以說「每個 Sachverhalt 是一個事實的存在」？

「你瞧，」弗雷格寫道：「我從一開始就發現自己陷入了疑惑，搞不清你想說的是什麼，所以無法真的進入。」他不確定維根斯坦說的 Tatsache、Sachverhelt 和 Sachlage 是什麼意思，說他需要例子來弄懂這些用語。他還想知道有不存在的 Sachverhalt 嗎？每一個對象集都是一個 Sachverhalt 嗎？[13] 弗雷格的信肯定讓維根斯坦痛心疾首，因為信裡完全看不出他有讀到第二頁。他的問題全都和書裡大約前十句有關，而且焦點都擺在用語而非內涵上。對於維根斯坦的符號理論，以及該理論在理解邏輯上的意含，弗雷格顯然絲毫沒有領會，就更不用指望他能理解這本書的道德意含了。

沮喪之下，維根斯坦將希望寄在了羅素身上。八月九日他寫信給羅素，跟他提到弗雷格對書的反應：「我想他一個字也不懂。」

> 因此，我唯一的希望就是快點見到**你**，將一切解釋給你聽，因為沒有半個人理解自己，那**非常**難受！

維根斯坦確實有理由相信羅素最後應該能搞懂這本書。因為他最初的反應更像是理解了，也更為讚許。他至少把書讀完了，而且「認真讀了兩遍」——他這麼告訴維根斯坦。而且他對這本書在講什麼也有一**些**概念（即使是錯的）。「我很確定，」他八月十三日在信裡寫道：「你主要論點是正確的：邏輯命題是重言，其之為真不同於實質（substantial）命題之為真。」

---

12 譯註：「世界是所有實際情況」（The world is everything that is the case）是《邏輯哲學論》的命題 1；「世界是事實的總和」（the world is the collection of facts）是指命題 1.1。

13 這裡我保留了德文詞，因為英語讀者可能會把譯本的差異跟弗雷格的困惑攪混在一起。奧格登將 Sachverhalt 譯成**原子事實**（atomic fact），將 Sachlage 譯成**事態**（state of affairs）；皮爾斯和麥吉尼斯則用**事態**來翻譯 Sachverhalt，而用**情況**（situation）來翻譯 Sachlage：奧格登的譯法至少有個好處，就是（如維根斯坦不得不向弗雷格和羅素解釋的）表明了 Sachverhalt 對應於（真）原子命題，因此是 Tatsachen（事實）的構件。（原註）

事實上，這並非《邏輯哲學論》的主要論點，至少維根斯坦不這麼認為，但起碼顯示羅素了解維根斯坦在邏輯上想說什麼。然而，維根斯坦在八月十九日的信裡解釋道，這只是他主要論點的一個「推論」或引申：

> 我的主要論點是一套理論，說明能用命題（即用語言）說出（及**被思考**，這兩者其實是一回事）的東西，以及不能被命題說出〔gesagt〕而只能顯示〔gezeigt〕的東西。我認為這才是哲學的首要問題。

我相信這段話和維根斯坦之前的一段評論是相連的。他說《數理哲學導論》顯示羅素完全「無視了」他口述給摩爾的筆記。雖然借用了他的重言的概念，卻沒有用到說出和顯示的區別，但他在口述想法給摩爾時就已經提到了這個區分。羅素不是不理解，而是覺得這區別很含混，不必要。他後來稱之為「一種奇特的邏輯神秘主義」，並且認為至少在邏輯上不需要這區分，只要引入一種更高階的語言（「元語言」）去說那些無法用原本的「對象語言」說的東西即可。

羅素隨信附了一張表，列出他對書稿的疑問與質疑。和弗雷格一樣，他也想知道Tatsache和sachverhalt的差別。維根斯坦的回答一模一樣：

> Sachverhalt是一個Elementarsatz（基本命題）為真實所對應的東西；Tatsache是基本命題的邏輯積為真時所對應的東西。

羅素提的其他疑問，多半出於他不願意接受這個想法：有些東西（如邏輯形式）無法用語言表達，只能顯示。例如維根斯坦在命題3.331簡要地摒棄了類型論，但羅素告訴維根斯坦：「在我看來，類型論是正確符號系統的理論：a.簡單符號不能用來表達複雜事物；b.更普遍說，符號的結構必須和其意義的結構相同。」維根斯坦答道：「這些正是不可說的東西」——

> 你不能規定一個符號**可以**用來表達什麼。凡符號**能**表達的，就是它**可以**表達的。這回答很短，但才正確！

對於羅素提到的另外兩點，維根斯坦的回答還是強調同一件事：

> ……這麼想吧：「那裡有兩個東西」這句貌似命題的話想**說**的東西，是由那裡有兩個意義不同的名稱所**顯示**的。
>
> ……「有必要給出『所有基本命題都給出了』這個命題」是不必要的，因為根本**不可能**。沒有這樣的命題！『所有基本命題都給出了』是由一件事**顯示**的，就是不存在具有基本意義卻未給出的命題。

這些問與答雖然針對的是邏輯理論的某些要點，但其背後蘊含著一個更普遍也更重要的分歧。羅素堅持元語言的可行性，去除神秘的領域，維根斯坦則堅持有些事物只能顯示不能說出，保留神秘的領域，這樣的差異不是巧合。

然而，羅素還有一個疑問沒有得到解答。這也許是他心中最大的疑問，關於書裡對數學的簡短討論，尤其是維根斯坦對集合論的斷然擯棄。「類的理論，」維根斯坦在命題6.031寫道：「在數學裡全屬多餘。」這個命題斬斷了羅素所有數學成就的根基，因此他很自然感到不安：

如果你說類在**邏輯**裡是多餘的，那我還能理解，只要假定邏輯和數學有差即可。但你卻說類在數學裡是多餘的，我就不懂了。

對此，維根斯坦只說這問題答起來很長，而「你知道我現在用寫的討論邏輯有多困難」。對於書的結尾，羅素沒什麼好評論的。「我同意你對歸納和因果等的看法，至少看不到反駁的點。」至於維根斯坦對道德、美、靈魂和生命意義的論述，他什麼也沒說。「**你認為這本書非常重要，我確信你說得沒錯**，」羅素總結道：「只是有些地方因為簡短而有些含糊」：

我很急切想見你，不只詳談這本書，也因為就是想見你。但我還不能出國。在我能自由離開國境之前，你可能已經可以自由來英國了。我一知道該寄去哪裡就會寄還你的書稿，但我希望你很快就能得到自由。

單是這封信就足以打動維根斯坦，讓他努力設法及早見面了。「我很想過去，」他寫道：「但你可以想像，德國人現在去英國實在有點尷尬。」最好的辦法是在中立國見面，例如荷蘭或瑞士，而且**要快**。「後天，」他告訴羅素：「我們或許就能離開戰俘集中營回家了。感謝上帝！」

兩天後，一九一九年八月二十一日，維根斯坦獲釋了。

第二部

一九一九—一九二八

八、印不出的真理[1]

和古往今來的許多退伍軍人一樣，維根斯坦發現自己很難重回和平的生活，幾乎無法融入。他當了五年兵，那段經歷在他個性上留下了永難磨滅的印記。他戰後繼續穿著軍服許多年，彷彿軍服已經成為他身份的一部分，不可或缺，不穿就會迷失。軍服或許也象徵了他的一種感受，這感覺終其一生未曾消失。他感覺自己屬於過去的年代，因為這套軍服屬於一支不再存在的部隊。奧匈帝國沒了，而他一九一九年夏天所回到的國家也正經歷痛苦的調整。維也納曾是帝國核心，掌管五千萬子民的生活，成員來自各色民族，如今卻成了阿爾卑斯山腳下一個貧窮蕞爾小國的首都，人口只有六百萬出頭，而且多數是日耳曼人。

維根斯坦為了保衛祖國而征伐的帝國領土，如今也成了外國。倫貝格和克拉科夫納入新建國的波蘭，特倫蒂諾山區一帶被義大利人佔走，而奧匈文化的最後堡壘奧爾穆茲則成了捷克斯洛伐克的城市。捷克斯洛伐克是「民族自決」而成的混合體，恩格曼不得已成了公民，申請護照時還遇到了問題，讓他好幾個月無法去維也納造訪維根斯坦。對許多奧地利人來說，奧地利獨立存在的理由已經滅絕了，因此於一九一九年投票贊成跟德國合併。在這些人眼中，既然身為日耳曼國家，當然最好還是成為祖國的一部分。但協約國不僅否決了他們的選擇，同時藉由《凡爾賽條約》和《聖日耳曼條約》[2]的戰後賠償，讓這兩個日耳曼國家裡的日耳曼人民脫離不了赤貧狀態，逼得他們含恨在心，直到下一次大戰爆發。

維根斯坦希望參戰能改變自己，結果真的改變了。他服役四年被俘一年，面臨過死亡，經歷過信仰覺醒，擔負過別人的性命，忍受過長期監禁，獄友全是他之前連同坐一節車廂都不可能的人。這些都讓他徹底改頭換面，給了他一個新的自我認知。可以說，一九一九年的他沒有回到任何地方或事物上，因為一切都變了，他再也無法重拾一九一四年自己拋下的生活，一如他再也變不回柏林約勒斯夫婦認識的「小維根斯坦」。他被迫重新打造自己，為過去五年經歷所造就的這個人找到新的角色。

家人為他的變化感到驚惶和灰心，無法理解他為何想受訓當小學教師。羅素不是親口認可他的哲學天才了嗎？不是說他將帶領哲學邁出一大步？那為何現在要把天份浪費在無知的窮人身上？維根斯坦的姊姊赫爾敏說，這就像拿著解剖刀去開大木箱一樣。對此，維根斯坦的回答是：

> 妳讓我想到某人從關著的窗的玻璃往外望，見到一名路人動作怪得讓他看不懂。他不曉得外頭正刮多大的風，也看不出那人可能只是拚了命想站穩。

1　譯註：標題原文為THE UNPRINTABLE TRUTH，這一方面指《邏輯哲學論》出版困難，見後文；一方面則是戲仿其「真理不能說出（unsayable）只能顯示」的思想。

2　譯註：《凡爾賽條約》是第一次世界大戰後，戰勝的協約國和戰敗的同盟國簽訂的和約，標誌著第一次世界大戰正式結束。《聖日耳曼條約》的內容則是宣布奧匈帝國正式解散，奧地利承認匈牙利、捷克斯洛伐克、波蘭和南斯拉夫王國的獨立。

一般人當然會想，維根斯坦比喻裡的那個人最自然的做法就是進屋避風，但維根斯坦卻做不到。對他來說，戰場上的磨難不是避之不及的厄運，而是賜給他生命以意義的事物。靠著家人的財富和自身的學識避開風暴，躲進安全和舒適之中，只會犧牲掉他在艱苦中掙扎所獲得的一切。那是為了活在平原而放棄攀登山峰。

維根斯坦認為自己不僅不該利用繼承來的財富特權，還得利用不了。這一點對他非常重要。戰後返回家園時，他是全歐洲數一數二的有錢人，因為他父親敏銳的財務嗅覺，戰前就將家族財富轉成了美國債券。但維根斯坦回家後不到一個月，就已經將名下的財產全數轉出。他堅持將自己繼承來的資產轉讓給姊姊赫爾敏、海倫娜及哥哥保羅（至於葛蕾塔，維根斯坦覺得她已經太有錢了，不必列入），讓他的家人備感憂心，家族會計師也大吃一驚，其他親戚（如他叔叔保羅．維根斯坦）更是無法理解他的哥哥和姊姊怎麼能收下這筆錢。難道不能起碼偷偷存下一些，免得他日後反悔？但赫爾敏寫道，這些親戚並不曉得，維根斯坦擔心的正是這一點：

> 他一再希望能確保自己身上不會有任何錢，任何形式的財產他都不要。他一次又一次地強調這一點，搞得負責轉讓的公證人都快絕望了。最後公證人終於被他說服，決定一字不差按著他的意願去做。「所以，」公證人嘆道：「你根本在財務自殺！」

一九一九年九月，處理掉自己的財產，並在庫德曼街（Kundmanngasse）的師範學校註冊之後，維根斯坦搬出了新瓦德格街的家門，在下維亞杜克特街（Untere Viaduktgasse）租了間宿舍，更進一步甩脫了自己的特權身份。下維亞杜克特街位於維也納第三區，走路到師範學校很近。[3]

其後幾個月，維根斯坦過得非常痛苦，不只一次盤算過結束自己的性命。他筋疲力竭，失去了方向。回家後不久，他寫信給羅素說：「我還沒完全正常。」又對恩格曼說：「我不是很好（就我的精神狀態而言）。」他要羅素和恩格曼儘快來看他，只是兩人都無法成行。恩格曼拿不到捷克斯洛伐克護照，而羅素正在倫敦政經學院講課（《心的分析》便是以他上課的教材為基礎），必須在英格蘭待到耶誕節，而且他也可能出不了國。「你可能知道，」他回信給維根斯坦：「我跟政府鬧翻了。」不過，他還是提議兩人耶誕假期在海牙碰面。「如果政府准我去的話，我可以待上一週。」

無法和羅素或恩格曼重聚的挫折，顯然讓維根斯坦緊繃的情緒雪上加霜。他感覺自己失去了所有老友，又無法建立新的友誼。過去五年來他最期盼的會面，已經因為「親愛的大衛」（他在給品生特夫人的信裡這麼寫著）過世而無望了，其他如願以償的會面不是令人受挫，就是徹底的失望。他去見了魯斯，卻告訴恩格曼他感覺「驚駭和噁心」。

> 他染上了最惡性的偽唯智主義！他給了我一本小冊子，主張成立**藝術局**，還談到反聖靈的罪。這絕對超出了底線！我去見魯斯時已經有點沮喪，結果卻成了最後一根稻草！

3 維根斯坦只在那裡住了一個月左右，但由於作家威廉斯・沃倫・巴特利三世（William Warren Bartley III）的緣故，這段時光成了熱烈討論的話題，詳見附錄。（原註）

而他一個三十歲的退伍軍人，在師範學校跟十幾歲的青年一起上課，也不大可能交到許多新朋友。「我不可能再像文法學校的孩子一樣了，」他寫信給恩格曼：「而且說來好笑，那種羞辱感是**那麼**強烈，我常覺得自己就快受不了了！」他在寫給羅素的信裡也有類似的抱怨：

> 板凳上坐滿了十七八歲的男孩，而我已經三十歲了。這造成了一些可笑的狀況，還有許多**非常**不愉快的經驗，我常覺得悲哀！

雖然正邁向新的職業與生活，並從許多方面刻意斬斷拴住他的家族紐帶，但維根斯坦仍然需要為戰前和戰後的自己建立某種連結。師範學校開課之前，他去霍赫海特待了約十天。照他對恩格曼的說法，他去是希望「可能的話，再次找到一點自我」。

在他向羅素抱怨的不愉快經驗中，有一回是來自他的家族背景和他對家人的矛盾情感。老師問他是不是**那個**維根斯坦家的人，就是有錢的維根斯坦家。他說是。是**很近的**親戚嗎？老師繼續問。維根斯坦覺得自己必須撒謊：「不是。」

祖國因戰敗而陷入窮困，摯友過世，無法跟老友重聚的沮喪，加上孤注一擲開始新生活的壓力，可能足以解釋維根斯坦一九一九年秋季時的自殺念頭。但他消沉最重要的原因或許還是找不到人出版《邏輯哲學論》，甚至連一個理解它的人也找不到。

他覺得自己寫的這本書為哲學問題找到了確鑿的、顛撲不破的正確解答，沒想到想找一個願意出版它的人竟然這麼難！即使是當時被亞霍達拒絕了，身在卡西諾戰俘營的他也還自信滿滿地說：「我一回家就會出版。」

返回維也納沒幾天，維根斯坦就帶著書去找威廉・布勞穆勒（Wilhelm Braumüller），亦即魏寧格《性與性格》的出版商。他告訴羅素說，布勞穆勒「自然既沒聽過我的名字，也對哲學毫無概念，因此需要尋求專家意見，以確保這本書值得出版」：

> 為此，他想向這裡他信賴的一個人（可能是某位哲學教授）徵詢意見。我告訴他這裡沒人能評判這本書，但**你**或許會願意寫一份簡單的評語給他，說明這本書的價值。如果你評價不錯，就足以讓他出版它。出版商的地址是維也納十一區塞維騰街五號，收信人威廉・布勞穆勒。請你秉著真實的感受，寫幾句話給他吧。

收到羅素的評述後，布勞穆勒同意出版這本書，條件是維根斯坦必須負擔印刷和紙的費用。但布勞穆勒說這話時，維根斯坦已經沒錢了，而且就算有錢，他也會拒絕這樣的條件。「我覺得，」他說：「將一本書強加在世界上是不得體的，而出版商也是世界的一部分。寫作是**我的**事，但世界必須照一般的方式接受它。」

等待出版商決定期間，維根斯坦收到了弗雷格的來信。這是一封遲來的信，同時回覆了維根斯坦於卡西諾寫的最後一封信和他返回維也納後寫的信。弗雷格對於維根斯坦使用 Sachverhalt 一詞的清晰性依然很不滿意：

現在你寫道：「一基本命題為真時，則對應一Sachverhalt之存在。」這裡你沒有解釋Sachverhalt，而是解釋了「一Sachverhalt之存在」這整句。

維根斯坦對於全書意旨的說明也讓他深感不解。「這本書可能只有已經想過書中想法的人才能理解」，維根斯坦在前言裡寫道，而他一定也在信裡對弗雷格說過類似的話。「因此這不是教科書。只要一個讀懂它的人從中得到了樂趣，這本書的目的就達成了。」弗雷格覺得這很奇怪：

所以，讀你的書的樂趣不再來自內容，因為內容都是已經知道的了，而完全來自作者給予這本書的特殊形式。也就是說，這本書的成就是藝術的，而非科學的。書裡說了什麼僅是次要，怎麼說才是重點。

不過，維根斯坦信裡一句話讓弗雷格很受鼓舞。弗雷格曾表示「世界是所有實際情況」和「世界是事實的總和」兩句話意思相同，對此維根斯坦寫道：「這兩個命題意思相同，但我寫下它們時心裡連結的觀念（idea）卻不同。」這話踏進了弗雷格（他自認為）的地盤。他完全贊同維根斯坦的觀點，尤其維根斯坦講到了他當時看重的一個想法。他論證道，維根斯坦的觀點要能成立，就必須區分命題和命題的意義，從而才有可能出現兩個命題意思相同，但連結的觀念不同。他在寫給維根斯坦的信裡說：「一個命題的實際意思對所有人都是一樣的，但其連結的觀念卻因人而異……沒有人能擁有別人的觀念。」

弗雷格不久前才發表了一篇論文談論這個主題，題目為〈思想〉(Der Gadanke)，收錄在《德國觀念主義哲學學報》(Beiträgen zur Philosophie des Deutschen Idealismus)。他在信裡附了論文給維根斯坦。雖然弗雷格努力想搞清楚《邏輯哲學論》的意義何在讓維根斯坦頗不耐煩，在收到信後對羅素說「我的書他一個字也不懂，為了徹底、淺白解釋給他聽搞得我筋疲力盡」，但他還是不忘把握機會，希望能找到可能認可這本書的出版商。拒絕布勞穆勒自費出版的提議之後，他請弗雷格幫忙詢問，看有沒有可能將自己的書發表在刊登弗雷格論文的學報上。

弗雷格的回覆不是太令人興奮。他告訴維根斯坦，他可以寫信給學報編輯，告訴對方「我很清楚你是一位值得十分看重的思想者」。但「對於文章本身，我無法給出評斷，不是因為內容我不贊同，而是對我來說太不清晰」。他可以問問編輯是否想看一看這本書，但「我不認為會有什麼結果。」因為書印出來約五十頁，幾乎是整期學報了，而「我認為編輯應該不會將整期學報交給一位作者，何況是尚無名聲的人」。

不過，要是維根斯坦願意將書分段，就比較可能在學報發表了(而且弗雷格本人看來也更支持這麼做)：

> 你在前言裡寫道，書裡呈現的想法在你看來絕對正確，而且無懈可擊。那能不能以一個想法(就其解決了一個哲學問題而言)作為一篇論文的主題，這樣你書裡處理了多少哲學問題，就可以分成多少部份？

弗雷格指出這麼做有一個好處，讀者不會因為書的長度而嚇跑，而且「要是作為基礎的第一篇論文得到肯定，在學報上發表其餘的部份就更容易了」。

他認為，這麼做還能讓這作品更清晰。他告訴維根斯坦，讀者讀完前言後，其實不大知道第一個命題要講什麼。他們期待看到的是一個問題，見到問題的概貌，以及書裡對問題的處置，結果卻只見到一則乾巴巴的斷言，沒有給出任何根據。若能先說清楚這本書會為哪些問題提出確鑿的解答，不是更好嗎？

「別往壞處想，」弗雷格在信末寫道：「我說這些是出於好意。」

他的建議對維根斯坦不具任何意義。對維根斯坦來說，將書分段等於「徹頭徹尾破壞了它，簡單說就是用它生出另一個作品」。如同弗雷格先前所言，維根斯坦思想的表述方式和作品本質息息相關，因此收到信後，他便放棄了在《德國觀念主義哲學學報》發表自己作品的念頭。

他的下一個念頭是馮費克的《火爐》，或許認為既然這本書對哲學刊物來說太過文學，不如試試文學期刊。說也湊巧，他正想找魯斯詢問馮費克的地址，馮費克的信就來了。他告訴維根斯坦《火爐》要繼續發行，問要不要寄一本給他。維根斯坦立刻寫了一封長信給他，解釋自己作品的來龍去脈。「大約一年前，」他在信裡寫道：「我花了七年撰寫的哲學作品終於完成了」：

> 嚴格說來，這本書呈現了一套系統，而且呈現得**極度**精簡，因為我只保留了自己確實產生的想法，以及它們如何產生。

他接著寫道，自己一寫完這本書就想找人出版，「結果困難重重」。

我的作品很短，只有大約六十頁。誰會寫一本六十頁的哲學小冊子呢？……只有某些徹底沒救的文字匠，既無偉大的心靈，也沒有教授的博學，卻不惜代價想要發表東西的人才會這麼做。因此，這類作品通常是自費出版的。但我實在不能讓自己的生命之作（它真的是）跟那些作品混為一談。

再來他告訴馮費克，目前他收到克勞斯、魏寧格和弗雷格的出版商的回應都不大令人滿意，最後才提到重點：「我忽然想到，或許**你**會願意將這個可憐的小東西納於羽翼之下。」若馮費克考慮在《火爐》發表他的作品，他就將手稿寄給他，但「在那之前，我只能說」——

這作品是純哲學，也是純文學，但裡頭絕沒有胡言亂語。

馮費克的回信帶著幾分肯定，幾分謹慎。「你為何沒有立刻想到我？」他在信裡問道：「你應該不難想像，比起心裡只有商業利益的出版商，我對你作品的興趣完全不同，是更深刻的。」奇怪的是，他接下來卻大段談論起**自己**需要考慮商業利益。他說之前發行《火爐》是為了愛，而不是錢，但不能再這樣下去了。世道艱難，他有妻兒要養，印刷費用又高得令人卻步。戰後奧地利民生凋敝，出版是一樁冒險的生意，而他得確保自己避開不必要的風險。儘管如此，或許他意識到一九一四年的資助讓自己對維根斯坦仍然有所虧欠，因此在說了「純學術的作品其實不在我們的出版範圍裡」之後，還是要求看一看維根斯坦的手稿。「放心，親愛的維根斯坦先生，我會盡力滿足你的願望。」

維根斯坦顯然被打動了，將手稿寄給了馮費克。「我就指望你了，」他在隨附的信裡寫道，並提到自己希望這本書如何被讀者理解。這是維根斯坦做過最明白的陳述。他需要對這本書說點**什麼**。他告訴馮費克：「因為我真心相信，你無法從裡頭讀出多少來。你不會理解它，只會覺得內容很陌生」——

其實你不會覺得陌生，因為它的要旨是道德的。我曾想在前言裡提個幾句，結果沒寫，但我現在要寫給你，因為對你來說可能是關鍵：我想寫的是，我的書包含兩部份，寫下來的和**沒有**寫下來的部份，而後者才是重要的。可以說，我的書是從內部為道德劃界，而我相信，**嚴格**來說，道德只能以這種方式劃界。簡言之，我認為：現在**許多人**對之**胡說八道**的事物，我在這本書裡都對之保持沉默，從而界定了它們。因此，如果我沒想錯，這本書其實說了許多你自己也想說的事物，只是你可能不會發現。目前，我暫且推薦你讀**前言**和**結論**，因為這兩部份最直接表達了我剛才說的要點。

若這番話是為了讓馮費克相信，無論《邏輯哲學論》給人的表面印象為何，它的要旨和《火爐》目標一致，那麼維根斯坦就打錯算盤了。他這麼說等於要馮費克承認，他對道德想說的一切最好藉由沉默來表達，還隱含《火爐》裡發表的許多文章都只是「胡說八道」。他在信裡也沒顧慮到安撫馮費克的財務窘境。對一名憂心償付能力的出版商來說，實在不能指望一本沒將最重要部份寫出來的書是個誘人的提議。

馮費克的回應很冷淡。他十一月八日在信裡寫道，雖然還不確定，但他恐怕無法出版維根斯坦的著作，因為當時主管雜誌的是他的朋友兼同事，而他在上封信裡也解釋過，出版社的財務是由這位同事負責。對方沒有把話說死，只是認為維根斯坦的書太過專門，不適合在《火爐》發表。不過，馮費克去找了里爾克，詢問哪裡可以找到其他出版社。最後他問能不能把書稿拿給一位哲學教授看看？這位教授在因斯布魯克大學任教，是他的舊識，熟悉羅素的著作，很有興趣讀讀維根斯坦寫的東西。誰曉得，說不定他能替他找到出版社呢！

這封信讓維根斯坦沮喪不已。「你還記得，」他寫信給羅素：「你老是逼我發表東西嗎？現在我想發表卻發表不了。隨它去吧！」他回信給馮費克：「你的回覆雖然不出意料，但自然令我不大好受。我也不知道哪裡願意出版我的書。真希望我沒活在這個糟透了的世界上！」當然，馮費克可以把書拿給教授看，但將哲學作品拿給哲學教授看就像對牛彈琴一般，「反正他一個字也看不懂。」

> 現在我只有**一事**相求：給我一個痛快，直接說「不行」，而非慢慢凌遲我。我的神經現在不夠堅強，受不了這種奧地利式的委婉。

維根斯坦信裡的絕望嚇到了馮費克，讓他立刻發了電報：「別擔心，你的書無論如何一定會出版。」維根斯坦如釋重負，回信說他希望馮費克接受這本書是因為它值得出版，而不是施恩給他。「我想我能這麼說，如果達拉戈和黑克爾等人的作品你能出版，**那麼**也能出版**我的**書。」然而，他收到的下一封信證實了他心底尚存的疑慮。馮費克寫道，他還是希望里爾克能找到出版商，但要是沒有，維根斯坦上一封信裡的痛苦和沮喪深深觸動了他，他已經決定自己甘冒一切風險也要出版這本書。他寧可如此，也不願辜負維根斯坦對他的信任。（他又寫道：順帶問一句，如果真能出版，數字編號非保留不可嗎？）

這麼做顯然不行，維根斯坦回信道：「因為出版我的書而使一個人（無論是誰）生計遭受威脅，這責任我承擔不起。」馮費克並未辜負他的信任：

> ……因為我所信任的，或不如說我所期望的，僅僅是你能慧眼看出這本著作不是垃圾，我沒有自欺欺人，而非你對它毫無想法，只是出於**對我的善意就不顧自己利益地**接受它。

而是的，編號絕對必要，「因為單靠編號就能讓這本書清晰明瞭，否則只會是一團不可理解的亂麻。」這本書必須照原有格式出版，而且必須是他們覺得值得出版才出版，此外一律不行。如果里爾克能做到這些，他會很高興，但「如果不行，就忘了這件事吧」。

很難知道里爾克為了維根斯坦的事費了多少力。一九一九年十一月十二日，他從伯恩[4]寫信給馮費克，想知道替他出版詩集的島嶼出版社（Insel-Verlag）是否合適，同時建議去找哲學家蓋沙令伯爵[5]的出版商奧托·海歇爾（Otto Reichl）。只是這兩項提議都沒下文，也沒有其餘相關的書信保留下來。

這時維根斯坦已經厭煩到極點了。「難道有專門在抓邪惡出版商的**坎卜斯**[6]？」他問馮費克，並且於十一月十六日寫信給恩格曼：

> 我已經好幾次想了結生命，你就知道我消沉到什麼地步了。不是因為自己的差勁而絕望，全是外在的原因。

十一月，維根斯坦離開下維亞杜克特街的宿舍，搬進索格倫家（Sjögren family）位於維也納十三區聖維特街（St Veitgasse）的房子，心裡的絕望才稍微緩和了些。索格倫和維根斯坦兩家是世交，艾爾維·索格倫（Arvid Sjögren）生前是維根斯坦家族旗下鋼鐵廠的經理，遺孀米瑪（Mima）則是赫爾敏的閨中密友。米瑪獨力撫養三個兒子非常辛苦，維根斯坦家族認為讓維根斯坦充當一家之主或許能幫助她。既然他拒絕跟家人同住的好處，或許能說服他扛起照顧另一個家的責任。他們覺得說不定能安撫他的沮喪。

這招算是奏效了。一九一九年可能是維根斯坦一生最抑鬱的一年，只有他和索格倫家相處的日子還算愉快。「正常人對我來說是一帖良藥，」他寫信給恩格曼：「也是一種折磨。」他和索格倫家次子艾爾維（Arvid）成了摯友，甚至宛如他的父親。艾爾維是個壯碩、手腳笨拙粗魯的男孩，後來常被喚作「熊人」，一生大半時光都受著維根斯坦的道德指引。因為維根斯坦的影響，他完全放棄了唸大學的想法，轉而受訓成為技工。在這點上，他可以說是維根斯坦的第一位弟子，走在一九三〇和四〇年代許多劍

4 譯註：伯恩（Berne）為瑞士第五大城，亦是瑞士首都。

5 譯註：Count Keyserling，1880-1946。德國哲學家，波羅的海德國貴族。

6 譯註：根據阿爾卑斯山區的民間傳說，坎卜斯（Krampus）是聖尼古拉（Saint Nicholas，天主教之聖人，聖誕老人的原型）之隨從。聖誕節時，聖尼古拉會給乖小孩糖果和禮物，坎卜斯則會懲罰不乖的孩子。

橋高材生的前頭，選擇一份正當的行業，而不是照著自己的出身和教育背景走上預備好的職涯道路。

十一月，維根斯坦和羅素魚雁往返，討論十二月在海牙碰面的計畫。他們得定下時間，克服官僚阻礙，還得籌措旅費，至少維根斯坦需要籌錢。「想到你得賺錢謀生我就難過，」羅素得知維根斯坦放棄了所有財產之後寫信給他：「但不意外你這麼做。我也比以前窮多了。他們說荷蘭物價很高，但我想我們熬上一週應該還不會破產吧。」為了籌措維根斯坦的旅費，羅素將維根斯坦去挪威前留在劍橋一名商人那兒的家具和書買了下來，其中包括維根斯坦一九一二年煞費苦心挑選的家具。羅素付了一百英鎊，他後來在自傳裡說，這是他做過最好的買賣。

十二月十日，羅素攜同新任情人（後來的妻子）朵拉・布雷克（Dora Black）抵達海牙，住進了雙城旅館。「你一到海牙就過來，」他寫信給維根斯坦：「我等不及要見你了。我們會找到辦法出版你的書，必要的話在英國出版也行。」兩天後，維根斯坦和艾爾維一起到了海牙。朵拉日後這樣回憶艾爾維：「很少講話，甚至吃飯時也很沉默，簡直跟影子一樣模糊。」那一週，維根斯坦和羅素熱烈討論他的書。羅素十二月十二日寫信給柯萊特（Colette），說維根斯坦「滿腦子邏輯，幾乎沒辦法讓他談一點個人的事」。維根斯坦絲毫不想浪費兩人共處的時間，總是一早醒來就去敲羅素的門，直到羅素起床，接著便馬不停蹄討論邏輯，連續好幾小時。兩人逐行逐句讀這本書，結果成效卓著，羅素對書的評價比以前更高，維根斯坦則欣喜於總算有人理解了它。

羅素並未完全贊同這本書，尤其無法接受維根斯坦的這個觀點——所有對於世界整體的斷言都是無意義的。對羅素來說，「世界上至少有三個東西」這個命題既有意義也是真的。討論這一點時，羅素在白紙上畫了三個墨點，「求他承認既然這裡有三個墨漬，世界上就至少有三個東西，但他死不接受」：

> 他承認紙上有三個點，因為這是個有限的斷言，但就是不承認人可以對世界整體有所斷言。

「他學說的這個部份，」羅素堅持道：「我覺得絕對錯誤。」

與此類似，羅素也無法接受維根斯坦先前提過的全書「主旨」：命題無法說出的**可以**被顯示。對羅素來說，這仍然是個玄之又玄的主張，毫無吸引力。他寫信給奧特琳說，沒想到維根斯坦竟然成了徹底的神秘主義者，「他深深陷入了神秘的思考和感覺模式，但我覺得（雖然他不會同意）他最喜歡神秘主義的一點，就是它能讓他停止思考。」

不過，羅素對書裡的邏輯理論還是印象深刻，答應根據兩人在海牙的討論寫一篇引言，解釋書裡最難懂的部份。羅素當時已是暢銷作家，有他撰寫引言，《邏輯哲學論》出版幾乎不成問題。維根斯坦興高采烈回到維也納。「我**很**享受在海牙的那幾天，」一九二〇年一月八日他寫信給羅素：「我覺得（你應該也是吧？）我們那週有了許多真正的進展。」他寫信給馮費克說：「這本書現在對出版商的風險小得多了，甚至毫無風險，因為羅素鼎鼎大名，自然會吸引某一群讀者拜讀這本書」——

> 我這麼說當然不代表它會交到適當的人手裡。但無論如何，有利的形式不是那麼不可能了。

馮費克隔了兩週多才回信，顯然仍舊認為這本書只會成為財務包袱，不會有其他可能。他一月十六日在信裡寫道：「不管有沒有羅素，依照目前的局勢，奧地利**沒有一家**出版社冒得起這個險。」他建議維根斯坦先在英國出版，有機會再發行德文版。

維根斯坦料到馮費克幫不上忙，已經接觸了別的出版商。靠著恩格曼牽線，維根斯坦得到一位黑勒博士（Dr Heller）推薦，跟德國萊比錫的雷克拉姆出版社（Reclam）取得了聯繫。對方一聽羅素願意寫序，簡直迫不及待想看這本書。

維根斯坦立刻從馮費克那裡要回手稿，寄給了雷克拉姆出版社。二、三月他一直殷殷盼著羅素的序，但一收到就失望了。「裡頭有太多段落我不贊同，」他告訴羅素：「包括你批評我的地方，還有你只是想闡明我觀點的地方。」不過他還是將序譯成德文準備付印，結果卻更糟糕。「你那簡練的文風，」他寫信給羅素：「在譯文裡統統消失了，只剩膚淺和誤解。」他將序言寄給了雷克拉姆，但表明不作出版之用，僅供出版社作為是否出書的參考。結果果然如他所料，雷克拉姆拒絕了這本書。他用了一個理由安慰自己，並且告訴羅素，這理由「在我看來是無可反駁的」：

> 我的書要嘛是上乘之作，要嘛不是。若是後者（這更有可能），我自己也寧願它不要出版。若是前者，那它早二十年或晚一百年面世都無所謂。畢竟就像《純粹理性批判》，誰會問它是一七多少年出版的？

羅素這時正隨同英國工黨的代表團出訪蘇聯，直到六月回國才看到信。他的反應非常大度：「我完全不在乎那篇序，你的作品沒辦法出版才真的讓我難過。既然如此，要不要我試著在英國出版？」維根斯坦說好，「你想拿它怎麼辦都行，」他自己已經放棄了。「但要是你想出版它，那就全憑你處置。」

儘管他在寫給羅素的信裡自我安慰，但遭到雷克拉姆拒絕後，還是陷入了深深的絕望中。五月底他寫信給恩格曼說：「我一直想著自我了結，這個念頭依然不時糾纏著我。**我已跌到了谷底**。願你永遠不會到這地步！我有辦法再振作嗎？唉，等著看吧。」

他這時又一個人住了。四月初他搬出了索格倫家，再度住進宿舍。這回是在拉祖莫夫斯基街（Rasumofskygasse）上，跟前個宿舍一樣在維也納第三區。「這回搬家發生的事，我只要想到就很低落。」事實上，他是逃出索格倫家的，因為索格倫夫人愛上了他。[7]

維根斯坦這段時期寫給羅素的信，顯示他灰心絕望，很想自殺；寫給恩格曼的信更是如此。信裡強烈的自我譴責，就算維根斯坦向來苛求自己，也顯得太極端。他將自己的厄運歸於他的「低劣與腐爛，」並且說他擔心「魔鬼有一天會來把我收走。」[8]

對維根斯坦和恩格曼而言，宗教和意識到自己的失敗密不可分。事實上，恩格曼認為這份自覺是宗教意識的核心：

7 至少索格倫和維根斯坦兩家有些人如此認為，因此（參見布萊恩．麥吉尼斯〔Brian McGuinness〕，前引書，第二八五頁）之後總是刻意不讓維根斯坦和米瑪出現在同一場合。（原註）

8 巴特利三世的書出版以來，許多人開始理所當然將這些自責跟所謂的「普拉特事件」（譯按：Prater episodes，詳見正文後附錄）連結起來。但就算真的有關，恩格曼自己也沒察覺。維根斯坦死後，他在日記裡寫道，他常被問及維根斯坦的同性戀傾向，但什麼也說不了，因為他們倆從來沒談過這件事。（原註）

> 如果我不快樂，並且知道自己的不快樂反映了我和生活現實間的巨大分歧，那我就什麼也沒解決。我會走在錯誤的軌道上，永遠困在情緒和思想的混亂中，除非得到那至高而關鍵的洞見，否則永遠無法脫身。那洞見就是：分歧不是生活現實的錯，而是我自己的錯……
>
> 得到並堅守這個洞見的人，一次次努力照洞見而活的人，是有宗教情懷的人。

照這個觀點，不快樂**就是**挑自己的錯，厄運只能是自己「低劣和腐爛」的結果。宗教情懷就是認識到自己一文不值，並擔負起改正自己的責任。

維根斯坦和恩格曼從談話到書信往來，都環繞著這個主題。例如恩格曼一月寫信給維根斯坦，提出一串關於宗教的見解：

> 基督之前，人體驗到的神（或諸神）是外在之物。
>
> 基督以後，人（不是所有人，而是學會透過基督去看的人）將神視為內在之物，因此可以說，神通過基督被帶進了人類……
>
> ……通過基督，神成了人。
>
> 魔鬼**想**成為神而不得。
>
> 基督不想成為神卻**成了**神。
>
> 因此，邪惡是不配愉悅卻要愉悅。
>
> 但若人不要愉悅卻**行得**正確，喜悅就會自己到來。

維根斯坦評論這些見解時，並沒有說它們錯了，只認為表達不妥當。「這些描述還是不夠清楚，」他寫道：「我認為一定有辦法說得更妥當（甚至什麼都不說，這更有可能）。」就算最完美的表達方式是沉默，這些見解還是正確的。

維根斯坦認為恩格曼是「理解人類的人」，因此當他嘗試由雷克拉姆出版《邏輯哲學論》而未果，情感和心靈都備受打擊時，心裡只想找恩格曼談談。而五月底他陷入人生的「谷底」不斷想著自殺時，也是向恩格曼求援。恩格曼用一封長信振作了維根斯坦。他提到自己的經歷，說他近來苦惱於自己為何而工作，不知道工作的動機是否正直得體。他抽空到鄉下獨處了一段時間，思考這件事。頭幾天很不滿意：

但接著我做了一件事。我能告訴**你**，因為你夠了解我，不會覺得蠢。那件事就是我開始「懺悔」，試著回憶生命裡的一些事件，在一小時內盡可能詳細地回憶。針對每件事，我努力釐清自己本該怎麼做。靠著這樣的**全盤綜觀**〔übersicht〕，原本混亂的圖像簡明了許多。

隔天，我依著這新得的洞見，修改了自己對未來的計畫與意向。

「我完全不曉得，」他寫道：「類似的舉動對你現在是不是好的，有沒有必要，但也許告訴你這個，能幫你找到點什麼。」

「至於你談到自殺的念頭，」恩格曼接著說：「我是這麼想的」——

這些念頭跟其他念頭一樣，背後可能有著高貴的動機。然而，這動機以**這種**方式呈現，以自殺的念頭呈現，這必然是錯的。自殺一定不對。人只要活著，就不會徹底迷失，而促使人自殺的，卻是對徹底迷失的恐懼。照剛才所談的，這種恐懼毫無根據。當人陷入其中，會做出最壞的事，結束自己生命，放棄原本可能讓他逃出迷失的時間。

「這些你顯然都比我清楚，」恩格曼在信裡寫道，為自己似乎在向維根斯坦說教而解釋：「但人有時會忘記自己知道的東西。」

維根斯坦日後曾經多次使用「預備懺悔」的方式來釐清自己的生命。但這回幫助到他的不是這個做法，而是聽到恩格曼自己的掙扎。「謝謝你友好的信，」他於六月二十一日寫道：「我得到許多喜悅，因而或許也得到了一點幫助。雖然以我的情況而言，外人是幫不了我的。」

> 事實上，我此刻的心境連我自己都覺得可怕。我之前也遇過幾次，就是那種**無法克服某個具體事實**的狀態。我知道，這種狀態很可悲，但我只想得到一種解藥，那當然就是和事實妥協。然而，這就像不會游泳的人掉進水裡，手腳亂揮亂踢，感覺自己怎麼也**無法**將頭抬到水面上，這就是我的處境。我知道自殺永遠是一件骯髒事。人當然**不會**想要自我毀滅。不管是誰，只要想到自殺涉及什麼，就知道自殺永遠出於**一股自我辯護的衝動**。然而，沒有事情要比不自主地奪走自己性命更糟了。
>
> 當然，一切都歸結於一點，就是我沒有信仰！

很遺憾，我們不曉得維根斯坦這裡說的事實是什麼。可以確定的是，這事實跟他自己有關，而他覺得唯一的解藥是宗教信仰。少了信仰，他的人生就無法忍受。他的處境是想結束生命卻又無法自殺。照他對羅素的講法：「對我來說，最好的結局或許是我夜裡躺下，從此不再醒來。」「不過，或許還有更好的事，」他在括弧裡補充道。這封信寫於七月七日，那天他拿到了教師證：這暗示在教書裡他或許可以找到值得為之而活的東西。

維根斯坦順利完成了師範學校的課程，但仍心懷疑慮。他告訴恩格曼，師範訓練最好的一點，就是教書時能讀童話給孩子聽。「讀童話讓他們開心，也舒緩我的緊張，」這對「我目前的生活是好事一件。」他在戰俘營的朋友亨澤爾給了他幫助與鼓勵。亨澤爾本身是老師，也是維也納教育界的知名人物。受訓期間，維根斯坦不只一次想放棄，因為（他告訴亨澤爾）他和同學關係惡劣。亨澤爾很敏銳，一眼就看出問題出在維根斯坦一貫的敏感。「你和同學之間沒有牆，」他回信道：「我身上包著一層更厚的殼。」

維根斯坦接受的師範訓練，應該是以「學校改革運動」（School Reform Movement）的綱領為方針。這項運動由當時的教育部長奧托．格洛克爾（Otto Glöckel）發起，希望重新打造戰後奧地利的教育，裡頭充滿了世俗、共和與社會主義的理想，贏得了奧地利許多知名知識分子的好感及參與，但維根斯坦並不認同。培養學童成為民主公民不是他當老師的動機。他和恩格曼的動機基本上是宗教的，跟這些社會和政治動機格格不入。

亨澤爾本身也有宗教性格，因此也和學校改革運動不合，後來更成為保守天主教組織「新大陸聯盟」

（Der Bund Neuland）的領袖。新大陸聯盟也主張改革教育，但希望保持甚至增強天主教的影響。不過，維根斯坦對他們的主張也不認同。神職者和社會主義者的衝突主導了戰後奧地利的公眾生活，而維根斯坦左右搖擺，一方面和社會主義者一樣討厭天主教體制及浮泛的平等主義，一方面又憎惡社會主義者的世俗主義[9]，以及他們的政治和社會改革信念。然而，在一九二〇年代政治動盪和日益兩極化的氛圍下，搖擺或超然都只會被誤解。對保守的神職者來說，他輕視傳統就足以被當成社會主義者；但對社會主義者來說，他的個人主義和宗教性格又說明他是反動的神職派。

因此，維根斯坦在格洛克爾派底下受訓，卻對其中某些目標敬而遠之。他不確定自己在學校裡的名聲，便問亨澤爾有沒有聽到講師們說了什麼。亨澤爾說教師們一致讚揚他，認為他是認真又有能力的準老師，很清楚自己在做什麼。所有課程的教師，從教育理論、自然史、寫字到音樂，都很滿意他

的表現。「心理學教授還很得意地說，高貴的維根斯坦閣下令他非常滿意。」

接受師範訓練這一年，維根斯坦常去造訪亨澤爾，有時會和另一名戰俘營的朋友德羅比爾一起去。他和亨澤爾不僅討論教育問題，也談論哲學。亨澤爾是位博學的參事長（Hofrat Direktor），對哲學很有興趣，一生發表了約二十篇相關論文，主題大多是倫理學。他在五月二十三日的信裡向維根斯坦提到了「批判實在論者」庫爾佩的著作《實現》[10]，並扼要說明了書中區分的三種對象：實存的、理想的和真正的對象。維根斯坦對此興趣何在，我們不得而知，因為庫爾佩只被提過這麼一次。但有另外一項證據，顯示維根斯坦當時正在關注形上學的觀念論和實在論之爭。這項證據就是弗雷格四月三日的來信。就我們所知，這是弗雷格寫給維根斯坦的最後一封信。

弗雷格寫這封信，顯然在回應維根斯坦對〈思想〉一文的批評。維根斯坦在信裡提到觀念論的「深

刻基礎」，而弗雷格回信開頭寫道：「當然，我不是反對你的直率」——

> 但我想知道，你覺得觀念論的什麼深刻基礎是我沒領會到的？我以為你並不贊同知識論上的觀念論，因此你應該明白它終究沒有深刻基礎。它只能有表面基礎，不可能有邏輯基礎。

接下來，這封長信全在分析《邏輯哲學論》的缺乏清晰。弗雷格這回完全專注於書裡的第一個命題：「世界是所有實際情況。」假設這句話裡的「是」是「同一的是」，並假設這句話是在傳遞訊息，而非只是陳述「世界」的定義，那這句話要有意義，就必須有方法確認「世界」和「所有實際狀況」意思同一，並且這個方法**不能是**陳述兩者是同一件事。問題是這要怎麼做到呢？「你若願意回答這個問題，讓我更容易了解你的思考成果，」他寫道：「我會很高興。」

在現存的資料裡，這是兩人最後一次通信，而弗雷格對這本受他啟發而成的巨著的了解大概就停在了這裡，直到他四年後過世都沒再增加。維根斯坦認為觀念論涉及的「深刻基礎」，顯然跟《邏輯哲學論》裡的命題5.6到5.641有關。他在該處提出對世界的說明：「世界是**我的**世界。」「我是我的世界（小宇宙）」，但我不在我的世界**裡**。「主體不屬於世界，而是世界的界限。」因此，唯我論「推衍到底」就會跟純粹觀念論相合。「唯我論的自我縮小為一個沒有外延的點，只剩與之相協調的現實。」如此一來，

9　譯註：世俗主義（secularism）主張人民在社會生活與政治活動中要擺脫宗教組織的控制，保持對信仰實體的中立狀態。

10　O. Külpe，1862-1915。德國心理學家。此處提到的著作為《實現》（Die Realisierung）。

弗雷格的實在論就跟叔本華的觀念論和魏寧格的唯我論相一致。

對維根斯坦和恩格曼來說，這觀點為他們的宗教個人主義立下了哲學基礎。我**是**我的世界，因此當世界讓我不快樂，**唯**一確鑿的做法就是改變我自己。「快樂者的世界和不快樂者的世界是不同的。」

儘管如此，弗雷格有一點說得沒錯，這種形上學觀點是不可理解的。照維根斯坦自己的理論，將這個觀點付諸言語只會是胡言亂語。不過，雖然他無法對弗雷格解釋清楚，讓羅素信服他的論述為真，也找不到出版商將它們當成邏輯符號論的結果而出版，但他依然相信這個觀點無懈可擊。雖然他前一年因為「外在」因素而飽嘗痛苦，包括品生特過世、哈布斯堡帝國崩解和出書不順，但他還是只尋求「內在」解方。說到底，就算他的書一直出版不了又怎麼樣？最最重要的是「清算自己」。

於是，那年夏天他受完師範訓練，將自己的書丟給羅素之後，便全心投入最緊急的任務：克服自己的不快樂，對抗將他拖離「快樂者的世界」的「內在惡魔」。他到維也納近郊的克羅斯特諾伊堡修道院（Klosterneuburg Monastery）當園丁，在那裡整天紮實勞動似乎起了療效。「傍晚工作結束，」他告訴恩格曼：「我很累，不會有不快樂的感覺。」這份差事讓維根斯坦得以將天賦應用在務實的勞力活動上。有一天，修道院院長遇到正在幹活的維根斯坦，便說：「原來智力對園藝這樣的事也是有用的。」

然而，園藝只是局部有效，「外在」因素帶來的痛苦繼續將維根斯坦困在「不快樂者的世界」裡。八月他寫信給羅素：「我每天都想到品生特，他帶走了我一半生命，而另一半將會落在魔鬼手中。」當暑假接近尾聲，小學老師的新生活即將開始，維根斯坦告訴恩格曼，他對自己的未來有「陰暗的不祥之感」。

> 除非地獄裡的所有魔鬼突然反方向拉扯，否則我的人生就算還過得下去，也註定非常悲慘。

九、「完全鄉下的地方」

維根斯坦雖然並未感染格洛克爾追隨者的改革熱情，但還是抱著頗為理想的目標走進教師行業，同時對於在鄉下窮人之間生活與工作，他也帶著一種托爾斯泰式的浪漫情懷。

依著自己的道德**世界觀**，維根斯坦關切的不是改善學生的外在條件，而是**從內在**抬高他們。他想教他們數學，發展他們的智力，教他們德文的經典，拓展他們的文化認知，讀聖經給他們聽，提昇他們的靈魂。他目的不在帶領學生擺脫貧窮，也不認為教育是協助他們到城裡過上「更好」生活的方法，而是希望用智性成長本身的價值打動他們，就像他日後顛倒過來，用體力勞動的內在價值來打動劍橋大學生一樣。

從奧地利鄉下到劍橋大學，維根斯坦的教學理念都是羅斯金式[1]的，誠實苦幹加上精練的智性、深刻的文化感性和至誠的認真，外在貧乏，但內在富足。

1　譯註：羅斯金（John Ruskin，1819-1900）是英國藝評家、社會思想家，亦是慈善家。

在窮鄉僻壤工作對維根斯坦意義非凡，但是由於師範畢業生的慣例，他被派到了塞默靈[2]瑪利亞舒茲（Maria Schutz）的一所學校去實習一年。那裡是維也納南方鄉下一個著名的朝聖地，鎮上頗為繁榮舒適。維根斯坦大略遊歷了一番，覺得這地方不行。他對吃驚的校長說，他發現鎮上有一座帶噴泉的公園，「這不適合我，我要一個完全鄉下的地方。」於是校長建議他去特拉騰巴赫（Trattenbach），在山另一頭的小村子。維根斯坦立刻啟程，走了一個半小時，很開心找到了正合他想像的地方。

特拉騰巴赫又小又窮，有工作的村民不是在當地的紡織廠幹活，就是去鄰村農田幫忙。村民生活拮据，一九二〇年代蕭條時期更是艱困。然而，這個村落（至少起初）卻迷住了維根斯坦。到達之後不久他寫信給羅素，羅素當時在中國，剛剛開始在北京大學的一年客座。維根斯坦驕傲地將地址寫成「特拉騰巴赫的路．維老師」，深深陶醉於工作地點的偏僻。

> 我將在一個名為特拉騰巴赫的小村子裡當小學老師。這村子在山裡，維也納往南大約四小時路程。這肯定是特拉騰巴赫頭一回有老師寫信給北京的教授。

一個月後，維根斯坦寫信給恩格曼，語氣更興奮了。他說特拉騰巴赫是個「美麗的小地方」，還說自己「在學校工作得很快樂」。不過他鬱鬱補上一句：「我很需要這些，否則地獄裡的惡魔會從我心底掙脫出來。」

頭幾個月，他寫給亨澤爾的信也是一樣愉快。他靠亨澤爾寄書來給學生讀，而且還要對方同一本書寄很多冊來，例如格林童話、《格列佛遊記》、萊辛寓言集[3]和托爾斯泰的民間故事集等等。亨澤爾經常週末來找他，艾爾維・索格倫、維根斯坦家族攝影師莫里茲・勒厄（Moritz Nähe）和德羅比爾也是。然而，維根斯坦和村民（及同事）之間的差異本來就大，這些訪客讓兩者的反差更加明顯，因此他很快就成了傳言和臆測的主角。同事葛奧格・貝爾格（Georg Berger）在學校辦公室見到他和亨澤爾一起，維根斯坦問他村裡的人對他的看法，貝爾格躊躇不答，逼問之下才說：「村民覺得你是有錢的男爵。」

貝爾格沒有明說，不過村民肯定認為維根斯坦是位**古怪的**貴族。**奇怪**（fremd）是他們最常用的形容詞。他們很想知道，為什麼這樣一位有錢又有教養的人選擇活在窮人之間，尤其他對他們的生活幾乎不表認同，而且顯然更愛跟維也納來的優雅朋友在一起？為什麼他要過這種苦日子？

維根斯坦起初住在棕鹿旅舍（Zum braunen Hirschen）一間小客房裡，但沒多久就覺得樓下舞曲太吵，於是就搬走了。他在學校廚房幫自己弄了一張床，據貝爾格說（村民聽到的種種關於維根斯坦的傳言，有不少可能都是從他那裡聽來的）維根斯坦常常好幾小時坐在窗邊看星星。

維根斯坦很快就成了學生眼中充滿熱情、幹勁又嚴格的老師。誠如他姊姊赫爾敏所言，他在許多方面是天生的教師：

> 他對什麼事都感興趣，而且很懂得抓出最重要的部份，清楚說給別人聽。我看過路德維希教書，

2 譯註：塞默靈（Semmering）為奧地利的一個地名。

3 譯註：萊辛（Gotthold Ephraim Lessing，1729-1781）是德國啟蒙運動時期重要作家，著有《寓言》（Fabeln，1759）與《拉奧孔》（Laocoön，1761）等。

他有幾次下午在我的職業學校教導孩子們，所有人都大開眼界。他不只會講課，還會用問題引導孩子找出正確答案。他曾經帶著他們發明了一台蒸氣引擎，還有一次在黑板上設計了一座塔樓，或描繪人體運動。他喚起孩子們莫大的興趣，連裡頭最沒天份、通常不專心的孩子也想出了驚人的好答案。所有孩子爭先恐後回答問題，或提出自己的看法。

雖然維根斯坦對學校改革運動有所疑慮，但在他教書期間，正是改革份子給了他最大的支持與鼓勵，例如普特爾[4]和地區督學威廉．昆特（Wilhelm Kundt）。他的教學方法跟學校改革運動的原則若合符節，最重要的是不能用反覆講述的方式來教導孩子，而是應該鼓勵孩子自己思考問題、得出結論。因此，實做佔了他教學的大部分。他要孩子組合貓的骨骼標本學習解剖，注視夜空學習星象，漫步鄉間辨認草木認識植物，去維也納遠足時辨認房屋風格學習建築等等。不管教什麼，他都努力在孩子身上喚起他自己在所有事上投注的那種好奇與好問。

這樣的教學法自然對某些孩子管用，某些則否。維根斯坦教過的孩子裡，有幾位表現得特別好。他把自己喜歡的學生（多數是男孩）編成班，給他們課後指導。在這群孩子眼中，他成了父親一般的角色。

但對天賦不足或興趣未受他熱情打動的孩子來說，他一點也不像和藹的父親，而是一名暴君。他強調數學的重要，每天早上頭兩個小時都在講數學。他認為代數愈早學愈好，教的數學難度也遠高於這年紀孩子的能力。他的一些學生（尤其是女孩）多年後回想起來，仍然對那兩小時餘悸猶存。其中一名學生安娜．布倫納（Anna Brenner）回憶道：

上算術課時，學代數的要坐在第一排。有一天上課，我和我朋友安娜．弗爾克勒決定老師問什麼都不答。維根斯坦問：「三乘六答案是多少？」安娜說：「我不知道。」他問我一公里是多少公尺，我沒回答，結果挨了一耳光。後來維根斯坦對我說：「妳不知道的話，我就去一年級班上找一個知道的小孩來。」下課後，維根斯坦把我帶到辦公室，問我：「妳是不想做算術，還是不會？」我告訴他：「我想做。」維根斯坦說：「妳是個好學生，可是算術……還是妳身體不舒服？是不是頭痛？」我騙了他：「是！」維根斯坦說：「這樣的話，布倫納，可以請妳原諒我嗎？」他邊說邊抬手禱告。我立刻覺得自己撒謊很丟臉。

從這段回憶裡可以看出，維根斯坦的教學法和格洛克爾所提倡的改革有一點非常不同，那就是他會體罰。另一名數學差的女學生回憶道，維根斯坦有一回在課上狠狠扯她的頭髮，後來她梳頭時掉了一堆。在他前學生的回憶裡，經常可以聽到被他打耳光（Ohrfeige）或拽頭髮（Haareziehen）的故事。

這些暴行傳到了家長耳中，讓他們對維根斯坦起了反感。雖然格洛克爾建議不要打罵孩子，但村民們不是反對體罰，也不是這種管教方法很少見，只是他們覺得不聽話的男孩搗蛋可以賞耳光，女孩學不會代數不該受到同等的對待。事實上，村民根本不覺得女孩**需要**學會代數。

總之，村裡的人（包括維根斯坦的一些同事）都對這位充滿貴族派頭的古怪外人失去了好感。他的

4　譯註：指約瑟夫．普特爾（Josef Putre），詳見本章後述。

特異行徑有時好玩，有時會嚇到他們。有關他的「古怪」軼事傳了又傳，讓他成了村裡的傳奇人物。例如有一則軼事說，他有天找了兩名同事一起演奏莫札特的三重奏，他自己吹奏單簧管，貝爾格拉中提琴，校長魯佩特・柯爾納（Rupert Köllner）彈鋼琴。貝爾格回憶道：

維根斯坦一次又一次要我們從頭開始，完全不覺得疲憊。後來他總算讓我們稍作休息，我和柯爾納校長一時昏頭，隨意彈起舞曲來。維根斯坦勃然大怒，朝我們吼道：「**胡鬧！**（Krausalat! Krautsalat!）」說完就拿著東西離開了。

還有一則軼事是他去參加村裡天主教會的教義問答，那天地區主教也來了。維根斯坦專心聽完牧師問孩子的問題，竟然大聲地說：「胡扯！」

但最驚人、也是村民印象最深的一件事，是維根斯坦修好了當地一家工廠的蒸氣引擎，而且手法就像行了神蹟一般。底下是比契邁爾夫人（Frau Bichlmayer）的回憶，她在那家工廠工作，是維根斯坦同事的妻子：

那天我在辦公室，聽說引擎壞了，工廠被迫停工。那年頭什麼都得靠蒸氣。後來廠裡來了一群工程師，但仍是修不好引擎。回家後，我告訴先生這件事，他隔天在學校辦公室提到工廠的引擎故障了，維根斯坦老師就問他：「我能去看看嗎？你能讓他們准我去瞧一眼嗎？」我先生問了廠長，廠長說好，他可以馬上來……於是維根斯坦老師就和我先生去了工廠。他馬上走到引擎室，在裡

> 頭走走看看，什麼也沒說，只是東瞧西看。接著他說：「可以給我四個人嗎？」廠長說可以，於是來了四個人，兩名是鎖匠，兩名不是。維根斯坦要他們每人各拿一支鎚子，再給他們一個號碼和位置。我記得他們得照順序敲打自己負責的那個點，順序是一、四、三、二……
>
> 就這樣引擎就修好了。

工廠送了一匹亞麻布感謝他的「奇蹟」，維根斯坦起先拒絕，不過後來代表學校的低收入孩子接受了。

儘管如此，村民對奇蹟的感謝，還是未能勝過對他古怪行徑的猜疑。雙方的關係在秋季學期不斷惡化。維根斯坦的姊姊赫爾敏宛如母親，一直關心弟弟新工作的進展。但她只能透過亨澤爾間接關心，因為維根斯坦歡迎維也納的朋友來訪，卻嚴格要求家人別來看他，也不准提供任何協助。食物包裹被他原封不動地退回，信也從不回覆。

亨澤爾說服了赫爾敏，要她放心。維根斯坦的第一個學期雖然有些壓力，但還算不錯。十二月十三日，赫爾敏寫信給他，顯然寬慰不少：

> 非常感謝你親切回信。一來，你的信讓我放了心，維根斯坦挺過特拉騰巴赫人的好奇心和相處了。他那時在信裡感覺滿正面，而且話不多，那就更令人放心了。二來，我很感謝你說的那些關於我弟弟的看法，雖然我自己本來就這麼想。你說的對，有個聖人弟弟當然不容易。英國有句俗語：「寧可當活著的狗，也不要當死的哲學家。」而我則要說：我常情願自己的弟弟是個快樂的**人**，也不要他是個不快樂的**聖者**。

諷刺的是，一九二一年一月二日，這封信寫完沒幾週，維根斯坦就寫信給恩格曼痛斥自己沒有選擇神聖的事業：

> 我很遺憾耶誕節沒去見你。我忽然有個好笑的想法，覺得你在躲**我**，因為我已經道德死亡了一年多！從這裡你就可以知道我過得好不好了。如今這樣的例子或許已經稀鬆平常，而我也是其中一個：明知自己有一個使命，卻沒去做，結果現在生活開始崩壞。我應該用生命去做一點正面的事，成為天上的星，結果卻只困在地上，開始慢慢暗去。我的生命已經變得沒有意義，只剩下無謂的片段。我周圍的人沒有察覺這一點，也不會理解，但我知道自己有著根本的缺陷。如果你不懂我說的這些，那你真該慶幸。

恩格曼確實不理解。他回信道，如果維根斯坦覺得自己有未完成的使命，為什麼不現在去做？至少也可以等準備好了再去做？再者，說自己有著**根本的**缺陷肯定不對。他們倆不是討論過了，沒有人會迷失到無可挽回嗎？然而，恩格曼這次的回信彈錯了調。「我現在無法在一封信裡分析自己的狀態，」維根斯坦在回信裡寫道：「順帶一提，我不認為你完全了解……這陣子你不適合來看我，我們眼下很難知道怎麼跟對方相處。」

至少在那段時間，亨澤爾取代了恩格曼，成為維根斯坦覺得能夠理解他內在生命的人。亨澤爾回憶維根斯坦時寫道：「他當老師的時候，有天晚上突然覺得自己被召喚了，但他拒絕了。」這或許可以解釋維根斯坦為何向恩格曼提到了使命，以及履行使命將讓他上達天際，無視它就會困居塵世。

或者說得更具體一點，困在特拉騰巴赫。一九二一年的春夏兩學期，維根斯坦對特拉騰巴赫的感覺從起初的喜悅逐漸轉成了厭惡。他以超乎尋常的要求來教育農村孩子的努力，遭到家長、孩子自己

---

5 這還跟巴特利三世引述的一個夢（引自何處，我們無從得知）有關。他說維根斯坦「可能在一九二〇年十二月初」做了這個夢，夢境如下：

> 我是牧師，住處的前廳有一座聖壇，聖壇右邊有階梯，鋪著紅地毯，很像林蔭街那種大台階。聖壇腳下是波斯地毯，一些其他宗教的聖具和器物擺在聖壇上面和旁邊，包括一支貴金屬權杖。
>
> 但竊案發生了。小偷從左邊進來，偷走了權杖。這只好報警。警察局派了位警察過來，要我描述那支權杖，例如是用哪種金屬做的。我答不出來，甚至說不出它是金或銀的。警察懷疑根本沒有權杖。接著我開始檢查聖壇的其他部份和配件，發現地毯是禱告墊。我眼睛開始盯著墊子的邊緣。邊緣的顏色比中間華麗的部份淺一些，感覺像是褪色了，有點古怪，但還是很牢固。

巴特利三世的書給人一種感覺，他手裡握有一份維根斯坦的手稿，而上面引述的部份是書中最讓人有此感覺的段落。他不只引述這個夢，彷彿那是維根斯坦本人講的，還寫到維根斯坦和「另一人，可能是亨澤爾」對夢境的詮釋。而且，這裡不像「普拉特事件」，巴特利三世寫到的事，從夢的內容、時間，甚至亨澤爾和維根斯坦對夢的解釋，都跟其他資料來源頗為吻合。巴特利三世甚至提到了維根斯坦對亨澤爾解夢的反應。亨澤爾將夢裡的象徵跟舊約的意象連在一起，巴特利寫道：

> 這讓維根斯坦大為困惑，如果將這樣的解釋加在夢上，那還算是他的夢嗎？

這反應也很合乎情理。據巴特利三世說，維根斯坦自己傾向從鍊金術的角度解釋這個夢。權杖是性器表徵（他的「低劣自我」），也是煉化的表徵（從低等金屬變為金或銀），而懷疑的警察則代表他無法說服自己的良心相信這種煉化。

因此，若我們將維根斯坦寫給恩格曼的信、亨澤爾的回憶和巴特利三世引述的夢綜合起來，就能得出一個可信的說法，足以解釋維根斯坦一九二一年耶誕假期時性情出現的巨大變化。因為他無法說服自己，他如此渴望的自我轉變真的能發生，於是便拒絕了那要他成為牧師的召喚。這拒絕唯有靠「根本的缺陷」才能解釋，否則他所渴望的轉變當然有可能。他確實**是**低等金屬，**只得**繼續困在地上。（原註）

200

（覺得達不到維根斯坦高要求的孩子）和同事們愈來愈多的誤解與抵制。

三月時他收到羅素回覆他九月信件的來信。那時信裡的他還滿懷興奮。「不曉得你還喜歡當小學老師嗎？」羅素寫道：「跟孩子們處得好不好？」

教書是份正直的工作，也許是真正的正直。這年頭每個人都多少涉及某種欺騙，你卻得以倖免。

羅素自己心情不錯。他喜歡北京，而跟朵拉・布雷克公然「有罪地」一起生活，不時引發（英國）衛道者反感，也讓他樂在其中。「我喜歡中國和中國人民，」他告訴維根斯坦：

他們懶散、脾氣好又喜歡笑，很像好孩子。他們待我非常友好。其他國家都攻擊他們，說絕不能讓他們照自己的方式享受生活。他們被逼著發展陸海軍、挖煤和鑄鐵，但其實只想吟詩作畫（很美的畫）和彈奏奇怪的音樂。他們用帶著綠流蘇的弦樂器演奏，曲調優雅但幾乎聽不見。我和布雷克小姐住在中國人的四合院，中間是庭院，我信裡附了一張我在書房門口的相片。我的學生全是布爾什維克，因為時下風行。他們發現我沒那麼布爾什維克，都很驚訝。他們的程度不夠學習數理邏輯。我教他們心理學、哲學、政治學和愛因斯坦，晚上偶爾跟他們聚會。聚會時他們會放爆竹，比起上課他們更喜歡這個。

維根斯坦立刻回覆羅素，說自己先前對特拉騰巴赫的著迷已經消失，只剩對村民的厭惡。「聽到你覺得當地的人那麼可憎，實在遺憾，」羅素回道：「但我認為所有地方都一樣，人性不會高到哪裡去。我敢說不管在哪，你都會覺得左右鄰人同樣討厭。」不對，維根斯坦反駁道，「這裡的人比其他地方的人都沒用和不負責任得多。」但羅素不為所動：

你覺得特拉騰巴赫的人很難相處，我很遺憾。但我不認為他們比其他人類更糟，我的邏輯本能反對這麼想。

「你說得對，」維根斯坦最終承認：「特拉騰巴赫的人並不比其他人類更糟。」

但特拉騰巴赫是奧地利一個特別不起眼的小地方。大戰以來，**奧地利人**就墮落到可悲的低谷，慘得不足為外人道，就是這樣。

羅素告訴維根斯坦，他將他的手稿留給了人在英國的朋友多蘿西．溫奇（Dorothy Wrinch），她是一位「出色的數學家，正在研究數理邏輯」。他交代她找人出版。「我無論如何都要讓你的書出版，」羅素肯定地說：「如果我人不在英國時沒完成，我一回去就會處理。」

一九二一年的夏季學期對維根斯坦來說，除了羅素的好消息，還有一件令人寬慰的事，就是他和一名學生建立了情感。這男孩名叫卡爾．葛魯柏（Karl Gruber），來自村裡最窮的人家，很有天份，相當適應維根斯坦的教學法。和維根斯坦的許多學生一樣，他起初覺得代數很難。「我搞不懂，」他日後回憶：「人怎麼能用字母算術。」但挨了維根斯坦一耳光後，他開始發憤學習，「很快就成了班上代數第一名」。夏季學期結束後，他準備離校到當地的工廠幹活，維根斯坦決定盡全力讓這孩子繼續求學。七月五日他寫信給亨澤爾，說明葛魯柏的狀況，並尋求建議。男孩的父母負擔不起寄宿學校，所以該怎麼辦？維也納有中學可以讓他免費或以便宜的費用入學嗎？「我認為，」維根斯坦寫道：「這孩子若是無法繼續發展，將會是莫大的遺憾。」亨澤爾回信推薦了卡拉桑茲協會（Calasanzverein），維也納一個接受低收入學生的天主教機構。但維根斯坦已經決定自己教這孩子，即便他畢業了，並且要亨澤爾擔任考官，不時給男孩考試，看他是否達到維也納完全中學的入學標準。

這一年暑假，維根斯坦和艾爾維到挪威旅行。這是他一九一四年以後頭一回舊地重遊，總算見到了離開期間友人幫他建造的房子。他們身上的錢不多，途中甚至還在漢堡一間救世軍青年旅館過了一夜。他在信裡告訴亨澤爾，這是趟打工渡假：「我在一家類似木工廠的地方打工，從清晨忙到傍晚，跟艾爾維一起製作板條箱，靠這樣賺了一筆錢。」但和往昔一樣，內心平靜才是他體力辛勞所要的報償。「我很高興做了這次旅行」，他告訴亨澤爾。

回到特拉騰巴赫不久，維根斯坦就收到羅素來信，說他的書終於要出版了。羅素八月份就和朵拉．布雷克從中國回來了，但因為朵拉懷了六個月身孕，所以回到英國後的頭兩個月，羅素都在為了孩子未來的合法地位而奔走。他在中國時曾有如破釜沈舟，寫信給三一學院辭去教職（「因為，」他後來說：「我公然活在罪裡。」），並且著手和妻子艾麗絲（Alys）離婚；但當兒子即將出世，可以繼承伯爵頭銜，羅素還是選擇了屈服。九月二十一日，他從艾麗絲那裡拿到了離婚判決，六天後和朵拉結婚，十一月十六日嬰兒誕生，取名為約翰・康拉德（John Conrad），即未來的羅素伯爵四世。

走完必要程序，確定兒子可以繼承頭銜之後，羅素便能專心處理維根斯坦的出書事宜了。透過朋友奧格登牽線，他敲定《邏輯哲學論》的英文版將擺在一套專論叢書中出版。這套叢書由基根保羅（Kegan Paul）出版社策劃，名為「國際心理學、哲學和科學方法論集」，奧格登剛當上叢書的主編。雖然《邏輯哲學論》還是被視為包袱，但出版社認為財務上負擔得起。「做這本書的損失不會超過五十英鎊，所以他們能接受我很滿意，」奧格登十一月五日寫信給羅素道：「當然，要是這本書很快再版，印刷費用大降，或許就能回本了。」

不僅如此，羅素的朋友多蘿西・溫奇在羅素還沒回國之前，也已經敲定了一家德文期刊，答應出版這本書。這份期刊叫《自然哲學年鑑》（Annalen der Naturphilosophie），編輯是威廉・奧斯瓦德（Wilhelm Ostwald）。羅素知道維根斯坦對他序言德譯的反感，因此將書稿交給溫奇時，心想她應該會找英國出版社。但被劍橋大學出版社回絕之後，溫奇（正確地）猜想用德文出版可能是唯一的機會了，因此便聯絡了三家德文期刊的編輯。只有奧斯瓦德給了她肯定的回覆，而且完全是因為羅素的序。「換作別的情況，我一定會拒絕這份書稿」，二月二十一日奧斯瓦德寫信給她：

> 但我極為敬重伯特蘭・羅素先生，不僅因為他的研究，也由於他的人格，故我很樂意在《自然哲學年鑑》刊登維根斯坦先生的作品，尤其歡迎伯特蘭・羅素先生的序。

十一月五日羅素收到了奧斯瓦德的校樣，以及奧格登的口頭承諾，會將維根斯坦的書納入叢書，他立刻寫信通知維根斯坦，說奧斯瓦德會刊登他的序，「抱歉，我想你恐怕不喜歡這樣，但如你在他信裡看到的，這實在沒辦法。」

接著，羅素提了一件可能會嚇到維根斯坦的事：「至於我，我已經和布雷克小姐結婚，再過幾天孩子就要出世了。」

我們買下了倫敦雪梨街三十一號的房子，還有你在劍橋的家具，我和她都很喜歡。孩子說不定會在你的床上出生呢。

羅素遊說維根斯坦來英國，還答應替他出錢，作為買下家具未付的尾款。「你的家具價值遠超過我當初付的金額，我願意補還給你，什麼時候都行。我買的時候完全不曉得它們有多珍貴。」後來在另一封信裡，他算出自己還欠維根斯坦兩百英鎊。「我不認為喬利低估了那些家具的價值，我就有理由坑你。」

維根斯坦十一月二十八日回信道：「我得承認，得知自己的作品將要出版讓我非常開心，」雖然「奧斯瓦德完全是個冒牌貨」：

只要別讓他修改就好！校樣出來你會看嗎？會的話，請盯著他一字不差照著原稿付印。那傢伙很有可能順著自己的品味改動我的東西，例如放入他愚蠢的拼寫。我最高興的還是整本書可以在英國面世。

羅素顯然沒什麼時間詳讀校樣，而且他收到校樣時書已經付印了，因此完全沒做修正。奧斯瓦德非但沒憑自己的喜好竄改書稿，反而完全照著打字稿印了，顯然對自己出版的作品的意義漠不關心。因此我們會發現，除了較普通的誤印之外，許多原本該是羅素邏輯符號的圖案都沒印出來，直接用了打字機上的功能符號，如∣（謝費爾豎線，代表合取運算的否定）印成了！，～（否定符號）印成了／（有時謝費爾豎線也被印成／），還有⊃（實質蘊含）印成了C。

付印期間，奧斯瓦德一次也沒有找維根斯坦商量，也沒有寄抽印本給他。當羅素告訴他書印好了，他還得寫信給亨澤爾，請他在維也納的書店替他買一份《自然哲學年鑑》。亨澤爾沒找到，直到隔年四月維根斯坦才從奧格登那裡收到一本，總算見到自己作品印好的模樣，結果把他嚇壞了。他告訴恩格曼，他覺得那東西根本是「盜版」。直到一九二二年英文版發行，他才覺得自己的書真正出版了。

一九二一年十二月六日，羅素再次寫信給奧格登，將維根斯坦十一月二十八日的信轉寄給他，正式啟動了英文版的印行：

> 隨信附上維根斯坦的來函，完全授權此事，你可以跟出版商說沒問題了……維對這事反應很理智，讓我大大鬆了口氣。

一九二一年冬天到二二年初，法蘭克．拉姆齊（Frank Ramsey）依據奧斯瓦德版的抽印本，將全書譯成了英文。拉姆齊是劍橋大學國王學院的學生，也是奧格登的朋友，雖然才十八歲，已經是公認大有前途的數學家。

三月底，維根斯坦收到了拉姆齊的譯文和一張疑問表，上頭列了拉姆齊和奧格登都看不懂的地方，想請教他的意見。其中一些疑問是奧斯瓦德的德文版印刷草率造成的，另一些則是因為他們沒有正確理解維根斯坦想說的意思。由於維根斯坦還沒看過德文版，因此分不出哪個是哪個。事實上，他當時正懷疑奧斯瓦德根本還沒印他的書，甚至不曉得他會不會印。

因此，訂正譯文的工作漫長而艱困。但到四月二十三日，維根斯坦已經弄出了一份詳細的評註和建議，並寄給了奧格登。他的建議主要在讓英譯文盡量自然，緩和拉姆齊的過度直譯。他不只被迫定義某幾個德文字詞，還得解釋使用這些字詞時**他**想表達什麼，並找出相同意思和語氣的英文表達。因此，在這一點上，英文版不僅是德文版的翻譯，還是維根斯坦思想的重新闡述。

奧格登提出的第一個問題是書名。奧斯瓦德直接用維根斯坦給的標題：Logisch-Philosophische Abhandlung。這書名直譯成英文很彆扭：Logical-Philosophical Treatise（邏輯—哲學論文）。羅素提議用 Philosophical Logic（哲學邏輯）；摩爾則是想到史賓諾莎的 Tractatus Theologico-Politicus（神學政治論），提議用 Tractatus Logico-Philosophicus（邏輯哲學論）為書名，覺得這標題「明白又理想」。當然，這樣的書名不會讓一般人覺得書很好讀，因此奧格登有些擔心。「要說哪個書名好賣，」他告訴羅素：「**哲學邏輯**自然比較好，只要它意思沒錯的話。」

拍板定案的是維根斯坦。「我想拉丁文書名比現有的書名好，」他告訴奧格登：

> 雖然 Tractatus logico-philosophical（邏輯哲學論）還不夠**理想**，但意思差不多是對的，不像 Philosophical logic 是錯的。老實說，我根本不懂 Philosophical logic 是什麼意思，這東西並不存在。（除

非有人說這本書毫無意義，因此書名也能毫無意義。）

奧格登仔細考慮了維根斯坦提出的建議與評述，並依此修訂了譯文。從他和維根斯坦的通信可以看出，不會有作者找得到比他更仔細和包容的編輯了。五月時，英文版大致底定。

但還有一個問題。將筆記打成書稿時，維根斯坦加了不少補述，但只有一條納入定稿，其餘都沒有收錄。維根斯坦替補述編了號，只有第七十二條例外。他想將它納為命題4.0141，作為上一條命題的闡述。上一條命題比較了兩種關係：語言和世界之間的描繪關係，以及音樂主題（musical thought）、唱片和樂譜之間的關係。但在奧斯瓦德版中，命題4.0141讀起來相當怪：「（Siehe Ergänzung Nr.72）」（意為：見補述第七十二條）。顯然他不是搞丟了增補表，就是根本沒拿到，而且應該認為比起書裡其他句子，這句話並沒有更像無字天書。於是，問題只好等奧格登讀到拉姆齊的譯文「（See Supplement No. 72）」時才提了。「這是什麼？」他問拉姆齊：「應該哪裡錯了吧？」

維根斯坦在回覆裡解釋了補述的事，並且將他打算納入書裡的那條補述譯成英文交給奧格登。奧格登興趣大增，心想或許維根斯坦那裡還有更多補述，可以用來闡明和擴充這本原本就不好讀（而且又短）的書。

但維根斯坦拒絕再寄補述，「別想印了，」他告訴奧格登：「補述原本就是**不該**印出來的東西。再說，**它們一點也沒有闡明的效果**，反而比書裡的其他命題還不清晰。」

至於書很短，我心裡**實在抱歉，但又能怎麼辦**？就算你把我當成檸檬，也擠不出更多東西了。

印行補述沒有半點用處，這就像你找細木工人做桌子，他做出來的桌子太小，於是打算把刨花、鋸屑和其他垃圾一起賣給你，作為補償。與其印出補述把書撐厚，不如留幾張空百頁給讀者，這樣要是他們買了書卻讀不懂，就有地方可以洩忿了。

六月時，書準備付印了，奧格登寄了一份聲明給維根斯坦，要他簽名將書的所有出版權利授予基根保羅出版社，「以感謝他們將《邏輯哲學論》的德文和英文版收錄於國際心理學和哲學叢書中」。根據合約條款，維根斯坦不會拿到版權費，也不會收到任何版稅。一九三三年《邏輯哲學論》計畫再版，維根斯坦曾經請求基根保羅給他版稅，但對方沒回應，所以他後來的作品才會另覓出版社。不過，當時他關心的不是錢，而是大衛的母親愛倫．品生特務必得到一冊贈書。出書前的倒數階段，他在每一封信裡都會提醒奧格登記得品生特夫人，請他確保她一定會拿到書。

七月印樣完成，維根斯坦適度修改之後，八月第一週寄回給奧格登。出版社似乎想附上維根斯坦的生平概略，寫書時的非常環境，以及卡西諾戰俘營等等。維根斯坦反應尖銳而輕蔑，「隨便你，」他八月四日回信給奧格登：「義大利修道院那些事，你愛怎麼寫就怎麼寫。」

……只是我一輩子也看不出這有何意義。一般評論者知道我年紀做什麼？這不是等於說，你還能期待這樣一個小伙子寫出什麼？尤其他是在奧地利戰場上寫的，想必吵得要命？我要是知道一般評論者相信占星術，就會建議書的封面印上我是幾月幾日幾點幾分出生的（一八八九年四月二十六日傍晚六點），方便他們幫我畫星盤。

等書出版時，維根斯坦已經離開特拉騰巴赫了。早在前一年的十月二十三日，他就暗示羅素這是他待在特拉騰巴赫的最後一年，「因為我在這裡連和其他老師都處不來」，使得他在特拉騰巴赫的日子一天比一天難捱。他決定至少要幫那些能力較強的學生，拓展他們的眼界，因此除了卡爾．葛魯柏之外，他又收了新班級裡幾名表現較好的學生，像是恩默里齊．柯特霍德（Emmerich Koderhold）和奧斯卡．福克斯（Oskar Fuchs），替他們私下講課。然而，三名學生的家長都反對。維根斯坦想帶福克斯去維也納看劇，但被拒絕了，因為福克斯的母親不想把孩子交到「那瘋狂的傢伙」手上。他告訴柯特霍德的父親，說他小孩有能力唸維也納的文法學校，也應該去唸，得到的回答是門都沒有，柯特霍德需要在家幫忙種田。不過，最讓維根斯坦失望的還是卡爾．葛魯柏，他學生裡最有天賦的孩子。每天放學後從四點到傍晚七點半，維根斯坦都會替葛魯柏密集上課，教他拉丁文、數學、地理和歷史。亨澤爾會不定期測驗葛魯柏，尤其是拉丁文，因為維根斯坦覺得自己最沒能力教這個科目。他們打算讓葛魯柏唸維也納的文法學校，求學期間可以住在赫爾敏家，但這有一個困難。葛魯柏日後解釋道，「我會覺得那很丟臉」——

> 我不想乞求施捨，否則會覺得自己在接受救濟。我得以「窮孩子」的身份去那裡讀書，為自己拿到的每一片麵包向人道謝。

或許因為如此，也可能只是太累了，每天工廠下班後還得讀書三個半小時，而且得不到家人支持，葛魯柏告訴維根斯坦他不想再上課了。一九二一年二月十六日維根斯坦寫信給亨澤爾：「今天葛魯柏來我這裡拿書，我和他談了一下，發現他已經無心繼續學習了……他顯然不曉得這麼做代表什麼，不曉得自己選的這一步有多糟，但他怎麼會知道呢！可悲啊可悲！」

「我真希望你在小學沒教得這麼辛苦，」羅素二月七日寫信給他：「那一定非常乏味。」維根斯坦回說他近來確實很沮喪，但不是因為憎惡在小學教書，「恰好相反！」

> 是這個國家的人民徹底無可救藥到極點，讓教書變得**很難**。在這地方，我找不到半個人可以跟我做有意義的對話。天曉得我還能忍受多久！

羅素之前曾經說他「喜歡中國遠勝於歐洲，」那裡的「人民更文明，我一直希望能再造訪」。的確，維根斯坦回信道，「我不難想像你覺得中國比英國更宜人，即使英國顯然已經比這裡好上一千倍。」

在他寫給奧格登的信裡，同樣可以感覺維根斯坦已經開始期望到英國，因為那裡至少有幾個聊得來的朋友。他信裡經常問起劍橋的老友，尤其是詹森和凱因斯，要奧格登轉達他的問候。

維根斯坦和羅素約了晤面，整個夏季學期都開心和熱切期盼著。羅素打算到歐洲一趟，去瑞士造訪哥哥和大嫂。原本說好維根斯坦到瑞士跟羅素會合，不過後來改成在因斯布魯克見面並停留一晚。兩人書信往來約定會面，語氣熱忱而友善，絲毫看不出即將面臨的分歧。他們交換對歐洲險惡局勢的看法，說自己有多期待這次晤面，維根斯坦還親切問起羅素的妻子和寶寶。（羅素說：「小傢伙很可愛，起初長得跟康德一模一樣，不過現在比較像嬰兒了。」）

然而，事後證明這次晤面讓兩人都非常失望。事實上，這是兩人最後一次以朋友相稱和見面。據朵拉的說法，是「當時的局勢」造成這次「晤面不快」。奧地利通貨膨脹到達高點，到處是「盜墓者和禿鷹，幣值大貶苦了當地人，卻讓觀光客如魚得水」：

> 我們在街上東走西繞，找不到住宿的房間。眼見祖國淪落至此，自己又無力款待我們，維根斯坦自尊受損，痛苦得不得了。

最後他們找到了一間單人房，羅素一家睡床，維根斯坦睡沙發。「不過，旅館有一座露台，坐起來蠻舒服，柏蒂[6]就在那兒跟維根斯坦討論怎麼讓他去英國。」她極力否認兩人那時有吵架，「維根斯坦向來不容易相處，但我想他們倆的齟齬只出現在哲學討論上。」

然而，羅素自己認為兩人的分歧點在宗教。他說維根斯坦「為了我不是基督徒而深感痛苦」，而且當時是他「最沈迷於神秘主義的時候」。他「急切想說服我，為善比聰明好」。不過（羅素發現一個有趣的矛盾）「他卻很怕黃蜂，而且因為蟲子的緣故，無法在因斯布魯克的旅館房間多待一夜」。

後來羅素描述這段往事，給人的感覺是因斯布魯克會面之後，維根斯坦覺得他太邪惡，不該跟他扯上關係，於是斷絕了所有往來。羅素喜歡別人覺得他很邪惡，而且在他回憶裡，這部份顯然是那次會面印象最鮮明的一面。維根斯坦確實反對他的性愛觀，在因斯布魯克會面前還曾建議他讀萊辛的《神

6 譯註：羅素的暱稱。

學文選》，試圖帶他走上宗教冥想的路，但他沒有理會。不過，因斯布魯克會面後，維根斯坦並沒有刻意不和羅素往來，隨後那幾個月至少寫了兩封信給他，而且開頭都是「我已經好一陣子沒有你的消息了」。

這樣看來，主動斷絕往來的是羅素。也許事實是他覺得維根斯坦的宗教熱誠太過煩人，無法忍受。因為就算維根斯坦當時「最沈迷神秘主義」，羅素自己也正好處於尖銳反神的高峰。奧特琳激起的超驗「宗教本質」和「神秘主義與邏輯」的熱情已經散去，取而代之的是激烈的反基督教。而他如今身為公眾演說家和暢銷作者，更是不放過任何一次表達反神立場的機會。

除此之外，兩人還有一個跟上面的差異有關、或許更深刻的區別，是恩格曼更為強調的差異，那就是試圖改善世界和只求改善自己的差別。和上面的狀況一樣，問題不只是維根斯坦變得更內省、更個人主義，而是羅素也變得更非如此。大戰將他變成了社會主義者，說服他統治世界的方式亟需改變。比起個人道德，如何讓世界更加安全這樣的公眾議題重要太多。恩格曼提過一件事，正好最赤裸裸地顯示維根斯坦和羅素的這點區別，而且顯然在講因斯布魯克那次會面：

> 二〇年代，羅素想成立「世界和平自由組織」或加入類似的機構，遭到維根斯坦嚴厲斥責，罵到他回嘴說：「呿，我看**你**寧可成立世界戰爭奴役組織吧。」維根斯坦激動贊同：「對，寧可那樣，寧可那樣！」

如果此事為真，那很有可能是羅素覺得維根斯坦太邪惡，最好別扯上關係。因為對他後來終其一生推行的運動來說，沒有什麼比維根斯坦這番話更加徹底批判了他的道德立論了。

總之，羅素沒有再和維根斯坦聯絡，也沒有再勸他來英國。就算維根斯坦想擺脫奧地利農民的「可憎與低劣」，也不會借助他過去劍橋的老師之手。

維根斯坦在特拉騰巴赫擔任小學老師並不成功，主要是因為他太投入。他對學生期望太高，嚴厲的強迫教學為難了所有學生，嚇壞了他們，只有少數例外，結果引起家長反感，連同事都跟他相處不來。而且，就如羅素逼得他承認的，特拉騰巴赫的村民並不特別邪惡，就算換到別的地方，他也很可能得到相同的反應。

有跡象顯示，如果當時能找到更好的事做，維根斯坦就會完全放棄教書。除了和羅素談到返回英國，他還跟恩格曼討論了「逃往俄國」的可能。雖然不曉得自己去了這兩個地方要做什麼，但肯定不是哲學。他已經在那本書裡說了自己對**哲學**要說的一切。

結果，一九二二年九月他去了另一間學校。這回是中學，在一個名叫哈斯巴赫（Hassbach）的村子，跟特拉騰巴赫同屬一個地區。他對換校不抱太大的希望。開學前他告訴恩格曼，自己已經對「那裡的新環境（老師和教區牧師等等）產生了很不快的印象」。他說，那裡的人「**根本**不是人，是可惡的蟲子」。他可能以為中學老師會好相處一點，結果發現自己完全受不了他們對「專業教育」的自詡，沒多久就想轉回小學。他只在那裡待了不到一個月。

十一月他轉到了普希貝格鎮（Puchberg）的小學。普希貝格位於施內山區（Schneeberg mountains），環境宜人，如今是熱門的滑雪聖地。他再次發現自己難以在周圍的人身上見到一絲絲人性。他告訴羅素，其實他們不是真正的人，而是四分之一的動物和四分之三的人。

搬到普希貝格不久，維根斯坦終於收到了《邏輯哲學論》。十一月十五日他寫信給奧格登，說他收到的這幾本《邏輯哲學論》「看起來很棒，希望內容有封面的一半好」。他想知道（剛出版論邏輯三卷本前兩卷的）詹森會不會買它。「我想知道**他**對這本書的看法。如果你見到他，請轉達我的愛。」

不難想見，普希貝格沒有人跟維根斯坦討論哲學，但他至少遇到了可以分享音樂熱情的夥伴。這人就是魯道夫·寇德（Rudolf Koder），他在學校教音樂，是很有天份的鋼琴家。維根斯坦某天無意間聽見寇德彈奏《月光奏鳴曲》，就立刻走進音樂教室自我介紹。認識之後，兩人幾乎每天下午都會見面，一起演奏鋼琴和單簧管，從布拉姆斯和拉博的單簧管奏鳴曲，到布拉姆斯和莫札特的單簧管五重奏改編，都是他們練習的曲子。

後來演奏又加了一位新成員，鎮上唱詩班的煤礦工人海因里希·波斯妥（Heinrich Postl）。波斯妥不僅和維根斯坦成為朋友，受他照顧及指導，後來更受雇於維根斯坦家族，擔任警衛和門房。維根斯坦送了幾本自己的愛書給波斯妥，像是托爾斯泰的《福音書摘要》和赫博的《百寶箱》[7]，並努力灌輸自己的道德觀給他。例如波斯坦有一回提到想要改善世界，維根斯坦立刻說：「改善自己就好。要改善世界，你**能**做的就只有改善自己。」

除了寇德和波斯妥，維根斯坦在鎮上和學校裡幾乎沒交到什麼朋友。跟在特拉騰巴赫一樣，他的教學方式將一些學生帶到了他們原本到不了的程度，卻也妨礙了他們在家裡幫忙，而遭致父母的反對。

維根斯坦在小學裡苦苦掙扎，《邏輯哲學論》卻在學術圈引起了不少關注。一九二二年，數學家漢斯·哈恩[8]在維也納大學開了研討課討論這本書，隨後以石里克[9]為首的一群哲學家也看上了《邏輯哲學論》。這群人就是後來著名的邏輯實證論維也納學圈（Vienna Circle）。而在劍橋大學，這本書也吸引了一群人數不多但很有影響力的教師和學生，成為他們討論的焦點。該校針對《邏輯哲學論》的公開討論可能是一九二三年元月，哲學家理查德・布雷斯衛特（Richard Braithwaite）在道德科學社所做的演講，題為「維根斯坦在《邏輯哲學論》裡闡述的邏輯」。

有一段時間，奧格登是唯一還跟維根斯坦保持聯繫的劍橋人。三月時他將自己的新書《意義的意義》（The Meaning of Meaning）寄給維根斯坦，是他和詩人文評家理查茲（I. A. Richards）合寫的。針對維根斯坦在《邏輯哲學論》提到的意義問題，奧格登認為他的新書提出了一個因果式的解答，但維根斯坦認為兩者根本無關。「我想我得坦白跟你說，」他在回信裡寫道：「我認為你沒有**抓到問題**，例如我在書裡處理的那些問題（不管我在書裡有沒有解決）。」四月七日他在寫給羅素的信裡進一步說道：

> 不久前，我收到了《意義的意義》。你一定也有收到。這本書簡直糟透了！哲學哪有這麼簡單?!由此可見寫一本厚書有多簡單。最糟的是文學博士波斯特蓋特教授〔Professor Postgate Litt. D. F. B. A.〕寫的導言。我很少讀到這麼蠢的文章。

7 譯註：Johann Peter Hebel，1760-1826。德國詩人、作家。這裡提到的《百寶箱》（Schatzkästlein des rheinischen Hausfreundes）是他的故事集。

8 譯註：Hans Hahn，1879-1934。奧地利數學家、哲學家。數學成就包括哈恩—巴拿赫定理等。

9 譯註：Moritz Schlick，1882-1936。維也納學圈／學派、邏輯實證主義創始人。詳見後文或本書導讀。

這是兩人在因斯布魯克會面不愉快以來，維根斯坦第二次寫信給羅素。「有時間寫信給我吧，」他懇求道：「你過得怎麼樣？你的小娃娃還好嗎？已經開始順利學習邏輯了嗎？」

羅素似乎沒有回信，可能被維根斯坦斷然否定了奧格登的書惹惱了，因為他自己覺得那本書沒有什麼可批評之處。書裡許多地方都只是重述了他在《心的分析》提過的論點。不久後，維根斯坦在《國家》週刊上讀到羅素於書評中讚揚《意義的意義》，說它「的重要性毋庸置疑」，令他大吃一驚。他從拉姆齊那裡得知，羅素「其實不認為《意義的意義》很重要，但他想幫奧格登一把，刺激銷量」。這個解釋顯然讓維根斯坦更加不滿，而且驗證了他愈來愈堅信的看法：羅素已經不再**嚴肅**。一九三〇年代，維根斯坦還曾經一兩次試著讓羅素對他正在做的哲學研究感興趣（可惜徒勞無功，）但他再也沒有如朋友一般熱切地對待羅素。

維根斯坦愈來愈孤單，（「說來慚愧，」他寫信給恩格曼說：「我能說話的人愈來愈少。」）他**很需要**朋友。凱因斯透過奧格登，寄了他發表在《曼徹斯特衛報》副刊的〈歐洲的重建〉給維根斯坦，維根斯坦嘗試直接寫信向他道謝。「我更希望你能親自來信，」他告訴凱因斯：「跟我說你過得如何等等」——

> 還是你忙得沒空寫信？我想應該不至於。你有見到詹森嗎？有的話，請代為轉達我的愛。我也很希望收到他的消息（**不是**談我的書，而是談他自己。）
>
> 若不嫌降格屈就，有時間就寫信給我吧。

凱因斯隔了一年多才回信。「凱因斯寫信給我了嗎？」一九二三年三月二十七日，維根斯坦問奧格登：「有的話，請轉告他信沒寄到。」他甚至將自己在普希貝格的住址告訴奧格登（之前已經給過兩次了）免得凱因斯的信寄丟了。

只有凱因斯才能將維根斯坦勸回英國，後來他也這麼做了。但在那之前，維根斯坦和劍橋的關係是靠凱因斯的一位朋友維繫著，那人就是國王學院的使徒會成員法蘭克・拉姆齊。

《邏輯哲學論》出版頭一年，所有讀過這本書的劍橋人當中，拉姆齊顯然是最有見地的一個。雖然還在唸大學（一九二三年他才滿十九歲），卻受邀為哲學期刊《心靈》撰寫維根斯坦作品的書評。直到今日，這篇書評依然是《邏輯哲學論》最可靠的解說，也是最透徹的批評之一。書評的開頭呼應了羅素：

這是一本重要至極的著作，對許多議題提出了嶄新的觀點，並構成了一套融貫的系統，無論該系統是否如作者所言，對諸多問題給出了最終的解答，都極為引人入勝，值得所有哲學家注意。

但他接著就開始批評羅素在序裡的誤解，例如羅素誤以為維根斯坦在談「邏輯上完美的語言」的可能性，批評完後再對書裡的主要論點做出了更完整也更可靠的解讀。

一九二三年，維根斯坦從奧格登那裡得知拉姆齊有意於夏天造訪維也納，立刻邀拉姆齊到普希貝格一遊。拉姆齊欣然同意，並於九月十七日抵達普希貝格，心裡對於此行毫無概念。他停留了大約兩週，維根斯坦每天都花五個小時（下午兩點下課到傍晚七點）跟他逐行細讀《邏輯哲學論》。「這真是醍醐灌頂，」他寫信給奧格登說：「他似乎樂在其中，我們大概每小時只讀一頁」——

他興致高昂，只是一直說自己腦袋已經不再靈光，沒辦法再寫書了。他早上八點在鎮上的學校教書，教到中午十二點或下午一點。他很窮，生活似乎相當枯燥，在這裡只有一個朋友。他的同事多半覺得他有點瘋。

因為細讀這本書，維根斯坦做了一些修正與改動，後來的再版均依此修過。他和拉姆齊都覺得拉姆齊必須徹頭徹尾了解這本書，一絲細節都不能讀錯。維根斯坦深怕拉姆齊回英國之後什麼都忘了，就像摩爾一九一四年到挪威找他那樣，因此盯得很緊。「真的很可怕，」拉姆齊寫信給母親說：「他問清楚了沒，只要我說沒有，他就會說：可惡，**還要**重來一次。」

拉姆齊打算以維根斯坦的作品為基礎，建立更高階的數學理論。兩人讀完《邏輯哲學論》後，他寫道：「我要從他那裡搾出更多想法，以作為我日後進一步發展之用」——

他說他不會再繼續了，不是因為倦了，而是他的腦袋不再那麼靈光。他說沒有人能研究哲學超過五到十年（他寫這本書花了七年），並且深信羅素不可能再做出更重要的創見。

維根斯坦似乎同意拉姆齊的計畫，至少贊同要有**東西**取代羅素和懷德海的《數學原理》。羅素當時正在籌劃新版的《數學原理》，而維根斯坦留給拉姆齊的感覺是他「有一點惱怒」，因為「他覺得自己已經向羅證明那本書錯得離譜，出新版也沒用，必須從頭來過。」

至於維根斯坦的生活狀況，拉姆齊頗為驚愕：

> 他很窮，至少過得很儉省。房間很小，四壁刷白，房裡有床和洗手臺，加上一張小桌子和一把硬椅子就沒空位了。我昨晚和他一起吃飯，只有難下嚥的粗麵包、奶油和可可。

不過，維根斯坦的年輕外表和強健活力讓他印象深刻。「他解釋自己的哲學觀點激動得比手畫腳，但隨即露出迷人的笑，舒緩了緊張的氣氛。」拉姆齊覺得維根斯坦「誇大了自己寫作時的默示靈感」，但毫不懷疑他的天才。

> 他很厲害。我之前覺得摩爾很強，但你瞧瞧維！

對維根斯坦來說，和拉姆齊討論哲學雖然費勁，卻為他單調的生活帶來了愉悅與刺激，並且讓他和劍橋有了聯繫，實在令人高興。他告訴拉姆齊自己學期後可能離開普希貝格，但還不確定接下來要做什麼，也許去當園丁，或到英國找工作。他請拉姆齊回去後替他打聽，他在戰前師事羅素六個學期夠不夠拿到學士學位，也許《邏輯哲學論》能當作學士論文。

十月初米迦勒學期開始前，拉姆齊回到了劍橋，開始和維根斯坦熱情友好地書信往返。在兩人通信初期的一封信裡，拉姆齊說他從凱因斯那裡得知，劍橋的學位授予規定已經變了，在學校待六個學期外加一篇論文不再能取得學士學位。維根斯坦想拿到學位，就得回劍橋再待至少一年，並遞交一篇論文，這樣或許有機會取得博士學位。

凱因斯透過拉姆齊試著遊說維根斯坦到英國，提議提供五十英鎊的旅費。他本來想匿名出錢，但維根斯坦直接問拉姆齊，逼得對方不得不坦承「五十鎊是凱因斯出的」：

他要我別立刻說出來，怕你寧可接受無名的捐助，而不想拿他的錢，因為他一直沒有寫信給你。我不懂他為什麼沒寫，他也說不上來，只說應該是某種「情結」作祟。**他很熱情地講到你，很想再跟你見面**。

拉姆齊甚至寫信給維根斯坦的外甥湯馬斯．史東巴羅（Thomas Stonborough）（兩人在劍橋結識），強力勸說同一件事：「凱因斯很想再見到路．維，雖然他沒回信似乎否定了這一點，但他願意提供五十英鎊是更有力的證明。他提到路．維時充滿了熱情。」

於是一場遊說維根斯坦的持久戰就此開打了，先是勸他到英國過暑假，然後勸他放棄教書，回劍橋繼續研究哲學。維根斯坦離開劍橋社群已久，生命經歷了一番巨變，而且不只離開了劍橋，甚至遠離了所有社會，因此有些近鄉情怯。拉姆齊想盡辦法安撫他。十二月二日他在信裡說自己完全能理解那種恐懼，「但你千萬不該在乎」：

我能在劍橋找到住處，你可以只見你喜歡或覺得能見的人。我知道跟人一起住很困難，因為不可避免地必須常和他們相處。**但只要獨居，你就能慢慢來，逐步融入社會**。

> 希望你別把我這番話當成你是該擔心自己會惹人無趣或生氣。別人不提，**我自己就真的很想見你**。但我只是想讓你知道，如果你擔心這一點，一開始先獨居完全沒問題，不用跟任何人同住。

拉姆齊事後發現，這套激將法完全用錯了地方，維根斯坦到英國最不想要的就是**獨自**生活。但無論如何，一九二四年二月他放棄了遊說計畫，不再慫恿維根斯坦到英國，而是提起自己想去維也納一趟。

拉姆齊很想接受心理分析，這念頭已經有一段時間了。起初是因為他對某位有夫之婦懷有「不快樂的激情」而致情緒騷亂，後來不了了之。但到了一九二四年的四旬齋學期，拉姆齊飽受憂鬱之苦，於是又起了同樣的念頭。這一點加上他想在走入學術生涯之前暫時離開劍橋，使得他最後決定到維也納半年。他選擇維也納不單因為想接受心理分析，還受到一件事影響，就是可以定期去找維根斯坦討論自己的研究。

那陣子拉姆齊為了自己的研究，正幫羅素籌劃新版的《數學原理》。羅素給了他修訂稿，希望他給意見，之後再加到新版裡。拉姆齊的評論沒有留存下來，新版導言也只提到「兩位作者（即羅素和懷德海，雖然修改都是羅素一個人做的）」大大「受惠於」拉姆齊。

但拉姆齊面對維根斯坦時，卻砲火猛烈：

> 你說得很對，出新版完全沒必要，只不過是用一套聰明的手法，不靠可約性公理〔axiom of reducibility〕來證明數學歸納法而已，根本上沒有改變，跟原版完全一樣。我感覺他太老了，每件事單獨說他都能理解，都說「沒錯」，但三分鐘後就忘得一乾二淨，又開始老調重彈。對於你的所

有研究，他似乎只接受一點：在該放名詞的地方放形容詞是無意義的，而這一點對他的類型論有益。的確，新版似乎人見人嫌。維根斯坦和拉姆齊覺得新版太輕忽了維根斯坦對它的批評，懷德海卻認為它太維根斯坦化，還發表了一篇論文反駁羅素放入新版中的新論點。

*

拉姆齊三月去了維也納，湯馬斯．史東巴羅和他同行，途中向他大略說明了維根斯坦家族的狀況：維根斯坦有三個哥哥自殺了，還剩三個姊姊和一個哥哥，都在維也納。認識史東巴羅之後，拉姆齊肯定察覺了自己對維根斯坦「很窮」的印象需要稍微修正。史東巴羅在巴黎介紹了自己的父親傑若米給拉姆齊認識，拉姆齊在信裡對母親說，傑若米「看起來就是個有錢的美國人」。

拉姆齊在維也納結識了瑪格莉特，總算親眼見識到了維根斯坦家族的財力。瑪格莉特當時住在舍伯恩宮[10]，拉姆齊覺得「她一定富可敵國」。他受邀隔週六到宮裡晚宴，「就我所認得，出席的有維根斯坦的家人，大多是女性，還有教授和湯馬斯的朋友，多半是男性，因此男性佔大多數。」現場演奏由專業的弦樂四重奏負責，先演奏海頓，然後貝多芬。拉姆齊比較喜歡海頓，但得知這樣就露底了，「不過我倒是不在乎，反正遲早的事。」晚宴過後，他和保羅聊天。「維根斯坦的哥哥，很有名的鋼琴家，大戰時失去了一條手臂，現在單手彈琴。萊昂內[11]聽過他，但沒想到他和路德維希是兄弟。」保羅和赫爾敏邀拉姆齊改天到餐館吃飯。

見過維根斯坦的家人後，拉姆齊比較能了解維根斯坦的拮据是自找的了。他寫信給凱因斯解釋道，說服維根斯坦「過好日子，或勸他別糟蹋自己的精力和腦力，可能一點用也沒有」：

> 我現在才明白這一點，是因為我認識了他姊姊，見到了他的其他家人。他們非常有錢，一心想資助他或為他做任何事，但他推掉了他們的所有好意，連耶誕禮物和他生病時寄去的營養餐都被他退了回去。不是因為他們感情不好，而是他完全不要不是自己賺來的錢，除非是為了很特別的目的，比如再去見你。我想他教書是為了掙錢，除非找到更喜歡的謀生方式，而且是老老實實地掙錢，他才會放棄教書。他絕不接受別人替他弄來的差事，這一點實在可惜。

他甚至提出了心理學的解釋，認為維根斯坦這種性格「似乎是幼年教養極為嚴格的結果。他的三個哥哥都自殺了。他們的父親逼得很緊，八個孩子曾有一度請了二十六名私人教師，而他們的母親則對孩子很冷漠」。

在維也納停留了快一週後，拉姆齊前往普希貝格造訪維根斯坦一天。他一心念著心理分析的事，不想跟維根斯坦聊自己的研究，討論數學的基礎，不過還是試著聊了一下，沒想到維根斯坦的反應令人失望。「我覺得維根斯坦累了，」他寫信給母親說：「雖然沒生病，但跟他討論實在沒什麼用，他根本沒在聽。你提問題他不會聽你回答，只會開始想自己的問題，但對他來說非常吃力，彷彿推太重的東

10 譯註：舍伯恩宮（Schönborn Palace）位於布拉格小城區，目前是美國駐捷克共和國大使館所在地。

11 譯註：Lionel Penrose，1898-1972。英國精神病學家。

西上山一樣。」

離開普希貝格後，拉姆齊寫信給凱因斯，提到維根斯坦把自己弄到了怎樣惡劣的環境，強調必須把他弄出那裡：

> ……只要他能離開那個環境，不再那麼累，加上我的鼓勵，他或許還會做出一些出色的研究。他要是察覺這一點，可能早就去英國了。我認為他只要還待在這裡教書，就什麼也完成不了，想事情明顯費力至極，像是氣力用盡似的。他暑假時如果我還在這邊，會試著振作他。

看來維根斯坦曾要拉姆齊寫信給凱因斯，解釋自己對去英國的態度，因為他認為自己用英語沒辦法說得清楚，而凱因斯又讀不懂德文。拉姆齊向凱因斯解釋道，維根斯坦對於回英國見舊識憂心忡忡，覺得自己再也無法和羅素說話，跟摩爾的爭執也還沒和解，只剩凱因斯和哈代[12]了。他很想再更認識凱因斯，但得能重續往日的親近才行。他不希望到了英國卻只能偶爾見見凱因斯，維持泛泛之交。他覺得自己從大戰以來改變太多，除非花很多時間跟凱因斯在一起，否則凱因斯絕無法理解他。

換句話說，**除非**凱因斯邀他到鄉下家裡做客，而且願意花許多時間再次了解他，他才願意到英國。拉姆齊解釋到最後提了一句警告：

> 我想你恐怕會覺得很辛苦，又很累人。雖然我非常喜歡他，但除非我對他的研究深感興趣，否則我很懷疑自己能忍受他超過一兩天。我們談話幾乎完全繞著他的研究轉。

不過，他隨即補充：「你要是真的邀他去英國見你，我會很開心，那或許能幫他擺脫泥淖。」

凱因斯沒有立刻答覆是否邀維根斯坦一起去鄉間避暑，可能覺得負擔太重了。但他倒是終於回了維根斯坦去年的信，落款日為三月二十九日，顯然在讀到拉姆齊的信之前。他解釋自己拖了那麼久，是因為想先弄懂《邏輯哲學論》再回信，「只是目前我的心思完全不在基礎問題上頭，沒辦法讀懂這些東西」：

> 我還是不知該如何評論你的書，只覺得它一定是極為重要的天才之作。對錯暫且不論，但從書寫完以來，劍橋所有關於基礎問題的討論都離不開它。

他寄了幾本自己的新書給維根斯坦，包括《和平的經濟後果》（The Economic Consequences of the Peace），並鼓勵維根斯坦來英國，強調：「我會竭盡己力，讓你能更輕鬆從事進一步的研究。」

這最後一句話，至少在當時是表錯情了。維根斯坦要的不是繼續研究哲學，而是找回過去的友誼。他直到七月才回信，半用英文半用德文寫，堅稱他們再怎麼做都不可能讓他重返哲學：

> ……因為我對那種事已經不再有強烈的內在動機了。我該說的真的已經都說了，泉水乾了，一

12 譯註：指數學家哈代（Godfrey H. Hardy，1877-1947）。

> 滴也不剩。聽起來很怪，但就是這樣。

不過，他告訴凱因斯，若在英國有工作可做，就算只是掃街或擦鞋，「我都樂意去做」。要是沒工作，那只有凱因斯願意見他，而且不只偶爾碰面，去英國才有意義。他說，能和凱因斯重逢很好，但「整天待在房裡，每隔一兩天才跟你喝茶聊天，那可**不夠好**」。他們必須努力建立親密友誼才行，理由拉姆齊已經在信裡解釋過了。

> 我們已經十一年沒見，我不曉得你有沒有變，但**我**變了非常多。很可惜沒有變得更好，但就是**不一樣**了。因此如果見面，你可能會覺得眼前這個人其實不是你想邀來的人。不用說，就算我們**有辦法**彼此了解，光憑一兩次聊天也**不可能**做到，我們見面只會讓你失望和厭惡，讓我厭惡和絕望。

結果事情沒有這麼麻煩，因為凱因斯完全沒邀他。那年夏天，維根斯坦在維也納過了暑假。

儘管在普希貝格過得還算愉快，但一九二四年時，維根斯坦已經決定夏季學期完就要離開。拉姆齊五月去找他，之後寫信給母親，說維根斯坦看上去沒那麼鬱鬱寡歡了。「他花了幾週製作貓的骨骼標本給學生看，感覺還蠻開心的。」不過，拉姆齊接著寫道：「他對我的研究沒什麼幫助。」

拉姆齊對維根斯坦依然尊敬。他後來寫道：

> 我們真的活在一個思想的大時代。愛因斯坦、佛洛伊德和維根斯坦都健在（而且都在德國或奧地

利這些反文明國家！）

不過，雖然他夏天幾乎都待在奧地利，去見維根斯坦的次數卻寥寥無幾。奧格登寫信給他，要他提供去年和維根斯坦討論《邏輯哲學論》做的修訂，他回信說他九月回英國之前才會再去見維根斯坦。奧格登索取修訂，顯然是預備再版使用，但在當時看來機會不高。拉姆齊在信末寫道：「很遺憾賣了這麼少。」

拉姆齊夏天一邊接受心理分析，一邊撰寫學位論文。他在維也納得到消息，自己年方二十一就被選為國王學院院士，一回劍橋就生效。回英國之前，他只再去見了維根斯坦一次，去之前還特地表示：「我不大想討論數學，因為我最近沒怎麼在做研究。」

這十有八九是婉轉之詞，意思是只要維根斯坦繼續「浪費自己的精力和腦力」，對拉姆齊的研究就依然「毫無用處」。

一九二四年九月，維根斯坦又換了一所小學，調到特拉騰巴赫附近的奧特塔鎮（Otterthal）。這是他最後一次扛下家長和同校教師的反感，嘗試拓寬奧地利鄉下孩童的眼界。

以他在特拉騰巴赫的經歷，選擇回到維克瑟山區（Wechsel mountains）或許讓人有些驚訝，但他應該能和同事相處得好一點，至少他姊姊赫爾敏是這麼想的。維根斯坦搬到奧特塔鎮不久，她就寫信給亨澤爾，問他有沒有打算去見她弟弟。「不用說，」她寫道：「如果有人能告訴我路德維希在那裡過得如何，我是說他和學校關係如何，我會很高興。」

> 我想**不可能**沒有摩擦，因為他的教法跟其他老師差別那麼大，但至少能期望摩擦不致把他**碾碎**。

奧特塔小學的校長是約瑟夫．普特爾，跟維根斯坦在特拉騰巴赫就是朋友。他是社會主義者，熱切提倡格洛克爾的學校改革運動，維根斯坦教書的頭兩年經常向他請益。

當然，他和普特爾不是沒有摩擦，特別是關於宗教在教育裡的角色。普特爾不大贊成在學校禱告，維根斯坦和他學生卻每天禱告。有一回，普特爾說他反對這類嘴巴說說的天主教信仰，覺得毫無意義，維根斯坦說：「人們互相親吻，那也是用嘴幹的。」

雖然和普特爾交好，維根斯坦轉到奧特塔不到一個月就明白了，自己在這裡不會比在特拉騰巴赫容易。「事情不是很順利，」他十月寫信給亨澤爾：「我的教書生涯可能快結束了」——

> 太難了，不是一股，而是一整打的力量在反對我，而我算哪根蔥？

不過，正是在奧特塔教書期間，維根斯坦為奧地利教育改革留下了可說最深遠的貢獻，而且完全符合格洛克爾的改革原則。那就是他編纂了給小學生學拼寫用的《小學辭典》（Wörterbuch für Volksschulen）。他會起心動念出版這本辭典，可能跟他請亨澤爾打聽學校用辭典的價格有關。他在前述那封寫給亨澤爾的信裡說：

> 我沒想到辭典的價格貴得嚇人。我想我要是沒有早死，應該能編出一本小學用的小辭典。我覺

得這需求很迫切。

當局也很清楚辭典的必要。當時只有兩種辭典流通，都是教學生拼寫用的。但一本太大太貴，不適合維根斯坦教的那種鄉下學校的孩子，另一本太小又編得很糟，收了不少小孩不大可能用到的外國詞，卻忽略了他們常拼錯的字。在普希貝格的時候，為了克服這個困難，維根斯坦讓學生自己編辭典。上德語課或天氣糟不能上體育課時，他會寫字在黑板上，讓學生抄進自己的詞彙本裡，之後再將詞彙本匯集裝訂，貼上厚紙封面，成為辭典。

在《小學辭典》的序言裡，維根斯坦談到了這個解決方法：

> 擁有實際經驗的人都能了解這有多困難，因為結果必須是每位學生都能拿到一本乾淨的、而且最好是正確的辭典。而為了做到這一點，老師幾乎要管到學生寫的每個字。（光舉例是不夠的，我還沒提到紀律上的要求呢。）

雖然他提到學生的拼寫進步驚人（「正確拼寫的良知被喚醒了！」），但這麼做顯然太勞心勞力，讓他絕對不想再做第二次。對他和其他處境相同的教師來說，出版《小學辭典》是比較實際的解決方法。

比起《邏輯哲學論》近乎難產，《小學辭典》倒是不費吹灰之力就出版了。一九二四年十一月，維根斯坦聯絡了師範學校校長拉茲克博士（Dr Latzke），告訴他自己的計畫。拉茲克聯絡維也納的霍德．皮希勒．滕普斯基出版社（Hölder-Pichler-Tempsky），對方十一月十三日寫信給維根斯坦表示願意出版辭典。耶誕節假期出版社收到手稿，隔年二月就將校樣寄給了維根斯坦。

維根斯坦的序言落款日為一九二五年四月二十二日。他在序言裡解釋為何需要這樣一本辭典，以及選詞和編排時的考量。他明白指出所有考量都出於他擔任教師的經驗。「沒有什麼詞是太普通而不選入的，」他說：「因為我見過學生寫 wo 時多加了一個表示長母音的 h，或把 was 的尾巴寫成 ss。」維根斯坦在序言裡就清楚表明了，這本辭典是專為奧地利鄉下孩子而編纂的，因此他略去了一些非常正常的德文詞，因為奧地利人不說這些詞，然後納入了一些奧地利的方言用語。此外，他也用方言解釋據他經驗學生時常混淆的區別，例如 das 和 dass、直接受格 ihn 和間接受格 ihm 的差別等等[13]。

出版社印行辭典之前，想確保它會得到推薦，作為鄉下小學參考書之用，於是便將辭典遞交給下奧地利[14]的省教育委員會審查。審查報告由督學愛德華．布克斯鮑（Eduard Buxbaum）撰寫，日期為五月十五日。他同意維根斯坦的看法，這樣的辭典確實有其需要，甚至認為缺乏這類書籍「是當前最急迫的問題」。對於維根斯坦強調屬於「日常用語」的詞彙，他也沒有異議。但他對維根斯坦的選詞很有意見，批評他略去了諸如 Bibliothek（圖書館）、Brüke（橋）和 Buche（山毛櫸）之類很普通的詞，對序言也不滿意。布克斯鮑認為，用聽寫出一本辭典來訓練學生拼寫，是很怪的做法，他覺得必須先等孩子用過這些詞之後，再讓他們聽寫正確拼法。他甚至還挑剔了維根斯坦本人的德文：「把『幾個月的工作』寫成 eine mehrmonatliche Arbeit，而不是 eine Arbeit von viele Monaten，這樣的錯誤絕對不該混進德語，就算出現在序言也不行。」

布克斯鮑結論道：

> 可以這麼說，去除上述缺點後，本辭典對小學和市民學校的高年級學生是蠻有用的參考書。本報告撰寫者認為，本辭典以其目前的形式，任何教育委員會都不會推薦。

刪掉序言，並納進布克斯鮑建議的詞彙之後，辭典便審核通過了。出版社十一月和維根斯坦簽約，他能拿到十本辭典和零售價百分之十的版稅。辭典一九二六年出版，還算成功（但直到一九七七年才再版，而且興趣主要來自鑽研維根斯坦的學者）。

前面提過，維根斯坦一到奧特塔不久就明白，自己不大再能忍受四方反對下教書的壓力了。一九二五年二月，他寫信給恩格曼：

> 我從一起生活的那些人（應該說「非人」）那裡吃了很多苦，簡單說就是跟之前一樣！

和過去幾所學校一樣，維根斯坦得到了一小群男學生的熱情回應。他們成了維根斯坦的愛徒，組成了一個特別班，放學後留下來接受額外指導，維根斯坦和他們都用教名相稱。他會帶他們到維也納，在鄉間散步，把他們教得遠超過鄉下小學要求的水準。和過去一樣，學生們的專注及維根斯坦對他們

13 譯註：上述例子為奧地利德語，wo意為「哪裡where」；was意為「什麼what」；das是中性單數定冠詞，dass則是子句連接詞，相當於英文的that；ihn和ihm分別為陽性第三人稱單數（him）的第四格和第三格。

14 譯註：下奧地利（Lower Austria）是奧地利面積最大的邦。

的投入，同樣引來了家長反感，紛紛拒絕維根斯坦的提議，不讓自己小孩繼續升學。同樣地，女學生對維根斯坦的教法比較沒反應，更討厭因為不肯或無法達到維根斯坦不切實際的高標準（尤其是數學）而被拽頭髮或打耳光。

簡單說，的確跟之前一樣。

恩格曼也很不適應戰後的歐洲。他和維根斯坦一樣覺得自己屬於上個世代，但不同於維根斯坦，他認為戰前是**猶太的**世代。在回憶錄中，他提到自己和維根斯坦都繼承了「奧地利猶太精神」和「維也納猶太文化」，但維根斯坦不這麼認為。不過，兩人都察覺隨著歐洲反猶太風潮愈演愈烈，他們身上的「猶太性」也愈來愈明顯，只是反應不同。恩格曼成了猶太復國主義者，企求建立以色列為新國，取代被一戰摧毀的祖國。至於維根斯坦，他始終不曾受猶太復國主義吸引，覺得巴勒斯坦的宗教意義主要來自新約，而非舊約，但對恩格曼有意遷居聖地的想法卻很高興。「你信裡說想去巴勒斯坦，」他寫道：「這消息真讓我開心，給了我希望。」

> 這麼做可能是對的，在屬靈方面有益。我或許想跟你同行，你願意嗎？[15]

寫信給恩格曼後不久，維根斯坦就收到了埃克萊斯的來信，令他喜出望外。自大戰以來，他就沒了這位曼城老友的消息（不像品生特、羅素和凱因斯，埃克萊斯戰時不願和敵國友人通信）。這封信成了他前往英國的最終推力。三月十日，他回信給埃克萊斯，顯然對兩人重新聯繫上了滿心歡喜：

親愛的埃克萊斯：

收到你的消息讓我開心極了。我還以為你可能戰死了，或者雖然活著，卻恨透了德國人及奧地利人，再也不願意和我往來。

……希望我很快就能再見到你，但天曉得我們何時能在何處相見。或許暑假我們能碰面，但我沒什麼時間，也**沒有**錢去英國，因為我大概六年前就把自己**所有的**財產都送掉了。去年我本來該去英國見一位朋友，劍橋大學的凱因斯先生（你可能聽過他），他願意替我出錢，但我很怕這麼久沒見，期間裡裡外外又發生了那麼多大事，我和他見面了會無法理解對方。但現在（至少**今天**）我覺得，我或許還是有辦法讓老友了解我。要是有機會，w. w. p.[16] 我可能去曼徹斯特見你。

兩個月後，他在五月七日的回信裡答應了埃克萊斯，同意去曼徹斯特時到埃克萊斯家暫住。他再次提到前一年夏天他沒去找凱因斯的原因（卻沒提到凱因斯根本沒有邀他，似乎覺得這不是重點）：

英國或許從一九一三年以來一直沒變，**我**卻變了。但在信裡說明沒有用，因為我雖然自己明白到底哪裡變了，卻無法跟你解釋清楚。等我到你那裡，你自己看了就明白了。我打算八月底去。

---

15 恩格曼後來真的離開歐洲去了台拉維夫，從一九三四年起定居該地，直到一九六三年去世。兩人的書信裡沒再提過維根斯坦同行的事。（原註）

16 譯註：作者孟克認為，這裡可能是維根斯坦筆誤，將 w. y. p.（若你同意 with your permission）寫成了 w. w. p.。

同年七月，維根斯坦寫信給凱因斯，說他想去英國，但還沒打定主意，暗示最後決定取決於凱因斯。「如果（八月中旬）可以順便見到你，那我就樂意去。現在請**坦白**告訴我，你到底想不想見我？」凱因斯的回答是肯定的，甚至寄了十英鎊旅費給維根斯坦。出發前，維根斯坦寫信給他：「真好奇我們見面後會是如何，感覺就像做夢一樣。」

八月十八日，維根斯坦抵達英國，在去曼城造訪埃克萊斯之前，他先到凱因斯位於薩塞克斯郡（Sussex）路易士鎮（Lewes）的鄉間寓所待了幾天。雖然他先前再三向羅素強調，良善比聰明更好，但比起鄉下農人，能和歐洲最頂尖的心靈相處還是愉快的。他從路易士鎮寫信給恩格曼說：

我知道聰慧（心智高妙）不是至高的善，但若能死於靈光飽滿的瞬間，我也死而無憾。

維根斯坦到了曼徹斯特，埃克萊斯夫婦對於他變化之大都深感驚訝。他們到火車站去接他，迎面而來的不是戰前那位衣著講究的年輕人，他們熟悉的「女人青睞的男士」，而是一名衣衫襤褸、像是穿著童軍制服的男子。除了古怪的外表，維根斯坦還讓埃克萊斯誤以為他還沒看過《邏輯哲學論》。他要埃克萊斯夫人去買一本，她跑了曼徹斯特幾家書店都沒買到，於是埃克萊斯便從大學圖書館借了一冊。後來埃克萊斯在回憶錄裡自信（但錯誤地）說道，這是維根斯坦「頭一回拿到英語版的《邏輯哲學論》」。維根斯坦顯然想讓埃克萊斯看這本書，卻不好意思承認這才是他要他們努力找書的原因。

離開英國之前，維根斯坦去了劍橋大學一趟，總算見到了詹森。「請你告訴維根斯坦，」詹森八月二十四日寫信給凱因斯道：「我很高興再見到他，但條件是不談邏輯的根基問題。我已經不適合對自己刨根問底了。」維根斯坦還見了拉姆齊，但兩人似乎起了激烈爭執，兩年後才恢復聯繫。

儘管和拉姆齊吵了一架，不過維根斯坦此行是成功的。和老友重建聯繫對他很有用處，萬一在奧特塔過不下去（這很有可能），他就打算動用這層關係。他這麼對恩格曼說：「必要的話，我可能去英國」。九月學期開始，他寫信給恩格曼和埃克萊斯，信裡提到自己打算再給「老工作」一**次機會**，彷彿這是最後一年他嘗試在鄉下教書了。「不過，」他告訴埃克萊斯：「我現在不覺得那麼悲慘了，因為我已經決定要是事情每況愈下（我想遲早會發生），就去你那兒。」十月他以類似的口吻寫信給凱因斯，說他會繼續當老師，除非「我覺得這麼做的麻煩已經對我沒有半點好處」：

牙疼時，拿熱水瓶貼臉很有用，但只有瓶子熱得你有點疼才有效果。一旦我發現那疼痛不再對我人格有益，我就會扔掉瓶子。我是說，如果這裡的人沒有先把我趕走的話。

「若是不教書了，」他又說：「我可能會去英國，在那裡找工作，因為我很確定自己在**這個**國家找不到工作。到時還得請你幫忙了。」

結果事情真的每況愈下，維根斯坦不得不把熱水瓶扔了，也許連他自己也沒想到會這麼快。一九二六年四月，他突然放棄教職，離開了奧特塔鎮。促使他離開的事件在當時引發了不少議論，奧特塔一帶的居民稱之為「海德鮑爾事件」(Der Vorfall Haidbauer)。

維根斯坦有一位學生名叫約瑟夫・海德鮑爾（Josef Haidbauer），十一歲，父親已經過世，母親住在名叫皮里鮑爾（Piribauer）的農人家裡幫傭。海德鮑爾蒼白多病，後來死於血癌，死時才剛滿十四歲。他不是不聽話的孩子，但上課回答問題可能慢了點，話也不多。某天，維根斯坦一時不耐煩，在他頭上敲了兩三下，這男孩就昏倒了。維根斯坦是不是用力過猛？是不是虐待這孩子？一位名叫奧古斯特·里格勒（August Riegler）的同學（用不是很有幫助的邏輯）表示：

不能說維根斯坦虐待了那孩子。如果海德鮑爾得到的懲罰叫虐待，那維根斯坦給學生的懲罰有八成都是虐待。

維根斯坦見到男孩昏倒，整個人都慌了。他讓班上學生回家，將男孩送到校長室等當地醫師過來（醫師住在附近的奇爾希貝格〔Kirchberg〕），隨即匆匆離開了學校。

離開時，他不幸遇到了皮里鮑爾先生。對方大概是被班上某個學生找來的，村民對他的印象是很愛吵架，對維根斯坦積怨已久，因為他女兒赫爾敏常挨維根斯坦的脾氣，有一回甚至被打到耳後出血。他回憶自己在走廊上撞見維根斯坦，頓時怒火中燒。「我把天底下的髒話都端出來罵了一遍，說他不是老師，是馴獸師！說我立刻要去找警察！」皮里鮑爾匆匆趕到警局，想叫人逮捕維根斯坦，卻發現警局裡唯一的警察不在，讓他非常洩氣。隔天他又試了一次，但校長告訴他維根斯坦已經趁夜離開了。

一九二六年四月二十八日，維根斯坦向地區督學威廉·昆特遞交了辭呈。昆特當然聽說了「海德鮑爾事件」，但向維根斯坦保證後果不嚴重。他很欣賞維根斯坦的教學能力，不想失去這位老師，便建議維根斯坦休假放鬆一下，再決定是否真的要放棄教職。但維根斯坦心意已決，什麼也不能說服他留下。

後來在聽證會上，維根斯坦果然如昆特所料，未被判決行為不當，但他已經不再指望自己在奧地利鄉下擔任老師會有任何貢獻了。

海德鮑爾事件當然不是他絕望的主因，只是導致他辭職的最後一根稻草。他絕望有更深層的原因。海德鮑爾事件前不久，維根斯坦跟申請出任奧特塔小學校長的奧古斯特·沃爾夫（August Wolf）見過面；他告訴對方說：

> 我只有一個建議，就是撤銷申請。這裡的人心胸狹隘到極點，你什麼也做不成。

十、走出荒野

一九二六年，在奧特塔待不下去後，維根斯坦最自然的選擇或許是接受凱因斯的好意，重返英格蘭。但事實上，他隔了一年多才聯絡凱因斯，而他的解釋是想等自己擺脫了遇上的大麻煩再寫信給他，所以延遲了。

雖然知道自己遲早會離開奧特塔鎮，放棄教職，但離開時的狼狽還是將維根斯坦徹底擊垮了。聽證會是莫大的羞辱，尤其是他為了反駁對學生施暴的指控，覺得必須對自己施行體罰的程度說謊。這事帶給他的道德挫敗感糾纏了他十年以上，我們隨後會看到，他最後採取了激烈的手段，以免除心裡的罪疚。

在這種狀態下，他根本不可能考慮重返英國，也不覺得自己能回維也納。他心裡想的只有徹底擺脫世間的煩擾。離開教職後不久，他去了一所修道院，詢問能否成為修士。他曾經多次有過這個念頭，尤其在他特別絕望的時候。這一回，修道院長顯然很會看人，他告訴維根斯坦不會在修道院裡得其所望，而他前來的動機更是教會無法接受的。於是，維根斯坦在維也納的胡特多夫（Hütteldorf）一所教會慈善機構找到了園丁的工作，地點就在維也納近郊。他在花園的工具棚裡住了三個月。一如六年前，園藝對他很有療效。夏天結束前，他已經覺得自己能重回維也納，面對社會了。

一九二六年六月三日，維根斯坦還在當園丁，他臥病在床的母親在林蔭街的家裡過世了，赫爾敏成了公認的一家之長。這件事是否讓維根斯坦更願意回維也納，母親的死又對他有什麼影響，這些都無從判斷。但引人注意的是，從此他對家人態度丕變。一九一四年的家族耶誕聚會是那麼讓他驚惶困惑，現在卻迫不及待。之後每年耶誕節，維根斯坦總是熱情參與聚會，直到一九三八年納粹併吞奧地利讓他被迫待在英國為止。他會送禮物給姪子姪女，一起唱頌歌，享用大餐，絲毫不覺得有違人格。

這樣看來，維根斯坦一九二六年夏天重返維也納，似乎宣告他和家人的疏離就此結束。這份疏離至少可以上溯到一九一三年他父親過世當時。一回到家，他就被分派了一份很療癒的工作。和園丁不同，新工作逼他必須和別人共事，有助於他重返社會，並且讓他有機會將自己堅持的建築美學付諸實踐。這份差事就是姊姊葛蕾塔邀他和恩格曼合作，一起設計和建造她的新家。

恩格曼已經為維根斯坦家族效力過。他翻修了他們在新瓦德格街的房子，替保羅在林蔭街蓋了一間瓷器收藏室，並於一九二五年底接受葛蕾塔邀約，替她在庫德曼街新蓋一棟連棟公寓。庫德曼街位於第三區，是維也納最不時髦的區段之一，葛蕾塔在那裡買了一塊地，維根斯坦唸過的師範學校就在旁邊。他很快對這計畫產生了興趣。在奧特塔的最後一年，他只要回維也納，就會跟姊姊和恩格曼進行深入而熱切的討論，後來恩格曼甚至覺得維根斯坦比他更了解葛蕾塔的期望。

維根斯坦教書的最後一學期，恩格曼畫好了草圖，但老友離開奧特塔後，恩格曼覺得理應邀他一起共事。恩格曼說，從那之後「建築師就變成他，而不是我了。儘管總平面圖在他參與之前就已經畫好，但我覺得最後成果是他的作品，而不是我的」。

藍圖一九二六年十一月十三日定稿，簽章為「建築師P．恩格曼和L．維根斯坦」。雖然維根斯坦不曾受過建築訓練，也只參與過這個建案，但有跡象顯示，他對這件事變得很認真，開始將建築視為新的志業，一種重塑自己的新方式。維也納的分類電話簿有許多年都將他列為職業建築師，而那時期他的信紙頁眉也是「保羅．恩格曼和路德維希．維根斯坦建築師事務所，維也納三區公園路十八號」。或許這只是他想強調獨立自主的另一種方式，堅持自己是自由工作者，否認為姊姊設計房子只是掛名。

維根斯坦主要負責門、窗、窗門和暖氣系統的設計。這部份乍看沒有什麼，其實不然。正是這些細部上的安排，使這棟原本單調甚至醜陋的房子有了與眾不同的美感。這房子外表毫無裝飾，光禿禿的，多虧了維根斯坦的優雅設計和一絲不苟的執行，才不致那麼枯燥。

因此，細節才是一切，而維根斯坦近乎瘋狂地要求精準執行，分毫不差。有鎖匠問他：「告訴我，工程師先生，這裡和那裡差個一釐米對你真的那麼要緊嗎？」維根斯坦沒等他說完就朝他大吼：「當然！」他和工程公司討論自己設計的高玻璃門時，前來商量的技師崩潰落淚，心想絕不可能做到維根斯坦的要求。看似簡單的暖氣系統花了一年才搞定，因為奧地利沒人做得出他心裡想的東西。零件鑄件從國外進口，到了還被他嫌不能用。然而，姊姊赫爾敏回憶道：

說到路德維希鍥而不捨追求比例精準的態度，最明顯的例子就是房子都蓋好準備開始清理了，他竟然盯上其中一間大如講堂的房間，硬是要求房間的天花板必須再提高三公分。

葛蕾塔一九二八年底搬進了這棟房子。據赫爾敏說，新家對葛蕾塔就像手套一樣合身，充分體現了她的個性，「從小到大，她身邊一切都要是原創和宏偉的」。不過，赫爾敏自己倒是有所保留：

……雖然我很欣賞這棟房子，但心裡始終明白自己不想也無法住在裡頭。它感覺確實更像神殿，不是給我這種渺小凡人住的。一開始我甚至得壓下心裡那一絲絲敵意，對這棟我稱為「邏輯之屋」的房子，還有它那紀念碑般的完美。

這樣的憎惡不難理解，因為這棟房子的設計幾乎不曾考慮一般人的舒適。那強烈的清晰、嚴謹與精準，的確是我們對邏輯的期望，而不是對住所的需求。在設計房子內部時，維根斯坦幾乎不肯為了家居舒適而讓步。地毯、吊燈和窗簾都被他完全拒絕。地板是黑色磨光石板，牆壁和天花板漆成亮赭色，窗戶、門把和暖氣的金屬部份全沒上漆，房裡照明只用無罩的燈泡。

由於建築本身強烈的宏偉感，以及奧地利的悲慘命運，這棟耗費大量時間、精力與時間完成的房子後來下場多舛。葛蕾塔搬進去不滿一年，華爾街大崩盤（雖然離她山窮水盡還早得很，卻還是）逼得她辭退了許多原本不可或缺的僕役，宴客也從大廳改到了廚房。九年後，奧地利遭德國併吞，她逃往紐約躲避納粹，房子空了，只留下一名僕人照管。一九四五年，俄國佔據維也納，這房子成了軍營和馬廄。葛蕾塔一九四七年搬回住處，一直住到一九五八年過世，之後房子就歸到兒子湯馬斯．史東巴羅名下。湯瑪斯和赫爾敏一樣，覺得房子不怎麼好住，因此讓房子空了許多年，最後於一九七一年賣給一名地產開發商。開發商打算將房子拆了，幸好維也納地標委員會發起保護運動，讓房子正名為國家遺產，這才躲過被拆的命運。目前這棟房子是保加利亞駐維也納大使館文化部的所在地，但內部已經大幅改裝，以適合新的用途。維根斯坦若是看見它現在的樣子——隔間打掉變成L形房間、牆和暖氣漆成白色、大廳鑲了木板、鋪了地毯等等——很有可能寧願它被弭為平地。

為葛蕾塔工作讓維根斯坦重返維也納社會，最後更回到了哲學。庫德曼街的房子完工前，葛蕾塔一家仍住在舍伯恩宮一樓，長子湯馬斯剛從劍橋回來，在維也納大學讀博士。他在劍橋認識了一位名叫瑪格麗特・芮斯賓格（Marguerite Respinger）的瑞士女孩，並邀她到維也納。維根斯坦和她交往四年，到一九三一年結束。至少他是認為會和瑪格麗特結婚的。就大家所知，她是他唯一愛過的女人。

瑪格麗特年輕活潑，充滿藝術氣質。出身富裕的她對哲學毫無興趣，也缺乏維根斯坦認為維繫友誼必須的執著與認真。她和維根斯坦交往應該是葛蕾塔促成的，不過維根斯坦一些親朋好友只覺得困惑，談不上高興。她在庫德曼街房子的工地意外傷了腳，寄住在舍伯恩宮休養，因而認識了維根斯坦。她和一群年輕人經常圍在他床邊聽他朗讀。這群年輕人除了湯馬斯外，還有索格倫家的塔勒（Talle）和艾爾維兩兄弟。維根斯坦有一回朗讀了瑞士作家約翰・彼得・赫博的作品，瑪格麗特記述道：「我再次感到自在，為聽見如此透徹理解的朗讀而感動。」艾爾維察覺維根斯坦注意到瑪格麗特，讓他很不高興，或許夾著嫉妒。有天維根斯坦問他們想聽他朗讀什麼，其實是在問瑪格麗特，艾爾維酸溜溜地說：「隨你想讀什麼，反正她都聽不懂。」

儘管艾爾維不喜歡，維根斯坦和瑪格麗特還是開始幾乎天天見面了。瑪格麗特在維也納時白天上藝術學校，放學後就去庫德曼街的工地找維根斯坦，兩人再一起到戲院看西部片，然後到咖啡館吃簡餐，通常是雞蛋、麵包、奶油和一杯牛奶。這不是她平常的生活方式，而且對她這樣一位體面時髦的年輕女子來說，跟一個穿著邋遢的男人在外頭走動，可需要相當的勇氣。維根斯坦總是穿著手肘破洞的外套、開領衫、寬垮的褲子和厚皮靴，而且年紀幾乎是她的兩倍。有時她喜歡跟年輕、時髦一點的男人出去，例如湯馬斯和塔勒。這讓維根斯坦既困惑又生氣，不只一次問她：「妳怎麼會想跟湯馬斯・史東巴羅那樣的小伙子出去？」

更讓維根斯坦或瑪格麗特的朋友困惑的是，這兩人怎麼會想跟對方約會？在維根斯坦的密友當中，跟瑪格麗特處不來的不只艾爾維，恩格曼也是，而瑪格麗特對恩格曼也沒有好感，形容他是「一般人不喜歡的那種猶太人」。「一般人」或許可以忍受維根斯坦家族，因為他們非常有錢，極為融入維也納社會，而且在信仰和「種族」上也不完全是猶太人，但恩格曼就**太**猶太人了。維根斯坦和瑪格麗特交往期間，他和恩格曼開始交惡。愛上她的那段日子，他對自己身上的猶太性的態度有了極大的轉變，兩者可能是巧合，也可能不是。

葛蕾塔顯然是支持兩人交往的，因為她覺得有瑪格麗特為伴，對她弟弟有著安撫的作用，能讓他「正常起來」。或許確實如此，或許正是由於瑪格麗特缺乏知性深度，才讓她有這種作用。維根斯坦明白要求她**別**試圖窺探他的思想世界，瑪格麗特欣然同意。

那段期間，維根斯坦以瑪格麗特為模特兒雕了一座胸像。胸像是在米埃爾・德羅比爾的工作室做的，但沒有忠實反映瑪格麗特的容貌，因為維根斯坦雖然對臉的姿態與表情深感興趣，但他想捕捉的不是她的實際神態，而是他想創造的表情。這讓人想起（尤其在描述戀愛中的維根斯坦時）魏寧格在《性與性格》裡說：

唯有不去考慮女人的實際特質，用不同於物理現實的虛構現實取而代之，才可能愛上女人。

胸像完成後，維根斯坦將它送給葛蕾塔，擺在庫德曼街的房子裡。這可說是適得其所，因為胸像和那房子出自相同的美學。維根斯坦談到自己旁及建築時說：

……我替葛蕾塔蓋的房子，來自絕對敏感的耳朵和**好的**態度，表達了（對文化等事物的）偉大**理解**，但缺乏了**原初的**、力求爆發的野性生命力，因此可以說不是**健康**的。

同樣的，維根斯坦的雕塑也可以說缺乏「原初的生命力」，因此（用他自己的話來說）稱不上偉大的藝術品，因為「所有偉大的藝術裡頭都藏著一隻**野**獸，只是**被馴服**了」。維根斯坦認為自己的雕塑只不過是德羅比爾作品的澄淨版。

就算對音樂，這個他最有感覺的藝術，維根斯坦展現的也是偉大的理解，而不是「力求爆發的野性生命力」。他在維也納常和人一起演奏，但他在乎的是演奏的正確，用他極為敏感的耳朵要求同奏者一起追求無比精確的演奏。甚至可以說，他想要的不是創造出音樂，而是重新創造音樂。他演奏不是在表達自己、表達他的原初生命力，而是其他人的思想與生命。因此，維根斯坦認為自己不是創造者，而是再生產者，這話或許沒錯。

儘管維根斯坦對藝術很感興趣，感受力也很敏銳，但唯有哲學才能真正喚醒他的創造力。正如羅素很久以前就注意到的，唯有哲學才能讓人在維根斯坦身上看見「力求爆發的野性生命力」。

葛蕾塔新家施工期間，維根斯坦重拾了這項最能展現他特殊天份的活動。這一回推手又是葛蕾塔，是她讓維根斯坦認識了維也納大學哲學教授石里克。

石里克多年來一直想見維根斯坦，始終沒如願，如今卻讓葛蕾塔做到了。他一九二二年抵達維也納，《邏輯哲學論》也在同年出版。他是維也納最早閱讀這本書並看出其價值的人之一。一九二四年夏天，他在葛蕾塔家見到拉姆齊後，寫信給人在普希貝格的維根斯坦：

> 我是《邏輯哲學論》的仰慕者，一直很想認識你，卻由於教書和其他職責而一再拖延，轉眼也在維也納待了將近五個學期了。每年冬季學期，我都會跟有興趣的同事和聰穎的學生討論數理邏輯的基礎，你的名字經常被提起。尤其某次講座，數學系的同事黑德馬斯特〔Reidemaster〕教授介紹了你的作品，所有人都印象深刻。因此，這裡有不少人（我也是其中之一）相信你的基本想法是正確而重要的，並且強烈渴望為傳播這些想法貢獻一臂之力。

石里克信裡說想去普希貝格見維根斯坦，但維根斯坦那時已經搬到奧特塔，不過信還是順利寄到了。維根斯坦回信表示歡迎對方來訪。石里克很快回了信，再次表示打算一訪，但直到十五個月後（一九二六年四月）才挑了幾名學生和他一起去了奧特塔。石里克的妻子談到丈夫此行的心情說：「他用近乎虔敬的口氣向我解釋，維是地球上最頂尖的偉大天才，感覺就像去朝聖一樣。」但到了奧特塔，這群朝聖者卻大失所望。當地人告訴他們，維根斯坦已經辭職不教書了。

因此，一九二七年二月，石里克收到葛蕾塔來信邀他和維根斯坦共進晚餐，簡直喜出望外。「又來了，」石里克夫人說：「我又像看好戲一樣，見到那朝聖一般的敬畏神情。」在這之前，石里克曾經寄了一些自己的作品給維根斯坦，並邀請維根斯坦跟他和另一些人一起討論邏輯。葛蕾塔在邀請函裡代表弟弟做了回覆。她告訴石里克：

他要我向你轉達最溫暖的敬意，並且請你原諒，他覺得自己無法一邊專注眼下的工作，一邊討論邏輯問題，因為眼下的工作需要他百分之百的投入。他顯然無法跟一群人見面，但若是只跟你——親愛的石里克教授——見面，或許有辦法討論邏輯問題。他認為到時就能弄清楚，自己在這方面是否對你有一點幫助。

石里克夫人回憶道，她先生見了維根斯坦「回來欣喜若狂，幾乎沒開口，而我也覺得不該多問」。隔天維根斯坦告訴恩格曼：「我們倆都覺得對方一定瘋了。」這次會面後不久，維根斯坦和石里克開始定期討論。恩格曼說：「維根斯坦發現石里克是出色的討論夥伴，理解力又強，加上他很欣賞石里克的教養，就更這樣認為了。」但石里克始終無法說服維根斯坦參加他辦的「學圈」聚會。這個學圈由哲學家和數學家組成，以實證進路處理哲學問題和科學的**世界觀**是他們的共同理念。他們每週四晚上聚會，討論數學和科學的基礎，後來演變成維也納學圈。維根斯坦告訴石里克，他只能跟「讓他自在」的人談話。

儘管如此，到了一九二七年夏天，維根斯坦已經固定在週一晚上和人聚會，成員除了他和石里克，還包括學圈仔細選出的人，像是弗里德里希・魏斯曼[1]、魯道夫・卡納普[2]和赫伯特・費格爾[3]。而聚會的成功完全有賴於石里克對氣氛的敏銳掌握。卡納普回憶道：

首次聚會前，石里克急切告誡我們，別用我們在學圈習慣的方式討論，因為維根斯坦完全沒興趣。甚至發問都得小心，因為維根斯坦非常敏感，問題太直接容易刺激到他。石里克說，最好的方法就是讓維根斯坦暢所欲言，然後只小心地請他做必要的解釋。

為了說服維根斯坦來聚會，石里克向他再三保證討論不必非得和哲學有關，他想討論什麼都可以。維根斯坦有時會突然背對眾人開始讀詩，嚇大家一跳。他尤其愛讀泰戈爾[4]的詩，彷彿在向他們強調，如他之前對馮費克解釋過的，他在《邏輯哲學論》裡**沒說的**比說出的更重要。泰戈爾當時在維也納非常紅，他詩裡的神秘主義觀點跟石里克學圈的主張完全相反。卡納普、費格爾和魏斯曼很快就明白了，他們以為《邏輯哲學論》的作者是實證主義者，其實不然。「之前，」卡納普寫道：

在學圈裡讀維根斯坦的書時，我誤以為他對形上學的看法和我們類似，因此對他書裡關於神秘

1 譯註：Friedrich Waismann，1896-1959。奧地利數學家、物理學家、哲學家。分析哲學的主要代表者之一。

2 譯註：Rudolf Carnap，1891-1970。美國分析哲學家，生於德國，經驗主義、邏輯實證論、維也納學圈代表者之一。

3 譯註：Herbert Feigl，1902-1988。奧地利哲學家，維也納學圈早期成員。

4 譯註：Rabindranath Tagore，1861-1941。印度詩人、哲學家。一九一三年獲得諾貝爾文學獎，為首位獲獎之亞洲人。

的說法不夠注意，因為他這部份的感受與想法和我差太多了。只有和他本人接觸之後，我才更看清他在這件事上的態度。

對實證主義者來說，清晰和科學方法互為表裡，然而這本他們視為哲學清晰精確之典範的作品，作者的性情與方法卻如此非科學，實在令人驚訝。對卡納普而言尤其如此：

他對人和問題的觀點與態度都更像藝術創作者，而遠非科學家，甚至對理論問題也不例外，幾乎可以說就像宗教先知或預言者。只要他開始對某個哲學問題闡述看法，我們就常感覺到他內心在掙扎，在強烈的痛苦與緊張之下頑鬥，想要衝破黑暗迎向光亮，甚至從他表情豐富的臉上都能看見那股緊張。當他（有時在費盡千辛萬苦之後）終於找出答案，將看法端到我們面前，感覺就像嶄新的藝術品或神啟一樣。我不是說他講得不容挑戰……而是給人一種感覺，彷彿那看法來自於神的啟發，讓人不禁覺得任何理性評論或分析，對它都是褻瀆。

學圈成員認為要檢驗一個看法，最好的方法就是透過質疑和反對來討論它。然而卡納普回憶道，維根斯坦「一旦藉由啟發得到了洞見，就完全無法忍受別人對它做批判式的檢驗」：

我有時感覺，維根斯坦非常討厭科學家那種刻意不帶情感的理性態度，以及任何帶有「啟蒙」味道的想法。

儘管性情和關注點大不相同，維根斯坦和石里克學圈的成員還是對哲學問題有過幾次成果豐碩的討論，其中一個討論焦點是拉姆齊剛發表的論文〈數學基礎〉（The Foundations of Mathematics）。這篇論文出自拉姆齊一九二五年十一月對倫敦數學學會發表的演講，收錄於學會出版的《學報》（Proceeding）中。

這篇文章是拉姆齊跨出的第一步。他想用維根斯坦的邏輯作品重新證明弗雷格和羅素的做法是可靠的，邏輯能作為數學的基礎。當時直覺主義正在崛起，以荷蘭數學家布勞威爾為首提出更激進的主張，影響愈來愈大[5]。因此，直到一九三〇年二十六歲英年早逝為止，拉姆齊的主要長期目標都是修補羅素《數學原理》的理論漏洞，重建邏輯主義的優勢，擊倒茁壯中的直覺主義。概略而言，兩派人的差別在於羅素想證明所有數學都能化約為邏輯，進而為純數學家認可的全部定理提供嚴格的邏輯基礎；布勞威爾對數學和邏輯的看法則完全不同，打算另起爐灶**重建**數學，主張唯有系統內可證明的定理才可接受，其餘定理都必須視為未能證明而拋棄，就算普遍接受的定理也不例外。

拉姆齊想用《邏輯哲學論》的命題理論來證明，數學是由維根斯坦定義下的重言所組成，因此數學命題就是邏輯命題。這不是維根斯坦的看法。他在書裡區分了數學和邏輯命題：只有前者是重言，後者是「等式」（《邏輯哲學論》6.22）。

---

5 譯註：直覺主義（intuitionism）是用人類的構造性思維活動進行數學研究的方法。詳可見後述。其中代表人物為荷蘭數學家布勞威爾（L. E. J. Brouwer，1881-1966）。

因此，拉姆齊希望證明等式**是**重言，而其關鍵在於同一的定義。他用特別定義的邏輯函數 Q(x,y) 來取代 x=y，實際上是想斷言 x=y 要嘛是重言（當 x 和 y 同值），要嘛是矛盾（當 x 和 y 不同值），從而建立起一套函數理論，以證明數學的重言特性。「唯有如此，」他認為：「數學才能不受布勞威爾和魏爾[6]的布爾什維克式威脅。」

維根斯坦注意到這篇論文是因為石里克。拉姆齊將論文寄給石里克，卻沒有寄給維根斯坦，因為兩人一九二五年的爭執還沒化解。維根斯坦顯然從頭到尾細讀了這篇論文。一九二七年七月二日他寫信給拉姆齊，大段批評了他的同一性定義，並表明所有這類（宣稱同一表達式不是重言就是矛盾的）理論都不成立，他自己從來不曾參與將數學奠基於邏輯之上的大計畫（羅素一九一九年時很驚訝地發現這一點）。事實上，他認為這根本走錯了路。「雖然 Q(x,y) 是很有趣的設定，」他告訴拉姆齊：「但要解決這一切麻煩，方法是看出 Q(x,y) 或其他任何命題函數都無法取代 x=y。」

面對維根斯坦的批評，拉姆齊答覆了兩次，一次透過石里克，一次直接回給維根斯坦，主要強調他不是在**定義**同一，而只是提供一個替代的函數，在他的系統裡作為同一性陳述之用，給出他所要的邏輯結果。

這段書信往返很有意思，除了點出兩人的差別外，或許還能解釋維根斯坦為何會說拉姆齊是「布爾喬亞」思想家。維根斯坦的批評直指問題核心，他想證明拉姆齊建構數學基礎時不該重走羅素的老路，那在**哲學**層面是誤入歧途，拉姆齊的回答卻只停留在邏輯和數學層面，探討新設定的函數能不能達成他要的目的。因此，對維根斯坦來說，這就是拉姆齊「布爾喬亞」的原因：

> ……他思考時只在乎如何整頓某個政府的事務，而非政府的本質，至少他不喜歡這麼做。他只會思考**這個**政府如何組織才合理，至於可能有其他政府存在，這個想法既令他不安，也讓他厭煩。他只想快點開始思考基礎問題，思考**這個**政府。這是他擅長的，也是他真正感興趣的。真正的哲學思考只會困擾他，直到他將其結果（如果有的話）扔到一旁，斥之為無關緊要為止。

維根斯坦這裡用政治做比喻，自然是影射拉姆齊批評布勞威爾時提到的「布爾什維克式威脅」。或許有人會想，這表示維根斯坦認為布爾什維克派才是「真正的哲學思考」，其實不然。維根斯坦既沒興趣整頓**這個**政府（羅素的邏輯主義）的事務，也無意用另一個政府（布勞威爾的直覺主義）取而代之。「哲學家不屬於**任何**理念團體，」他寫道：「所以他才是哲學家。」

或許因為這次交流，維根斯坦終於再次寫信給凱因斯。打從他辭去教職，就沒再寄給他隻字片語了（「我受不了熱水瓶了」，他在信裡解釋道）。他感謝凱因斯寄來自己的新作《俄國一瞥》（A Short View of Russia），並說他希望葛蕾塔的房子十一月（一九二七年）能完工，到時「如果有人想見我」，他很樂意去英國一趟。

「至於你的作品，」維根斯坦寫道：「我忘了說我很喜歡。它說明你知道這世界除了天地之外，還有許多東西。」

這個理由很奇怪。維根斯坦繼續說明自己為什麼喜歡這本考察蘇聯的書，原因在於：凱因斯強調

6 譯註：此指赫爾曼・魏爾（Hermann Weyl，1885-1955），德國數學家、物理學家。

蘇聯的馬克思主義應該作為一種新宗教來欣賞，而不是經濟上的創新。他認為列寧主義的經濟思想不值一睬，是「一套將過時的經濟學教科書當成聖經、不容質疑的教條，而我知道那本教科書不僅科學上有誤，並且對於現代世界既沒益處，也不適用」。不過，他對這套教條引發的宗教熱情印象深刻：

……在這個宗教缺乏的時代，任何既非舊宗教的翻版，又顯然具備感召力的全新宗教，註定會引發許多人濃烈的情緒與好奇。當新信仰來自俄羅斯時更是如此，只因它是歐洲家族中的俊俏老么，頭髮濃濃，比西邊的禿頭老大哥更接近地上，也更接近天空。它晚生了兩個世紀，以致於還沒失去年少的天才，臣服於舒適與習慣，就獲得了中年才有的幻滅與覺醒。我能了解為何有人會去蘇聯尋找美好的事物。

在凱因斯筆下，蘇聯信仰和基督教一樣，對普通人懷有崇高的評價，但有一點和基督教不同：

……**列寧主義徹徹底底非超自然、反超自然，其情感和道德的根柢完全落在個人和集體對金錢的熱愛之上**。如果未來還有宗教，這套教條或許在形式和環境改變之後，能對未來的真正宗教有所貢獻。

不難想見維根斯坦讀到這些段落時會如何頻頻點頭，而凱因斯對信仰的描繪又會如何讓他敬佩有加，甚至死心塌地。這本書是凱因斯在簡短訪問蘇聯之後寫的，和羅素的《布爾什維克的實踐與理論》

（The Practice and Theory of Bolshevism）形成了強烈的對比。羅素一九二〇年訪問俄國後出版了這本書，裡頭只有對蘇聯政權的滿滿憎惡。他也拿蘇聯和基督宗教做對比，卻只是為了表達心裡的輕蔑：

> 無論是誰，只要和我一樣相信自由的心智才是人類進步的主動力，都不得不徹底反對布爾什維克主義，一如反對天主教。催生共產主義的那些希望就和山上寶訓灌輸的希望一樣可敬，但愈狂熱緊抱希望，就愈可能帶來同等的傷害。

羅素論蘇聯的書出版後不久，維根斯坦就對俄國產生了興趣，彷彿覺得既然羅素恨之入骨，那個國家就一定有什麼優點似的。一九二二年他寫信給恩格曼，提到他們「曾經討論過一起飛去俄國」。從那時候起，套用凱因斯的說法，維根斯坦就一直是「去蘇聯尋找美好事物」的人。赴俄生活和工作的念頭一直吸引著他，直到一九三七年政治局勢改變，他不再可能前往蘇聯為止。

雖然凱因斯自稱沒有信仰，但我認為他的說法——蘇聯馬克思主義是一種被人用宗教**態度**熱誠追捧的信念（如普通人的價值及金錢之愛的邪惡），而非超自然的**信仰**——提供了重要的線索，有助於我們了解維根斯坦想在蘇聯找到什麼。

維根斯坦在信裡告訴凱因斯，庫德曼街的房子會在一九二七年十一月落成，然而這個估計太過樂觀（原因如前所述）不可能實現。一直要到一年後，他才有時間重啟赴英計畫。

這麼一拖延，反而讓他得以親眼見到拉姆齊戒之懼之的**布爾什維克式威脅**。一九二八年三月，布勞威爾到維也納演講，講題為「數學、科學與語言」。維根斯坦跟魏斯曼和費格爾一起去聽了演講，之後三人又在咖啡館聊了幾個小時。費格爾回憶當時：

……維根斯坦那天晚上的變化簡直太迷人了……他變得非常健談，開始勾勒一些想法，那些想法替他後期的寫作起了頭……那天晚上，那個熱愛哲學、熱愛哲學活動的維根斯坦又回來了。

的確，布勞威爾的演講大大刺激了維根斯坦，也很可能在他心裡埋下了一顆日後逐漸萌芽的種子，但若有人根據費格爾的回憶，認定維根斯坦那一晚瞬間轉向，皈依了布勞威爾的直覺主義，那他就錯了。在他早期的作品裡見不到任何證據，顯示他曾經聽過布勞威爾的想法，而拉姆齊在一九二五年發表的論文裡提到布勞威爾，很可能是維根斯坦頭一次見到這人的名字。不過，他從一九二九年起**確實**開始頻繁提到他，以致於羅素一九三〇年受邀介紹維根斯坦的思想時，不忘提起這層他認為不健康的影響：

……他寫了許多關於無限的想法，這些想法總是帶著變成布勞威爾的危險。每當危險太過明顯，就得趕緊剎住。

然而，維根斯坦聽完演講之後的興奮不僅出於他對布勞威爾的認同，也出於他的不認同，兩者比例不相上下。布勞威爾有許多論點和維根斯坦自己的觀點（包括早期和後期）相衝突，尤其是康德的「基本數學直覺」。這個概念是直覺主義的哲學基礎，但維根斯坦始終對它沒有好感，終其一生都不曾改變。事實上，他對基本數學直覺的反對只有愈來愈強，一九三九年在講座上談論數學基礎時更直接告訴聽眾：「直覺主義全是胡說，百分之百。」

不過，布勞威爾若干觀點可能跟維根斯坦的看法符合，尤其是他不同意羅素和拉姆齊的部份。羅素認為維根斯坦似乎接受布勞威爾的觀點，反對「無限延伸序列」，但布、維兩人的相似在更深的層面，是哲學**態度**上的，跟羅素和拉姆齊的「布爾喬亞」心智迥然不同。布勞威爾的哲學立場大體上屬於歐陸反理性傳統，叔本華便是其中之一，而維根斯坦對叔本華的思想很有共鳴（叔本華遭到石里克批評時，維根斯坦曾出言為他辯護，讓卡納普大吃一驚）。但維也納學圈的立場跟羅素和拉姆齊一樣，站在了反理性傳統的對立面。

說得更具體一點，讓維根斯坦有共鳴的，可能是布勞威爾對羅素邏輯主義的某些反對意見。布勞威爾不認為數學可以奠基在邏輯上，也不需要。他還進一步反對一致性證明在數學裡是必要的。他反對數學具有一般人理解的「客觀性」，亦即沒有獨立於心靈之外、有待數學家發現的數學實體存在。對他來說，數學家不是發現者，而是創造者；數學不是事實的集合，而是人類心智的產物。

維根斯坦完全贊同這些觀點，而他的後期思想可說是這些觀點的進一步闡發，將他遠遠帶離了《邏輯哲學論》的邏輯原子主義。這些觀點就算沒有將他推向直覺主義，至少在整體和細節上幫他釐清了許多看法，更了解自己為何不同意羅素和拉姆齊處理數學時採用的邏輯進路；即使這套邏輯進路曾經指引過（縱然未曾支配過）他在《邏輯哲學論》裡闡述的觀點。

布勞威爾的演講或許沒有說服維根斯坦，讓他相信《邏輯哲學論》錯了，但也許讓他明白自己的書終究不是蓋棺之作，關於這個主題其實還有更多可說。

因此，當一九二八年秋天房子完工，前往英國的念頭再次興起，他總算可以計畫重拾哲學研究了。他在寫給凱因斯的信裡並沒有明說，只在十一月時寄了房子的相片給他（「科比意[7]風格，」凱因斯對夫人莉蒂亞・洛普科娃〔Lydia Lopokova〕說，給了她錯誤的描述），並提及他打算十二月前往英國，暗示是一趟簡短的渡假。他「想來我這裡待兩週左右」，凱因斯寫道：「我挺得住嗎？如果我從現在到那時候都不工作，就做得到。」

結果維根斯坦生病了，整個十二月都待在維也納。等他一月初病好了，終於能去英國了，他的目標已經不是路易士鎮（凱因斯得知時似乎不大驚訝），也不是找掃大街的工作，而是重返劍橋跟拉姆齊一起做哲學。

7 譯註：Le Corbusier，1887-1965。瑞士－法國建築師、室內設計師，有「現代主義建築之父」的美稱。

Beyond
05
世界的啟迪

天才的責任：維根斯坦傳（上）

LUDWIG WITTGENSTEIN : THE DUTY OF GENIUS

作者　雷伊・孟克（Ray Monk）
譯者　賴盈滿
執行長　陳蕙慧
總編輯　張惠菁
責任編輯　盛浩偉
行銷總監　陳雅雯
行銷企劃　尹子麟、余一霞
封面設計　賴佳韋
內頁排版　宸遠彩藝

特別感謝 Luc Li 協助處理圖片聯絡事宜、湯嘉誠協助打字。感謝 Michael Nedo 與 Marc Rebel 授權圖片。

社長　郭重興
發行人兼出版總監　曾大福
出版　衛城出版／遠足文化事業股份有限公司
發行　遠足文化事業股份有限公司
地址　23141 新北市新店區民權路 108-2 號九樓
電話　02-22181417
傳真　02-22180727
法律顧問　華洋法律事務所 蘇文生律師
印刷　呈靖彩藝有限公司
平裝本初版一刷　2020 年 8 月
平裝本初版三刷　2022 年 4 月
Printed in Taiwan
定價　1000 元（上下冊不分售）

ACRO
POLIS
衛城
出版
Email　acropolismde@gmail.com
Facebook　www.facebook.com/acrolispublish

國家圖書館出版品預行編目(CIP)資料

天才的責任：維根斯坦傳 / 雷伊.孟克(Ray Monk)
著；賴盈滿譯. – 初版. – 新北市：衛城出版：遠足
文化發行, 2020.08
面；公分. –（Beyond 05）

譯自：ludwig wittgenstein : the duty of genius

ISBN 978-986-98890-7-0（平裝）

1. 維根斯坦(Wittgenstein, Ludwig, 1889-1951)
2. 哲學家
3.傳記

144.79 109007342

● 親愛的讀者你好，非常感謝你購買衛城出版品。
我們非常需要你的意見，請於回函中告訴我們你對此書的意見，
我們會針對你的意見加強改進。

若不方便郵寄回函，歡迎傳真回函給我們。傳真電話 —— 02-2218-0727

或上網搜尋「衛城出版 FACEBOOK」
http://www.facebook.com/acropolispublish

● 讀者資料

你的性別是 ☐ 男性 ☐ 女性 ☐ 其他

你的職業是 ________________ 你的最高學歷是 ________________

年齡 ☐ 20 歲以下 ☐ 21-30 歲 ☐ 31-40 歲 ☐ 41-50 歲 ☐ 51-60 歲 ☐ 61 歲以上

若你願意留下 e-mail，我們將優先寄送________________衛城出版相關活動訊息與優惠活動

● 購書資料

● 請問你是從哪裡得知本書出版訊息？（可複選）
☐ 實體書店 ☐ 網路書店 ☐ 報紙 ☐ 電視 ☐ 網路 ☐ 廣播 ☐ 雜誌 ☐ 朋友介紹
☐ 參加講座活動 ☐ 其他 ________

● 是在哪裡購買的呢？（單選）
☐ 實體連鎖書店 ☐ 網路書店 ☐ 獨立書店 ☐ 傳統書店 ☐ 團購 ☐ 其他 ________

● 讓你燃起購買慾的主要原因是？（可複選）
☐ 對此類主題感興趣
☐ 參加講座後，覺得好像不賴
☐ 覺得書籍設計好美，看起來好有質感！
☐ 價格優惠吸引我
☐ 議題好熱，好像很多人都在看，我也想知道裡面在寫什麼
☐ 其實我沒有買書啦！這是送（借）的
☐ 其他 ________

● 如果你覺得這本書還不錯，那它的優點是？（可複選）
☐ 內容主題具參考價值 ☐ 文筆流暢 ☐ 書籍整體設計優美 ☐ 價格實在 ☐ 其他 ________

● 如果你覺得這本書讓你好失望，請務必告訴我們它的缺點（可複選）
☐ 內容與想像中不符 ☐ 文筆不流暢 ☐ 印刷品質差 ☐ 版面設計影響閱讀 ☐ 價格偏高 ☐ 其他 ________

● 大都經由哪些管道得到書籍出版訊息？（可複選）
☐ 實體書店 ☐ 網路書店 ☐ 報紙 ☐ 電視 ☐ 網路 ☐ 廣播 ☐ 親友介紹 ☐ 圖書館 ☐ 其他 ______

● 習慣購書的地方是？（可複選）
☐ 實體連鎖書店 ☐ 網路書店 ☐ 獨立書店 ☐ 傳統書店 ☐ 學校團購 ☐ 其他 ________

● 如果你發現書中錯字或是內文有任何需要改進之處，請不吝給我們指教，我們將於再版時更正錯誤

____
____
____
____
____

請沿虛線剪下

廣　告　回　信
臺灣北區郵政管理局登記證
第 1 4 4 3 7 號

請直接投郵・郵資由本公司支付

23141
新北市新店區民權路108-2號9樓

衛城出版 收

● 請沿虛線對折裝訂後寄回，謝謝！

ACRO POLIS 衛城出版

Beyond

05

世界的啟迪

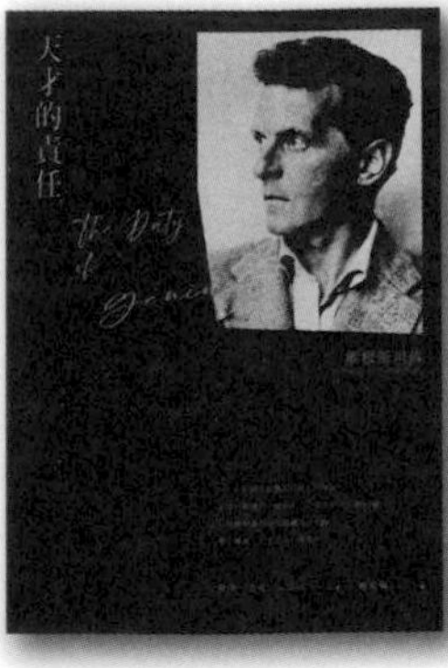